教学主张丛书

厦门市卓越教师培育项目成果
西南大学教育学“双一流”学科建设实践成果
总主编 陈 珍 朱德全

人本体育

——全面发展和个性发展的同频共振

吴智鹉 

西南大学出版社
国家一级出版社 全国百佳图书出版单位
· 重庆 ·

图书在版编目(CIP)数据

人本体育:全面发展和个性发展的同频共振 / 吴智鹉著. -- 重庆:西南大学出版社, 2024. 8. -- (卓越教师教学主张丛书). -- ISBN 978-7-5697-2656-5

Ⅰ. G807.01

中国国家版本馆CIP数据核字第2024L9A551号

人本体育——全面发展和个性发展的同频共振

RENBEN TIYU——QUANMIAN FAZHAN HE GEXING FAZHAN DE TONGPIN GONGZHEN

吴智鹉 著

责任编辑:李 君
责任校对:张 庆
封面设计:闰江文化
版式设计:散点设计
排 版:夏 洁
出版发行:西南大学出版社(原西南师范大学出版社)
地址:重庆市北碚区天生路2号
邮编:400715
市场营销部电话:023-68868624
印 刷:重庆紫石东南印务有限公司
成品尺寸:170 mm × 240 mm
印 张:19.25
字 数:385千字
版 次:2024年8月 第1版
印 次:2024年8月 第1次印刷
书 号:ISBN 978-7-5697-2656-5
定 价:58.00元

编委会

总序

习近平总书记在2024年全国教育大会上指出，要实施教育家精神铸魂强师行动，加强师德师风建设，提高教师培养培训质量，培养造就新时代高水平教师队伍。《中共中央 国务院关于弘扬教育家精神加强新时代高素质专业化教师队伍建设的意见》指出，要加强中小学学科领军教师培训，培育一批引领基础教育学科教学改革的骨干。强化中小学名师名校长培养。

厦门市历来重视名师队伍的培育培养工作，根据教师专业成长规律，经二十年探索，逐步形成了“骨干教师—学科带头人—专家型教师—卓越教师”的金字塔式名师阶梯成长体系。自2021年起，厦门市教育局与西南大学开展战略合作，共同推进厦门教育高质量发展和教师队伍建设。“厦门市首期卓越教师培育项目”是由厦门市教育局与西南大学教育学部联合倾力打造的精品培训项目，也是厦门市迄今为止最高层次的教师培训项目。该项目旨在打造一支具有教育情怀、高尚师德，富有创新精神，具有鲜明教育教学思想和教学主张，在教育教学和教育科研上发挥领军作用的高层次教育人才队伍。项目以产出导向为理念，坚持任务驱动，通过个人自学、高端访学、课题研究、讲学辐射、挂钩帮扶、发表论文、出版专著、提炼教育思想、推广教学主张等方式优化培育过程。

三年琢磨，美玉渐成。通过三年的探索，围绕成为“有实践的思想者”这一核心目标，每一位卓越教师培育对象形成了特色鲜明、理念前沿的教学主张，并以教学主张为中心形成了一本专著，从而汇集成目前呈现在大家面前的“卓越教师教学主张丛书”。本丛书，既是“厦门市首期卓越教师培育项目”三年实施成果的沉淀，是每一位卓越教师培育对象思想的结晶，也是西南大学教育学“双一流”学科建设的实践成果。

仔细阅读本丛书，可以欣喜地看到，卓越教师培育对象们不仅能敏锐地捕捉到教育教学领域的难点、热点问题，揭示其中的本质规律，还能结合本地教学实际智慧地提出解决方案。总体来说，本丛书有以下三个方面的特点。

一是有较浓厚的学术气息。29位培育对象中有获得国家、省级基础教育教学成果奖的教师，有正高级教师，有省特级教师，但他们还在不断突破，追寻对教育教学本质的理解，追寻从实践到思想的蝶变，追寻高水平的专业表达。他们从实践中提炼出主张，再用主张引领实践，他们在书稿中融入了理论的阐释，学会了建构模型，并借助模型简洁地表述自己的教育教学思想，读起来不生涩也不单调。

二是有较强的系列探索味道。《义务教育课程方案（2022年版）》提出，应做好学段间的教育教学衔接。29位培育对象中，既有教育科研专职人员和学校的管理者，也有班主任、一线教师等，研究成果覆盖了小学、初中和高中的大部分学科，最终形成了29本培育对象教学主张的专著和1本全景式呈现卓越教师培育的经验和初步成效的论著。因此，本丛书既有基于教育者几十年教学实践的思想提炼，又有深入课堂的案例剖析，可以“用眼睛来读”，作为教师专业发展的自读文选；也可以“用行动去做”，作为教学范例直接进入课堂实践，在行动研究中孵化、创生；也适合专门研究者或管理人员参阅，从中窥探从小学到高中的教育教学重点与发展脉络。

三是有鲜明的课程育人特色。本丛书的撰写以学科课程为载体，以学科课程核心素养为目标，积极探索新时代背景下的育人方式变革，寻求育人最佳路径，以德施教，立德树人。因此，单看每本专著，已能感受到其中鲜明的课程育人特色，综合丛书来看，这一特色更加明显。

期盼厦门市首批卓越教师培育对象大力弘扬践行教育家精神，追求卓越的步伐永不停留，不断完善、应用和推广自己的教学主张和教学成果，为厦门教育做出更多更大的贡献。也期盼本丛书能为广大中小学教师深化教学改革提供参考，为教育学“双一流”学科服务教育实践提供借鉴。

是为序。

陈　珍

（中共厦门市委教育工委书记、厦门市教育局局长）

朱德全

（西南大学教育学部部长、西南大学教育学一流学科建设“首席责任专家”、国家重大人才工程特聘教授、国务院学位委员会学科评议组成员）

序

体育既是人类创造和从事的社会文化活动，也是服务人类、促进人类发展的重要工具。近年来，随着教育理念的更新与深化，人本理念逐渐受到广泛关注。这一理念强调以人的全面发展为中心，注重个体差异，追求教学的个性化与人性化。

人本体育是以学生为本、注重学生全面发展的教育理念。它强调尊重学生的个体差异和主体地位，关注学生的身心健康和全面发展，注重培养学生的自主学习能力和创新精神。人本体育视域下，课堂教学不再是简单的知识传授和技能练习，而是“有温度、有效度、有尺度、有品度”的师生互动、生生互动、共同发展的过程。

在全面回溯人本体育变迁历史，理性叩问其蕴含的内涵要义、基本特征与核心价值的基础上，本书构建了一个全面而深刻的人本体育理论框架，以及一种指向人文关怀的新型教学范式。这一举措不仅为体育教育的实践提供了强有力的理论基础，而且超越了技术层面的教学实践价值，也为体育教育赋予了情感温度。更为可贵的是，作者在理论与实践之间找到了平衡点并赋之生命力的写作方式，使得本书的内容兼具深度和广度，能够满足不同读者的需求，直击他们内心深处。

首先，注重创新性和前瞻性。在深入剖析人本体育理念的同时，作者还关注了当前体育教育领域的热点问题和未来发展趋势，提出了“育体”至“育人”的学科育人观转向、“竞技”至“健康”的课程价值观转向、“被动恐惧”至“慧享乐趣”的学生学习观转向、“单一课堂”至“协同合作”的教学场域观转向等具有创新性和前瞻性的观点和建议。这些观点和建议,不仅有助于推动体育教育事业的进步,也为广大体育教育工作者提供了宝贵的经验启示。

其次,强调个性化和差异化教学。在人本体育理念的指导下,本书倡导建立旨在激发学生学习兴趣和积极性的“四度”课堂,架构“四度融合”的体育教育教学模式,并以此培养学生的创新力、实践力、情感力和反思力,让他们在一个没有外部压力的气氛中,参与到课堂的各个方面,给他们一个可以尽情施展才华的空间,使之拥有一种创作的快乐和成功的喜悦,从而逐步建立起他们的自信。

最后,关注教师素养的培养。教师是实施人本体育理念的关键力量,其所具备的教育理念和专业素养直接影响人本体育的教学效果,如引导学生对体育进行关注,让学生意识到体育的重要性,意识到一个好的身体是一个人从事工作的最基础的前提,由此主动进行体育学习和运动。作者认识到了教师在体育教学中建立新观念的重要性,因而本书从体育运动能力、体育课程领悟能力、体育教学实施能力、课外体育执行能力、体育教研能力、学习反思能力等维度探讨了教师素养的培育途径,助力教师的专业成长。

当今社会,随着科技的飞速发展和生活节奏的加快,人们的身心健康问题日益凸显。体育教育作为促进人的全面发展的重要手段,其地位和作用不言而喻。然而,传统的体育教学模式过于注重技能和竞技能力的培养,忽视了人的个体差异和全面发展需求。从这个角度而言,人本体育理念的提出和实践,无疑为体育教育带来了发展的新机遇。一方面,通过建立以人为本的体育教育理念,关注每一个学生的身心健康全面发展,致力构建符合时代要求的体育教学模式;另一方面,通过大量的实践案例和经验总结,为读者提供了体育教学范式革新的样例参考和经验启示。总之,本书的出版,对体育教育领域的思想认识、理论建设和实践探索有着重要的影响,一定程度上也能为体育教育事业的创新性变革与高质量发展带来新的思考。

是为序。

罗生全

2024年3月于西南大学师元楼

目录

第一章 人本体育的内涵和价值

第二章 人本体育的教学理念建构

第三章 人本体育的课堂教学范式

第四章 人本体育的课堂教学实践及案例分析

第五章 人本体育的教学评价体系

第一章

人本体育的内涵和价值

在学校教育层面,“人本”已经成为当下学术语境中的主流词语,其要旨是实现人作为实践主体、实践价值标准和实践效用的和谐统一。因此,“人本体育”似乎应该成为体育学研究的热词,然而,从目前国内的研究来看,抑或从对这个概念的反响来看,我国教育界并没有对此引起足够的重视。

新中国成立至今,每一个发展时期都形成了不同的体育教育思想。其主要包括体质教育、技能教育、能力教育、竞技教育、快乐教育以及终身教育等。体质教育的目的是改善学生健康状况,增强体质;技能教育的目的是加强学生的运动技能学习,增强体能;能力教育的目的是增强学生体能,奠定其锻炼的基础;竞技教育的目的是培养竞技运动的后备人才;快乐教育的目的是让学生通过参与锻炼,获得身心愉悦;终身教育的目的是培养学生一辈子体育锻炼的能力。每一个时期的教育思想都有一定的指向性,但归根结底都是指向人的身体、感受或能力。

2018年9月,习近平总书记在全国教育大会上提出“要树立健康第一的教育理念,开齐开足体育课,帮助学生在体育锻炼中享受乐趣、增强体质、健全人格、锤炼意志”。随后,《关于深化体教融合　促进青少年健康发展的意见》《关于全面加强和改进新时代学校体育工作的意见》《〈体育与健康〉教学改革指导纲要(试行)》《义务教育体育与健康课程标准(2022年版)》等文件的印发,让以人为本、以体育人的人本体育教育导向逐步呈现。以人的全面发展和个性发展为体育教育的逻辑起点和归宿,以强健身体为基础,创设多元共享的教育场域,让学生在体育锻炼中享受乐趣,成为具有健全人格、坚强意志的高品质个体成了学校体育教育的终极目标。

第一节 体育教育的人本转向

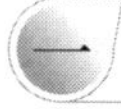 以劳作和军事为代表的古代体育

纵观体育的历史,体育的产生与发展经历了从自发、自在、自觉逐渐发展到自为的一个漫长、复杂过程。而古代体育虽然经历了自发的原始萌芽阶段(远古),以及自在、自觉的发展阶段,但仍未步入自为阶段(近现代)。这个过程可以简略地描述如下:

在猿进化为人的过程中,其身体动作和行为也随之进化,动物的嬉戏逐渐成为人类的游戏。到原始社会末期,在原始宗教中逐渐形成了一些仪式化的身体活动,表现出类似今天体育的基本形式和功能,但由于人们还不能意识到这些身体活动与相关结果之间的联系,当然也就无所谓体育意识或目的。这种建立在原始社会天然经济和血缘性社会组织基础上的身体活动,我们称之为潜体育或前体育,即通常所说的原始体育。它在形式和内容上都与其母体(如军事、劳动、部落酋长的产生等)活动有着密切的联系,还不具有独立的存在形式和独立价值,仍处于原始文化的共同体之中。这种"体育"是一种自发的,尚未被人类意识到其实际影响的一种身体活动。

进入文明时代以后,人类逐渐积累了大量有关身体活动与身心变化相联系的知识。如古希腊时期对体操学校里的儿童实施的教育,古代奥林匹克祭礼中的竞技和为奥林匹克竞技进行的训练,中国古代的五禽戏、导引术等,都是这种经验知识的体现。在这个时期,人类已经逐步意识到某种身心活动与某种身体变化的联系。战国时触龙说自己因为坚持散步而"稍宜于食",三国时华佗要他的弟子"体有不适,起作一禽之戏",都表明了人类对运动与身心变化和健康之间的自觉意识,开始自觉运用这些经验来改善自身状况。因此,可以把这个阶段的体育称为经验体育。经验体育的基础是各种自然经济和等级社会,它已经是人类自觉的体育,但由于缺乏对身体活动机理和身心变化规律的深入认识,

因而它还带有相当的盲目性和自发性；它具有完整的体育形式、体育价值和相对独立的存在形式，但主要还依赖于习俗进行自我维系和自发调节。

因而，可以说，古代体育与近现代体育还有很大的差别。远古时期，“体育”尚处于萌芽阶段，很多活动界限不清，归属于原始文化的共同体；发展到后来的，体育逐渐成熟、独立，人们获得了一些运动有益于身心健康的认识，发现了有助于身心健康的方法，也有了一些自觉的体育行为，但还是与近现代的体育有较大的差异。

中国古代体育并没有过多关注体育的竞技性。中国的“天人合一”理念及“阴阳平衡”理论主张人应与周围的环境结合，形成共同的生命系统，通过不断运动来改善人体机能，与自然协调发展，改善健康状况，实现长寿。《管子·内业》提出“凡人之生也，天出其精，地出其形，合此以为人。”即人的生命，是由天给他精气，地给他形体，两者相结合而成为人，还可以理解为人是天地的精华，人的活动离不开天地的依托，人应理性利用他物，并与之和谐共处，促进自身的健康成长。《吕氏春秋·古乐》记载：“昔陶唐氏之始，阴多滞伏而湛积，水道壅塞，不行其原，民气郁阏而滞著，筋骨瑟缩不达，故作为舞以宣导之。”这段记载表明，在我国原始社会后期，人们已经意识到某些身体活动具有保健祛病的作用，可以通过活动身体达到防病治病的目的，增进健康的目的。随着经验的积累，人们对运动健身的朴素认识进行了总结。在东汉末期，华佗总结了前人的经验和理论，创造了以健身为基础的“五禽戏”。从这个角度来看，中国古代体育文化更接近真正的体育精神——为了人们的健康。我们必须继续发扬这种精神，更好地预防疾病，强健体魄，进一步增强中华民族的体质。

目前，现代体育竞赛为世界各地的人们提供了公平公正的交流平台，但也出现了许多违背原则的事情。首先是追名逐利，有人将重心放在追求金牌和金钱上，忘了体育运动的初衷。个别运动员、裁判员在比赛中使用一些不道德的手段争取比赛的胜利，例如滥用兴奋剂等。当然，为了有效遏制这些不公平、不道德的行为，相关部门已经制定了现代体育规则予以约束，同时，还对运动员加强了道德修养教育。而中国古代体育文化就非常注重道德的修养，伟大教育家孔子主张同等重视文化修养和体育活动。他提倡教授六艺，即“礼、乐、射、御、书、数”，其中“射”为射箭，他还常引导学生练习射艺，并发表了很多关于“射”礼的言论。这表明孔子把道德礼仪等内在精神与体育活动融为一体的教育理念进行了高度统一。在中国古代，有许多体育活动经常被视为修身养性的手段，如棋艺、武术等，而在其中，最有影响力的就是中国武术。学武者不仅追求高强的功夫，还注重道德品质的培养。

古时候，武术师傅在向徒弟传授武艺之前，都会讲“武者，止戈也”，即告诉徒弟，学习武术的目的不是为了争强好胜，而是为了停止干戈，这也是真正的武术家的道德风范。中国武术精神提倡练武是为了增强体质，更好地保护自己，在需要的时候能见义勇为，抑强扶弱。早在春秋时期，《左传》中就有“武德有七”的记述，即“禁暴、戢兵、保大、公定、安民、和众、丰财”。随着时代的变迁，武德的内涵也在不断变化，但基本上都是基于“尊师重道、孝悌正义、扶危济贫、除暴安良”“虚心请教、屈己待人、助人为乐”等。“武以彰德”“未曾学艺先学礼，未曾习武先习德”等观点受到一代又一代武术人的尊崇。

人类早期漫长的体育实践促成了学校体育的萌芽。由于生产力和社会分工的局限，早期社会的体育还没有从社会其他母体中分化出来，体育运动的形式和手段往往与军事、宗教祭祀、游戏、生产以及狩猎等活动结合在一起，多是对生产劳动实践过程的简单重复与模仿，无法形成专门的学校体育教育。但是，其中的一些体育活动及理论具有了学科的朦胧意识，如我国周朝时期教育的“六艺”（礼、乐、射、御、书、数）中的“射”“御”为军事性质的身体训练，“礼”“乐”为包含一定体育成分的舞蹈和身体训练；隋唐、宋明清时期的武举制度，在一定程度上也促进了学校体育（武术教育）的进步与发展。我国封建社会中“独尊儒术”与“重文轻武”思想的流行，使得学校体育的发展空间相对狭小，而学校体育在某些特定历史时期的兴盛也更多限于军事或政治的需要，没有形成专门从事学校体育的工作者，体育文化也蕴涵于其他社会活动中以一种自然、朴素的方式传递。

我国古代的学校体育在“文武兼备”思想的影响下逐渐形成，后因汉时儒家学说的独尊而衰退；出于军事的需要，自隋唐至宋明清，由于武举、武学的兴起致使武术教育得到推进和发展，而又因清朝后期西方列强的入侵，武举制度被废除。我国古代的学校体育经历了从劳动技能传授、强身健体至武举武学的发展历程，受当时社会的政治、军事、社会风气的制约和影响，其发展规律对当代学校体育的改革有一定的现实意义。我国古代学校体育的这种发展规律对当代学校体育的发展和改革有着深远的意义和可借鉴的价值。

二 以奥林匹克文化不断根植为代表的近代体育

我国近代体育，是相对古代体育而言，指从1840年鸦片战争到1949年中华人民共和国成立这一期间的体育，内容上既包括近代传入中国的西方体育，也包括传承下来的民族传统体育。

明末清初，西方列强入侵，在中国各地兴办起了教会学校，其中最主要的是发展兵士体操，引进了多种运动项目，逐渐形成了学校体育。在半封建半殖民地的中国，学校教育要符合统治阶级的意愿，因而学校体育进行了数次改革：1905年，清政府结合西方教育思想正式废除科举制度，学校教育科目中增添了体育、美术、音乐等新兴科目，学校体育初见端倪；1906年，清政府根据各省城师范学校的实际情况添加"体操专修科"作为毕业的基本条件，目的是培养小学体育师资，完善学校体育师资、场地设施等；民初时期，远东运动会、全运会等各项体育赛事的相继举办，激起了学校、社会、政府对于体育运动的热情，政府要求各级各类官办学校积极开展课外体育活动，丰富体育活动类型。在这股新潮的推动下国家颁布了《新学制课程标准》，从各级学校中剔除兵操体育，并把"体操"这一名称正式改为"体育"，学校体育课程标准也得到了初步发展。

北洋政府时期，中国处于军阀混战状态，各地方势力为了维护自身统治着力发展学校体育，课程主要设置有普通体操与兵士体操，且一度形成了军国民教育思想，同时各地方势力提出了在学校体育课程中要加强军事训练，抵御外敌入侵的要求。但是随着新文化运动的到来，关于兵士体操的课程内容逐渐被欧洲的一些球类运动、田径项目所取代。这一时期美国的自然主义体育思想开始兴起，提出尊重学生个人的发展，在体育课程内容设置上加入了田径项目、球类运动、体育游戏等，还有相关的体育保健知识。一般是采用学分制、选科制和学科制，这样既提高了体育课程内容的灵活性，又可以调动不同年龄段学生的积极性。但是由于当时体育课程标准在制定时全盘照搬西方体育思想，只是追求体育运动的娱乐性，导致教学过程流于形式，缺乏正规的体育课堂教学规范。

南京国民政府统治时期，出于国家建设和统治的需要，政府相关部门先后五次对体育课程标准进行修订，这个时期主要借鉴了美国的实用主义体育思想，即以杜威的"儿童中心论"为代表的学校体育思想日趋成熟。1929年，政府颁布了《小学暂行课程标准：小学体育》《初级中学体育暂行课程标准》《高级中学普通科体育暂行课程标准》。这些课程标准的特征表现为四点。第一，分为"课内"和"课外"两个不同部分。一般是"课内"每周两小时，每学期1学分，共计6学分。“课外”则包括学生的自主组织活动、课外练习、郊游远足等，不按学分计算。第二，体育课程内容包括运动游戏活动、天然活动、防身技能、韵律活动、野外生存活动、个人体操等项目，但是不按学年编排。第三，按照不同年龄阶段学生的综合运动能力发展特点，进行分组式教学。第四，制定体育成绩考核标准，注重体育运动动作的掌握及其对身心健康的作用；了解自身的身高、体重及相关指标知识；男生在十种活动中，至少能做四种，并且了解相应的规则和方法；女生在十种活动中至少能做三种，并且了解相应的规则和方法。

从近代体育发展的内容看，它是沿着两条主线向前推进的：一是对以奥林匹克文化为代表的西方体育的不断引进、吸收和消化；二是对以武术文化为代表的民族传统体育的改良和改造，使之不断适应近代社会发展的需求。

三　以人的发展为代表的现代体育

现代体育包括竞技体育、学校体育和群众体育三个方面。国际上一般将现代体育分成两部分，一是以奥运会为核心的竞技体育，二是围绕普通民众开展的大众体育。

新中国成立之初，由于特殊的国际社会政治背景，党和人民的首要任务是重建祖国和保卫祖国。增强民族体制，挽救民族危亡，成为首要任务。体育得到党和政府的高度重视，并强调以国家利益为重。因此，新中国的体育事业被赋予了政治责任，承载着提高中华民族国际地位的重任，这也是当时我国的基本国情决定的。在这样一种政治背景下，我国投入了很大的力量学习并借鉴苏联的教育经验和学校体育理论，其重点是“劳卫制”，目的是向劳动人民进行全面的体育教育，培养人民成为健康的、勇敢的、乐观的祖国保卫者和社会主义建设者。同时，当时的中国体育还承受着巨大的压力，那就是要通过体育来摘掉“东亚病夫”的帽子，通过体育来展现中华民族的自尊和自强。表现在竞技体育领域，就是“刻苦训练，为国争光”，提升中国的国际地位；表现在群众体育领域，就是通过“发展体育运动，增强人民体质”，达到建设祖国和保卫祖国之目的；表现在学校体育领域，就是“健康第一，学习第二”，扭转学生健康状况，提高参与社会活动能力。可以这样讲，中国近现代体育的政治化一直是体育发展的主旋律。

1978年，十一届三中全会召开以后，党和国家确定了以经济建设为第一要务的路线方针，实行改革开放。同年颁布了中小学体育教学大纲，确定了培养德智体美全面发展的体育教学目标。

20世纪80年代教育部又相继颁布了《中共中央关于教育体制改革的决定》《中华人民共和国义务教育法》等一系列教育教学法律法规，学校体育课程被列为改革发展的重点之一，为进一步完善学校体育课程标准提供了法理依据。

20世纪90年代，国家相继出台了一系列学校体育课程标准。进入新世纪，学校体育课程改革日趋深化，2001年制定了较为完善的学校体育课程标准，即《体育与健康课程标准》，这是具有划时代意义的体育课程改革，其特征主要体现在多元化、个性化、具体化、发展性等。

2011年《义务教育体育与健康课程标准》的修订，思想更加鲜明，着重体现出以“健康第一”为指导下的“体育与健康”“健康与行动”等思想，《义务教育体育与健康课程标准（2011年版）》中指出：“本课程是以身体练习为主要手段，以学习体育与健康知识、技能和方法为主要内容，以增进学生健康，培养学生终身体育意识和能力为主要目标的课程。”其中较为明显地体现出了课程的基础性、实践性、健身性以及综合性的特点。在掌握运动技能的基础上，培养学生自主、合作、探究的体育学习能力，进而发展学生专项运动技能，培养学生健康的意识和良好的生活方式和习性，培养生活旨趣。《义务教育体育与健康课程标准（2011年版）》还强调了在保证国家课程基本要求的前提下，充分关注不同地区、学校和学生之间的差异，因地制宜，合理选择和设计教学内容，努力使每一位学生都能接受基本的体育与健康教育，促进学生不断进步和发展。

2022年下发《义务教育体育与健康课程标准》，正式提出了核心素养教育的理念。《义务教育体育与健康课程标准（2022年版）》新增了本课程于个人、于社会、于国家发展的价值描述，体现了课程的教育性价值、文化性价值和政治性价值，彰显了体育与健康课程的价值。课程主要目标也做了调整，由2011年版的“增进学生健康，培养学生终身体育意识和能力为主要目标”调整为“发展学生核心素养和增进学生身心健康为主要目的”，既凸显了健康涵盖面，身心都要健康，更强调了本课程的育人价值和对学生全面发展的作用，即核心素养（运动能力、健康行为和体育品德）的培育和五育融合的价值，体现了生命教育和生活教育的性质。

近年来国内体育界提出的素养教育，其实也是人本主义学习观与我国传统体育教学联系起来，共同促进体育教学的发展和进步的见证。

第二节 人本体育的理论基础

20世纪50年代后期，以马斯洛和罗杰斯为代表的人物在美国倡导了“人本主义教育观”，其基本观点是强调“自我实现”的人格特征，注重学生的自我需求，尊重学生的情感和自由，挖掘学生的潜能，培养学生的独立性和创造性。这一点与马克思所提倡“每个人的全面而自由地发展”的教育思想是一致的。

“人本主义的体育教育思想强调，在体育教育过程中，除了教授动作技术和各种体育知识，以及发展学生体能和技能以外，还应该把培养学生的情感、理想、意志力作为教育价值取向的重要内容。”人本体育是以人的全面发展为教育目标、以人的内在的需求和外在的社会适应为教学内容、以身体运动为形式的教育方式。

长期以来，学校体育受传统体育竞技的影响，只注重肢体训练，而忽略了心理感受和人的需要。而人本体育就是在借鉴人本主义观点和要素的基础上，结合行为科学理论和动作技能形成规律，让学校体育教育摆脱单调的肢体训练和技能学习，以人的全面发展和个性发展为体育教育的逻辑起点和归宿，以强健身体为基础，创设多元共享的教育场域，让学生在体育锻炼中享受乐趣，成为具有健全人格、坚强意志的高品质个体。

一 人本主义与体育教育

人本主义既反对行为主义把人等同于动物，只研究人的行为，不理解人的内在本性，又批评弗洛伊德只研究神经症和精神病人，不考察正常人心理，因而被称为心理学的第三种运动。

人本学派强调人的尊严、价值、创造力和自我实现，把人的本性的自我实现归结为潜能的发挥，而潜能是一种类似本能的性质。人本主义最大的贡献是看到了人的心理与人的本质的一致性，主张心理学必须从人的本性出发研究人的心理。

人本学派的主要代表人物是马斯洛和罗杰斯。马斯洛对人类的基本需求进行了研究和分类,将之与动物的本能加以区别,提出人的需求是分层次发展的。他按照追求目标和满足对象的不同把人的各种需求从低到高安排在一个层次序列的系统中,最低级的需求是生理需求,这是人所感到要优先满足的需求。

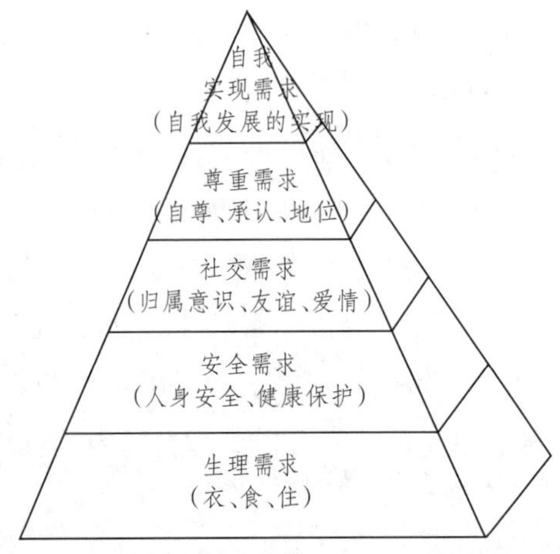

马斯洛需求层次理论图

人本主义倡导在教育教学过程中尊重人自身的价值实现和自我潜能发展,并由此提出人本主义教育理论。我国以往的教育方式片面追求成绩和量化数据,忽视了学生的自主发展和学习主动性,导致学生排斥学习和记忆的表面化。同时,由于缺乏必要的情感沟通,使得教师未能发现学生学习过程中存在的问题。与以往的外在激励性教育教学观念不同,人本主义强调尊重学生的个体特征、创造性、自我选择,突出其学习过程中的主体地位,从内部调动学生学习新知识的积极性和主动性;主张自发和自由的学习方式,重视教师与学生,学生与学生之间的沟通与交流,激发并提升学生学习的主观能动性。

人本主义教学思想关注的不仅是教学中认知的发展,还关注教学中学生情感、兴趣、动机的发展规律,注重对学生内在心理世界的了解,以顺应学生的兴趣、需要、经验以及个性差异,达到开发学生潜能、激发起其认知与情感的相互作用,重视创造能力、认知、动机、情感等心理方面对行为的制约作用。

当前我国学校体育教育过分关注健身娱乐时效性,过分渲染为教育目标实现和人才培养的工具性,而削弱了关于人的全面培养及促进个体健康管理的价值理性的现实状况,导致学生无法进行自我健康管理,无法充分调动学生参与健康管理和服务的积极性与主动性，无法充分发挥学生的潜能，激发学生体育学习、锻炼的激情与活力。

按照人本主义价值取向，劳动和受教育是公民基本的社会权利。同样，在人本主义价值取向指导下，学生公平享受体育教育权利，是社会公平和正义体系的重要内容。学校体育教育人本主义价值观将为各项具体行动的开展奠定认识论和方法论基础。

二　行为主义与体育教育

美国心理学家约翰·华生在20世纪初创立了行为主义学习理论，在格思里、赫尔巴特、桑代克、斯金纳等的影响下，行为主义学习理论在美国占据主导地位长达半个世纪。斯金纳更是将行为主义学习理论推向了高峰，他提出了操作性条件作用原理，并对强化原理进行了系统研究，使强化理论得到了完善的发展。他根据操作性条件作用原理设计的教学机器和程序教学曾经风靡世界。

行为主义者认为，学习是刺激与反应之间的联结，他们的基本假设是：行为是学习者对环境刺激所做出的反应。他们把环境看成刺激，把相应的有机体行为看作是反应，认为所有行为都是习得的。行为主义学习理论应用在学校教育实践上，就是要求教师掌握塑造和矫正学生行为的方法，为学生创设一种环境，尽可能在最大程度上强化学生的合适行为，消除不合适行为。

华生认为，人类的行为都是后天习得的，环境决定了一个人的行为模式，无论是正常的行为还是病态的行为都是经过学习而获得的，也可以通过学习而更改、增加或消除；查明了环境刺激与行为反应之间的规律性关系，就能根据刺激预知反应，或根据反应推断刺激，达到预测并控制动物和人的行为的目的。他还认为，行为就是有机体用以适应环境刺激的各种躯体反应的组合，有的表现在外表，有的隐藏在内部。因此，在华生眼里人和动物没什么差异，都遵循同样的规律。

斯金纳认为，“教学就是安排可能发生强化的事件以促进学习”；给学生创设能为要学习的刺激做出反应的机会；教学要在学生做出反应之后，应当有随之而来的反馈。他认为，教学目标就是提供特定的刺激，以便引起学生特定的反应，教学目标越具体、越精确越好。在教学过程中，学生的行为是受行为结果影响的，若要学生做出合乎需要的行为反应，必须形成某种相倚关系，即在行为后有一种强化性的后果;倘若一种行为得不到强化,它就会消失。据此,相倚组织教学系统地对学习环境的设置、课程材料的设计和学生行为的管理做出了安排。其关注的是“怎样教”,而不是“教什么”。事实上,它更侧重的是行为,并要以一种可以观察到的、测量的形式来具体说明课程内容和教学过程。教学方法的有效进行有三个条件:小步骤呈现学习材料;对学习者任何反应立即予以反馈;学习者自定步调学习。而传统的讲授法违背了上述三个条件,因此应采用程序教学法。程序教学设计有两种形式:直线式和分支式。程序教学的设计需要按照教材内部的逻辑程序,即为了保证学生在学习过程中产生的错误率降到最低;同时,又要合理地设计教材,使每个问题(即每一小步)都能体现教材的逻辑价值。每一步内容很少,整个系统由浅入深、由简到繁安排。

行为主义的核心观点对体育教育的影响如下。

一是体育教师在教学中应占主导地位。在运动技能学习中,技术动作本身就是刺激—反应的联结技能,其学习过程需要进行大量的强化训练;在定向阶段,教师通过讲解示范为学生学习技能提供刺激,传授技术动作要领,即学生接受刺激,教师对学生的刺激反应进行评价、反馈和强化。教师在课堂中应为学生树立榜样,给学生提供指导,设计出更利于学生接受的教学模式,以此培养学生课堂学习的兴趣,同时以激发学生求知欲望为切入点,通过课堂教学调动学生的主动性和积极性。在此过程中,教师要控制好课堂教学,不能任由学生自己的思想行动,防止错误行为的产生。

二是强调课堂环境在学习中的重要性。行为主义学习理论主张不断地给予刺激强化,并通过外界环境的影响来促成习惯的形成。良好的学习环境会增加学生的学习效率;反之,如果让学生处于嘈杂的环境中学习,会分散学生的注意力,而满地灰尘的场地和劣质的器械设施,则会使学生失去学习的兴趣。运动技能是靠后天习得和经验累积的,良好的环境中产生的刺激反应更容易在学习过程得到强化,养成正确的技术动作要领,避免外界不良环境的干扰。

三是体育教学目标程序化。将核心素养目标为分水平目标,再将水平目标分为若干个大单元,再把每个大单元分为若干个小步骤,学生每学完一个步骤,就会根据自己的学习效果进行强化练习,然后进入下一个学习步骤。教学目标具有层次性和连续性,前一目标是后一目标的基础,后一目标是前一目标的深化和强化,这样有助于学生对知识的理解和强化。只有在强化的帮助下对教学单元的内容进行学习,才能使强化的频率被最大限度地提高,将出错带来的消极反应降到最低。

四是运用奖惩评价学习效果。在课堂学习中增加对学生学习技能的正强化刺激，会让学生更加认真地学习动作；反之，负强化表现为突出惩罚而忽略奖励。例如，在跨栏学习中，初学者可能由于自身心理因素对跨栏产生畏惧感，害怕受伤，不敢大胆地跨过去。教师应根据学生的身体素质，将栏架降低或者采取激励性语言鼓励学生勇敢跨越，并且每次成功后对学生进行表扬，这种外部的刺激会使学生逐渐消除心理恐惧，增加自信心。强化是产生技术动作的一个因素，对学习过程中的正强化刺激能够激发学习者学习的动力。

五是重视行为塑造和行为矫正。行为塑造就是通过安排特定的强化关系使机体做出原先不曾有过的复杂行为。例如，学习排球发球的最后用力前，教师可以不断引导学生模仿鞭打动作，类似挥动鞭子去鞭打某物，以此不断强化学生学习排球发球最后用力的技术动作。行为矫正是用消退的方式纠正学生的不良行为或者错误动作。例如在教学过程中，有的人为了吸引别人的注意而有哗众取宠的行为，如果其他人对他的行为不予理睬，那么他的行为会逐渐消退。

运动生理学与体育教育

（一）运动技能形成规律

运动技能是体育课程的主要内容，学习体育运动技能是传承体育文化的重要手段，是学生形成运动能力、健康行为和体育品德的重要载体。通过运动技能的学习，学生能形成积极的身体练习认知，提升体育学习的认知水平，掌握相应的体育知识、技能和方法，形成体育学科核心素养。

运动技能的形成既是一个复杂的神经过程，又是复杂的学习过程。运动技能的形成总是要经历由不会到会，由不熟练到熟练的连续变化过程。为了讨论方便，通常将运动技能形成的过程人为地划分为泛化、分化、巩固、动作自动化四个相互联系的阶段。

1.泛化阶段

在学习任何一个动作的初期，通过教师的讲解和示范以及自己的运动实践，只能获得一种感性认识，对运动技能的内在规律并不完全理解。来自个体内外界的刺激，通过相应的感受器传到大脑皮层，引起大脑皮层细胞强烈兴奋。因为皮层内抑制过程尚未确立，所以大脑皮层中的兴奋与抑制都呈扩散状态，使条件反射暂时联系不稳定，出现泛化现象。这个阶段的动作表现往往是僵硬和不协调，不该收缩的肌肉收缩，出现多余的动作。这些现象都是大脑皮层细胞兴奋扩散的结果。

在此阶段中，根据泛化阶段的生理、心理特征，教学的主要任务是使学生建立正确技术动作的表象和概念，排除不必要的多余动作，纠正错误动作，在不断反复练习中粗略地掌握技术动作。教师应抓住技术动作的主要环节和学生在练习过程中存在的主要问题进行教学，不要过多强调动作细节，应运用正确的示范动作和简练的语言来促进学生掌握动作。示范动作要做到重点突出，慢动作和快动作，分解动作和完整动作结合运用。

2.分化阶段

经过不断地练习，初学者对运动技能的内在规律有了初步的理解，一些不协调和多余的动作也逐渐消除，错误动作也逐步得到一定程度的纠正。此时，大脑皮层运动中枢兴奋和抑制过程逐渐集中。由于抑制过程加强，特别是分化抑制得到发展，大脑皮层的活动由泛化阶段进入了分化阶段。因此，练习过程中的大部分错误动作得到纠正，能比较顺利和连贯地完成完整技术动作。这时初步建立了动力定型，但定型尚不巩固，遇到新异刺激（如有外人参观或比赛），多余动作和错误动作可能重新出现。

根据分化阶段的生理、心理特征，教学的主要任务是使学生在粗略掌握技术动作的基础上，进一步消除多余和错误动作，加深对技术动作各部分间内在联系的理解，体会和掌握技术动作的细节，促进分化抑制的发展，建立正确的动作动力定型，提高动作技能的协调性，使动作技能日趋准确。在教学方法措施上以完整技术练习为主，使学生进一步建立完整技术动作概念。当练习过程中出现某些错误动作时，可采取分解练习，加强某一环节的练习，纠正其错误动作，以免形成错误的动作动力定型。在学生练习的过程中应根据需要，运用完整正确的讲解和示范，使学生“想动”结合。生理观点示范只能使学生对技术动作建立一个大致的概念，而精细的分析必须通过语言思维来实现。

3.巩固阶段

学生通过进一步反复练习，运动条件反射已经巩固，建立了巩固的动力定型。大脑皮层的兴奋和抑制在时间上和空间上更加集中。此时不仅动作准确和优美，而且某些环节的动作还可以出现自动化，即不必有意识地去控制而能做出动作来。在环境条件变化时，动作也不容易受破坏。同时，由于内脏的活动与动作配合得很好，完成练习时也感到轻松自如。

根据这一阶段的生理、心理特征，教学的主要任务是巩固已形成的动作动力定型，进一步提高技术动作的质量。在教学手段上应采取完整练习法、重复练习法和循环练习法进行系统性训练。改进提高技术动作的某些细节，严格要求技术动作的完整性、节奏性、协调性、连贯性。同时还应指导学生对技术理论知识的学习，以便于动力定型的巩固和动作质量的提高，促进动作技能达到接近自动化程度。

4.动作自动化阶段

随着运动技能的巩固和发展，暂时练习达到了非常巩固的程度以后，动作即可出现自动化现象。所谓自动化，就是练习某一套技术动作时，可以在无意识的条件下完成，其特征是对整个动作或者是对动作的某些环节，暂时变为无意识。例如，走路是人类自动化的动作，在走路时可以谈话、看报而不必有意识地想应如何迈步、如何维持身体平衡等。

自动化动作也并不是永远无意识进行的，当受到外界异常刺激时，大脑皮层的兴奋度就会提高，对自动化动作又会产生意识，例如，在悬崖上行走时，步行就成为有意识的了。此外，运动员想要体会自己动作的某环节或肢节的某部分动作时，对这些动作则产生意识。

根据自动化阶段这一特征，教学的主要任务是巩固发展已形成的动作动力定型，提高自动化动作的运用和应变能力，使学生能够熟练、省力、轻快地完成技术动作，又能在各种变化复杂的对抗情况下，灵活自如地运用技术动作。在教法手段上应以完整技术练习为主，同时采取变换练习、综合练习、对抗练习等进行系统性训练。还可根据学生的不同情况，适当改变练习的环境、条件、器材以及动作的组合、运动负荷、运动强度等。有目的，有针对性进行科学训练，严格要求，使学生能够承受较大的生理负荷，在不同的环境和条件下，正确熟练地完成技术动作，提高技术动作的运用、应变和对抗能力，使已形成的动力定型更趋巩固,运动技能的自动化程度更加提高和发展。

然而要想提高运动成绩,必须尽可能地使动作达到自动化程度,但不应认为动作达到自动化后,质量就会得到保证。虽然动力定型已经非常巩固,但由于完成自动化动作时,人体第一信号系统的活动经常不能传递到第二信号系统中去。因此,如果动作发生少许变动,也可能一时未察觉,等到一旦察觉,可能变质的动作已因多次重复而巩固下来。因此,动作达到自动化以后,仍应不断检查动作质量,以达到精益求精。

(二)人体生理机能适应变化规律

人体机能适应性变化规律是指人体在运动时,体内产生的一系列生理生化变化。机体功能对这一系列的变化有一个适应过程,产生这一适应性的过程,有一定的规律。人体开始运动,机体承受负荷,吸氧量增加,各器官系统功能也发生剧烈变化,体内能源储备逐渐被消耗,这一时期,称为工作阶段。经过休息和运动内容的变化,运动负荷下降,体内能源物质及各种功能指标等逐步恢复到接近或达到工作前的水平,这被称为相对恢复阶段。然后再经过合理休息,上述物质和各种指标,不但可恢复到原有水平,而且还可超过原来的水平,从而提高机体能力,这被称为超量恢复阶段。如果运动后,间隔时间过长,机能能力又会降低到原来水平,这被称为复原阶段。这就是恢复和超量恢复的过程和规律。

人体生理机能适应变化规律,如果从一场比赛或一节体育课的角度来分析,这些变化从正式比赛前或者上课前就已经发生,并一直持续到比赛结束或课堂运动结束后的一段时间。按其发生的顺序大致可以分为赛前(课前)状态、准备活动、进入工作状态、“极点”与“第二次呼吸”、稳定状态、疲劳状态和超量恢复等阶段的机能变化。

1.赛前(课前)状态

赛前(课前)状态涉及一系列生理变化,如物质代谢加强、体温上升、内脏器官活动增强,具体表现为心率加快、血压上升、呼吸加深加快等,同时可能出现血糖升高、出汗增多和尿频等现象。良好的赛前(课前)状态能缩短机体进入工作状态的时间,提升运动表现。为达到这种状态,可通过适应场地、调整时差、模拟比赛等方式适度提高兴奋性。不良的赛前(课前)状态则可能妨碍运动表现，表现为过度兴奋（赛热症型）或兴奋性过低（赛冷淡型）。赛前（课前）调整旨在使赛前（课前）反应达到最佳状态，方法包括提升心理素质、正确认识比赛意义、积累经验，以及通过适当的准备活动调节状态等，如为赛热症者安排轻松活动以转移注意力，为赛冷淡者安排与比赛内容相近的高强度练习。

2.准备活动

准备活动是在比赛、训练和体育课前进行的有目的的身体练习，旨在克服内脏器官生理惰性，缩短进入工作状态的时间，并预防运动创伤。其生理作用包括：调整赛前状态，提高中枢神经系统兴奋性；克服内脏器官生理惰性，提升心血管和呼吸系统机能；提高机体代谢水平，使体温升高，预防运动损伤；增强皮肤血流量，有利于散热，防止体温过高。准备活动的生理机制是通过预先的肌肉活动在神经中枢留下兴奋性提高的痕迹，从而调节机体至最佳状态，但这种效应不持久。准备活动的效果受时间、强度、内容、与正式运动的时间间隔等因素影响，需根据项目、个人习惯、训练水平和季节气候等适当调整。与运动员不同，一般人准备活动后可直接进行体育锻炼，无须休息。

3.进入工作状态

人的机能能力和工作效率在活动开始后并非立即达到最高水平，而是逐步提高，这一过程为进入工作状态。其生理机制涉及从感受器转化刺激为神经冲动，刺激到冲动传导、突触传递、中枢协调及肌肉收缩，均需时间。内脏器官生理惰性及肌肉活动需依赖内脏协调。影响进入工作状态的主要因素包括工作强度、性质、个人特点、训练水平和机体功能状态。

4.“极点”与“第二次呼吸”

在进行周期性运动时，锻炼者可能在某时点遇到“极点”，表现为呼吸困难、胸闷、头晕等难以忍受的生理反应，甚至想停止运动。这主要是由内脏器官功能惰性与肌肉活动不相称导致供氧不足引起。若继续运动并调整节奏，不良生理反应会逐渐减轻，进入“第二次呼吸”状态，此时动作轻松、呼吸均匀。这是因为内脏器官惰性被克服，氧供应增加，乳酸清除，机体内环境改善，动力定型恢复。它标志着进入工作状态这一阶段结束。

5.稳定状态

在进入工作状态后，人体机能活动会在一段时间内保持较高且变动不大的水平，称为稳定状态。进行小至中等强度长时间运动时，若机体所需氧能得到满足，即吸氧量与需氧量平衡，为真稳定状态；进行强度大、持续时间长的练习时，虽氧量已达并稳定在最大吸氧量，但仍不能满足机体需氧，这种状态为假稳定状态。

6.疲劳状态

剧烈运动后进行整理活动，可保持心血管和呼吸系统高水平运作，有助于偿还运动时的氧债。整理活动能放松肌肉，避免局部循环障碍，是消除疲劳、促进恢复的有效方法。整理活动应包括慢跑、呼吸体操和伸展练习，其中，伸展练习可消除肌肉痉挛，改善血液循环，减轻酸痛和僵硬，预防运动损伤。特别是按摩，能促进血液循环，加速疲劳恢复。

7.超量恢复

肌肉或肌群在运动后会产生适度疲劳和形态功能下降，经过休息可恢复至运动前水平，并在一段时间内继续上升超过原有水平，称为“超量恢复”。若下次练习在此阶段进行，可保持超量恢复并积累效果。反复练习肌力，可使肌肉体积增大、力量增强。

四 运动心理学与体育教育

运动心理学与体育教学紧密相连，二者相辅相成，共同致力于促进学生的身心健康。作为心理学的一个分支，运动心理学专注于研究人在体育活动中的心理现象和规律，而体育教育则是通过身体活动来传授体育知识、技能，并培养积极的体育态度。在体育教学中，教师需要深入了解学生的心理状态，并根据学生的心理特征来制订相应的教学计划和教学方法。例如，针对缺乏自信的学生，教师可以采用鼓励、肯定的方式来提升其自信心；对于过度紧张的学生，则可以通过放松训练、心理疏导等方式来缓解其紧张情绪，这些都是运动心理学在体育教学中的实际应用。

运动心理学的研究成果为体育教学提供了理论支持和实践指导。研究表明,动机、自信心、焦虑等因素都会对学生的体育学习和表现产生影响。因此,在体育教学中,教师需要关注学生的动机激发、自信心培养以及焦虑调节等方面,以期提高学生的体育学习效果。同时,体育教学也为运动心理学提供了实践场所和研究对象。在教学过程中,学生的各种心理现象,为运动心理学的研究提供了丰富的实践素材。

体育教学中遇到的问题和挑战也为运动心理学的研究提供了新的思路和方向。在学生参与运动或比赛的过程中,一般会涉及以下运动心理的规律。这些规律在体育课堂教学的练习和比赛中发挥着重要作用,教师和学生都需要了解并掌握这些规律,以便更好地指导练习、提高健康能力和比赛成绩。

1.动机规律

动机是推动一个人进行活动的心理原因,对运动训练起着重要的定向、始动、调节、强化和维持功能。在运动训练中,动机的强弱和指向直接影响学生的训练态度、训练行为以及训练效果。

2.感知觉规律

学生运动过程中的感知觉能力对于准确、快速地接收和处理信息至关重要。通过训练,学生可以提高感知觉能力,从而能够更准确地感知到运动环境的变化,并快速做出反应。

3.情绪规律

情绪对学生的学习效果和比赛表现有着重要的影响。积极情绪可以提高学生的训练积极性和比赛表现,而消极情绪则可能导致学生的训练效果不佳和比赛失误。因此,教师应引导学生学会调节自己的情绪,保持积极的心态。

4.意志规律

意志是学生在克服困难、实现目标过程中表现出来的心理品质。坚强的意志可以帮助学生在训练和比赛中克服各种困难,坚持到底,取得更好的成绩。

5.个性心理特征规律

每个学生都有自己的个性心理特征,包括性格、气质和能力等。这些个性心理特征会影响学生的训练效果和比赛表现。因此,教师需要了解每个学生的个性心理特征,因材施教,制订个性化的教学计划。

第三节　人本体育的概念与内涵

“人本主义”教育思想强调教育必须促使“完美人性的形成”即人的“自我实现”。“自我实现”的人格特征，首先，它应该是一个整体，个体不仅在身体、精神、理智、情感、情绪和感觉各方面达到内部有机的整体化，而且在协调内部世界与外部世界的关系时也达到和谐一致。其次，它能够使自身的潜能得到充分发挥，这样才能让学生在教育过程中认识自我，发现自我。

以科学技术高速发展为代表的现代社会正在改变人们的生活方式，人们足不出户便可获取信息、掌握知识。人在享受现代文明所带来的各种便捷的同时，更加关注人的自身发展。纵观我国教育现状发现，我们的教育观念并没有与时俱进，顺应社会潮流，具体表现为：学校教育者有意无意地把成绩等同于素质和能力，反映到教学中就是大部分教师只传授知识和技能，提高学生的成绩。硬性地把知识学习的过程与全面素质的提升分成两个完全不同的阵容；学校教育依然未能摆脱应试教育的束缚，以智力选拔为指挥棒的人才培养模式依然左右着学生的命运。教书有余而育人不足，素质教育依然停留在口号里。体育教育也未能幸免，同样未能摆脱以体能和技能的提高为目标的功利主义思想。

我们可以思考一下，在漫长学习过程中，很多学科知识，如语文、数学、英语、物理、化学、生物、历史、地理……丰富了我们对世界的认知，拓展了我们思维的领域。那么体育呢，体育能够带给我们什么？强健的体魄？高超的技能？智慧的头脑？良好的心理品质？

我们知道，体育运动是一门关乎人的整体发展的应用科学；是一门专门有效增强体质的生物科学；是一门具有极有效的教育手段的教育心理科学；是具有极大的社会影响和哲理性非常强的社会学科。它不是简简单单的关乎身体的学科。掌握运动技能的过程和各种练习活动是学生思考的过程，也是同学之间相互合作的过程，同时还是增进感情的过程。在比赛中，学生能学会自律，同时也能培养意志力。

社会的健康发展、安定和谐，取决于社会成员的科学文化知识、道德修养、身心健康。而这样的社会成员，并不会自然而然形成，需要通过教育这项社会活动(以及其他社会因素)来造就。良好的教育是出于社会健康和谐发展的实际需要,在教育的过程中,要把教书功能和育人功能放在对等的位置,使学生德智体美劳各方面得到全面均衡发展。现在有一种说法叫作情商高于智商,那么什么是情商呢?领导力、协调力、理解力、创造力、勇气、毅力、承受打击的能力等能力构成了情商。当你学习知识的时候,你的理解力、创造力得到了加强。而领导力、协调力、勇气、毅力、承受打击的能力却是在体育中才能得到充分锻炼,才能让你这部分的人格得到充分伸展。海明威曾说:"生活是让我们遍体鳞伤,但到后来,那些受伤的地方一定会变成我们最强壮的地方!"但其实,这得有个前提,就是要能够经得起伤害!即使遍体鳞伤、即使倒下,也能够爬起来!有人说这是精神上的,但精神又如何离得开肉体呢?何况体育锻炼锻炼的不仅是肉体,其实也锤炼了你的精神,当你的精神和肉体同时变得强壮,你才是个难以被击倒的人。

因此,人本体育就是以人的个性需求和全面发展为体育教育的逻辑起点和归宿,以强健身体为基础,创设多元共享的教育场域,让学生在体育锻炼中享受乐趣,成为具有健全人格、坚强意志的高品质个体。

人本主义的体育教育思想强调在体育教育过程中,除了教授动作技术和各种体育知识,以及发展学生体能和技能以外,还应该把培养学生的情感理想、意志力作为教育价值取向的首要内容。体育是以人的全面发展为教育目标、以人的内在的需求和外在的社会适应为教学内容、以身体运动为形式的教育方式。这种教育方式的核心就是要实现体育教学的四个转向。

一 "育体"至"育人"的学科育人观转向

发展体力、增强体质是学校体育教学的主要任务,体现在体能、运动能力、技战术能力等方面的提升。而智育既是学生掌握文化知识的基础,也是参加体育运动的关键能力之一。只有着力于认知能力的培养,为学生提供足够的选择空间和交流机会,保护学生的好奇心、想象力和求知欲,才能促使学生"敢于提问、主动思考、乐于交流、善于想象",张扬学生的个性。

新时代学生在智力、体力等能力不断进化的过程中存在协作意识淡薄、吃苦精神较差、意志品质欠佳、信心不足等问题。鉴于此,在体育教学中应重视对学生心理素质的训练,有针对性地教会学生自我调节的方法,消除学生的心理障碍,培养学生坚韧不拔、顽强拼搏等意志品质,彰显良好的体育道德风尚,为促进学生身心健康的发展而奠定基础。

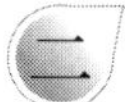

二　“竞技”至“健康”的课程价值观转向

各类运动项目的比赛是竞技体育的核心,而竞技体育是体育的核心,但竞技体育往往又让人远离体育。所以,学校体育要充分认识到体育教学的本质是用运动项目教,而不是教运动项目。体育教师要牢固树立健康第一的教学理念,通过结构化、科学化的大单元教学设计,以专项运动技能为基础,融合健康知识、体能和跨学科主题学习,在普及的基础上提升,让每一个学生享受体育比赛的魅力,并在强身健体的同时,为构建金字塔形竞技人才体系奠定基础。

三　“被动恐惧”至“慧享乐趣”的学生学习观转向

一直以来体育训练过程都比较枯燥和艰苦,很多时候基本技术的学习占了很长的时间却一直没有感受到比赛的成就和乐趣。这种体育学习方式容易让学生产生恐惧心理。罗杰斯把学习分为两种,一种是类似于心理学上的无意义音节的学习,他称之为“在颈部以上发生的学习”。这种学习纯粹是学科知识的灌输与机械式学习,不涉及学习者的情感或个人意义。另一种是意义学习。这种学习不仅要积累知识,还要进行情感、态度、意志等与“完整的人”有关的学习。人本主义学习理论强调学习要把“逻辑与直觉、理智与情感、概念与经验、观念与意义等结合在一起……成了一个完整的人……”。所以,体育课堂教学要创造体育教学的新奇感、趣味感、获得感和成就感,才能真正让有意义、有乐趣、有效率的学习发生。

四　“单一课堂”至“协同合作”的教学场域观转向

体育是一种复杂的社会文化现象,它是以身体与智力活动为基本手段,根据人体生长发育、技能形成和机能提高等规律,达到增强体质与提高运动能力、改善生活方式与提高生活质量的一种有意识、有目的、有组织的社会活动。所以,如果只局限于课堂,远远不够促进学生技能的提升。体能的增长以及体育品德的培养,应该在扎实做好课堂教学的基础上充分利用学校课外体育活动和家庭、社会体育活动,包括教学时间一体化,物理空间一体化和虚实空间一体化。积极构建教会、勤练、常赛的广义模式,形成一个协同合作的学校体育教学场域。

第四节　人本体育的价值意义

体育教育的内在价值是指教学活动作为区别于其他社会活动本身所具有的价值属性，如情感、兴趣、能力等，是个体价值。外在价值是指教学活动对其他事物、现象或活动所具有的价值，如功利价值、社会发展价值，是社会价值。长期以来，体育工作者不得不面对这样的现实：很多大学生在经历了十多年体育课堂熏陶后，却连一个像样的运动项目都不能掌握。以运动技术为教学目标的教学实践却没有给学生带来更多的技能储备；以身体素质为评价指标的体质教育，评价结果却是体质逐年下降。这正是重外在而忽视内在的结果。

片面注重运动技能、运动成绩、身体素质指标，忽视学生本身情感、兴趣、能力等因素的教学活动失去了对学生的吸引力，让其不能全身心地投入体育活动之中，也就失去了体育教育本身的意义。

人本体育坚持培养具有健全人格、坚强意志的高品质个体，而只有具备“身体之能力”和“精神之能力”的人才能称之为高品质的个体。对于个体而言，“身体之能力”是指身体形态、机能、健康水平等外在表现，“精神之能力”是指理想、信念、意志品质等内在表现。在人本体育看来，学生的全面发展和个性发展同频共振是核心，一切体育教育目标及教学活动都应围绕其实施与开展。单纯只有智力或体力参与的学习并不能称为真正的学习，学习应是个体整体性投入的积极而有意义的过程。这种教育将更加强调人的潜力的挖掘，尤其是那种成为一个真正的人的潜力；强调理解自己和他人并与他人很好地相处；强调满足人的基本需要；强调向自我实现的发展。这种教育将帮助“人尽其所能成为最好的人”。

人本体育秉持一种批判性的本体观念，它将体育的本质定位于个体与共同体之间的关系之中，从而超越了自然主义体育观与非自然主义体育观之间的二元对立模式。自然主义体育观主张体育与智育相结合，以促进人的全面发展；而非自然主义体育观则认为体育应仅为共同体的发展服务。这两种在雅典和斯巴达诞生的体育观念对后世体育的发展产生了深远影响。雅典体育体系因体现人文体育思想的重要特征，被视为“人文主义”体育思想的代表；斯巴达体育体系则因特别重视军事体育教育，将体育作为实现国家政治或经济目的的工具或手段，代表着一种“工具论”的军国民体育思想。这两种体育思想在体育发展的历史长河中交替占据主导地位。

尽管斯巴达曾凭借其将体育作为实现国家政治目的的工具的观念在战争中战胜了体现人文体育思想的雅典，但在文艺复兴时期，欧洲的人文思想家们重新肯定了体育是以人为核心的运动，并认识到体育在倡导人的意志和个性解放中能促进人的身心全面发展。然而，几个世纪后，在欧洲的科学革命、工业革命和资产阶级政治革命的推动下，近代体育手段的体系化和社会化进程虽然得到了加速，但德国和瑞典体操的产生却主要是为了达到其军事目的，而非真正体现其教育和健康的价值，这使得军国民主义体育思想再次占据了主导地位。

体育观的历史转换揭示了体育在个体发展价值与共同体生存功能之间的不断徘徊。这种徘徊表明了体育的不全面性和不和谐性，因此，自然主义体育与非自然主义体育必然成为人本体育升华的对象与客体。人本体育的理想模式应是二者的辩证互动与有机统一。

人本体育是一种创新性的体育价值观，它实现了体育价值与功能的统一。该观念将体育的价值定位于人的生成化，将体育的功能定位于共同体的有机化，其中生成化是有机化的基础，有机化则是生成化的结果。人本体育的核心并不在于探讨体育的本质，而是深入探究体育在人的生活世界中的价值，强调体育在交往、构建、塑造和变易等方面的价值。

人本体育在四个层面上构建和丰富着人的生活世界。首先，它关注身体的生成，将体育视为身体的生产过程，通过体育，将文化、社会、自然等因素融入身体，培育出具有鲜明共同体特色的身体。其次，人本体育促进符号的生成，体育运动在变化的节奏、形式、场合和时间中创造出丰富多样的符号体系，为生活增添了符号资源。再次，它关注价值的生成，通过体育不断衍生出真、善、美等价值，形成新的价值类型和形式。最后，人本体育促进交往体系的生成，从塑造身体形式、丰富交往符号、衍生生活价值三个维度推动共同体内部及之间的交往，形成具有强大聚焦能力的交往体系。

人本体育作为生活世界的生成要素与动力源，其实现以均等化为前提。真正的“生成化”必须是均等化的，而人本体育也必然在真正的共同体中才能实现。在真正的共同体中，每个人都能通过联合获得自由，并享有体育权利的均等化。这包括体育资源分配权利、体育参与机会权利以及体育效益享有权利的均等化。每个共同体构成主体都应平等分配或享有体育物质资源、制度资源和文化资源。这一观念与《经济、社会及文化权利国际公约》以及联合国教科文组织制定的《体育运动国际宪章》中的规定相契合，都强调了参与体育运动是每个公民的一项基本权利，以及体育权利的均等化。

人本体育是具体性的体育实践观，人本体育将一切体育认识问题回归于生活世界，用生成化范畴解决一切实践争论，真正突出共同体条件下的人的主体地位，在学校体育和日常生活层面和谐构建多元体育类型，是实现人的全面发展和个性发展同频共振的崭新的体育教育形式。

第二章

人本体育的教学理念建构

《义务教育体育与健康课程标准(2022年版)》的颁布标志着我国基础教育体育与健康课程教育全面进入核心素养的时代。在以人为本、以体育人的背景下,让学生在体育锻炼中享受乐趣、增强体质,成为具有健全人格、坚强意志的高品质个体是体育教育的逻辑起点和终极归宿。

第一节 “育体”至“育人”的学科育人观转向

早在百年前，学校体育教育的开拓者蔡元培先生就提出了“完美人格，首在体育”这一颇具前瞻性的教育主张，他坚持体育的首要地位，认为“有健全之身体，始有健全之精神”。毛泽东曾提出：“欲文明其精神，先自野蛮其体魄。”作为体育运动的积极倡导者和实践者，他认为体育能强筋骨、增知识、调感情、强意志，能为国家造就不计其数的身体强健、精神刚毅的国民。这也是人本体育育人为先的核心要义。

新中国成立之后，我国体育理论学界的部分学者面对“重运动竞技，轻身体教育”的现实境况，提出了“体育是体质教育”“不能误以为运动就是体育”“竞技是娱乐而不是体育”等观点。这些观点提出后，有人反对，有人赞同。赞同之人，不仅用理论进行声援，还通过几十年实践坚持不懈地验证着。这个群体就是几十年来备受争议的“体质教育流派”，他们的实践努力也是育体思想的集中体现。

一　体质教育产生的社会背景

“新体育”对人民体质的关注和国家体委（体育运动委员会，简称“体委”）只重“竞技”的矛盾。新中国成立初期，强调“体育为人民服务”“发展体育运动，增强人民体质”。然而，1952年赫尔辛基奥运会后，我国认识到体育运动水平高低对新中国在国际上的地位有着重要影响，“竞技体育”与“国家地位”开始联系在一起。1956年以后，“提高”的重视程度开始超过“普及”，体委“把运动成绩的胜负作为评判工作好坏的标准”，甚至有学者认为“体委只搞竞赛，其他的群众体育工作就没有好好地搞过”。尽管批评声不绝于耳，但鉴于“竞技”对提高国家地位的重要性，1962年国家体委还是明确提出了省以上体委将体育工作的重点放在抓“提高”方面。国家体委还在《1978年全国体育工作会议纪要》中提出“国家体委和省一级体委要在普及与提高相结合的前提下，侧重抓提高”。为了扭转国家体育重心忽视群众体育体质的现状，有些体育工作者就提出了“不能误以为运动就是体育”“竞技不是体育”“不要认为抓了竞技之后就等于抓了体育”的观点。

大杂烩的“体育”与真正意义的“体育”的矛盾。由于翻译的原因，“体育”一词在我国是一个大杂烩词语。为了统一理解，1982年，一百多名体育理论专家汇集在山东省烟台市，就体育的概念、体育科学的本质、属性和体育科学体系等问题，进行了专题理论研讨。对体育概念进行了重点讨论，达成了“大体育”（广义体育）、“小体育”（狭义体育）的共识。但是，一部分师范大学体育系的体育理论工作者因对我国体育工作自1959年后向竞技体育大量倾斜表示不满，不同意体育有“广义”“狭义”之分。他们认为：中国“是按竞技方式办体育，在体育中搞竞技”“实际上是普遍用竞技教育代替了体育，使中国体育奄奄一息”。后来，为了同大杂烩“体育”划清界限，有学者就提出了体育就是“体质教育”，并用“体质教育”“真义体育”等术语代表其“真体育”。

青少年体质弱化与体育课军事化、劳动化、政治化、竞技化的矛盾。新中国成立初期，我国青少年体质状况堪忧。与之相对应，则是体育课在体育含义泛化后出现的种种翻天覆地的大变动。如1958—1969年，在体育课上练匍匐、投弹、刺杀，上大练兵体育课；领学生去火车站装卸煤炭，上劳动体育课；体育课上给学生每人一块铁饼，教师发令，所有铁饼一齐被扔上天……在这样的大背景下，徐英超先生[①]提出应该“在教育制度体育必修课中取消大杂烩的用体育之名的运动课，开增强体质的健身课”，同时提出不用“体育（运动）课”这个名称，改称“体质教育课”。因为“体育课”被弄糊涂了，所以要名正言顺地改称“体质教育课”。

二 体质教育形成和发展

1979年，徐英超先生率先提出用“体质教育”代替“体育”，欲为“体育”一词正本清源，为国民体育谋实利。自此，体质教育流派正式登上历史舞台，成为推动我国体育教学科学化的一支重要力量。

① 徐英超（1900–1986），中国著名的教育家和体育理论家。

徐英超先生的体质教育主张源于他对体育本质及体育与运动关系的思考，其中吸收了毛泽东的体育思想以及《反杜林论》中与体育相关的论述。除了对体育概念的反思，体质教育的提出也与当时学生体质下降的现实问题密切相关。20世纪70年代，徐英超先生曾多次参与全国各级学校体育教学情况调查，发现多数学校学生身体状况不佳，之后他依据实地考察情况与理论探索成果，于1979年撰文呼吁国家应重视中小学生的体质问题，主张各校密切关注学生体质状况，及时了解并掌握学生体质增强的实效，力求改善接班人体质健康问题。此外，徐英超先生在北京体育学院开设的“体质教育研究室”与他在北京第十九中学开展的体质教育教学实验展现了他在改善学生体质问题方面所做的努力。

随着《体质教育研究初论》的问世，体质教育思想体系逐步确立。其主要表现为：理论上，确立了体育教学视点应从“技术传习”回归“身体教育”基本立场，并主张以良好的心态与生活方式作为体质健康的外部保障；实践上，借助统计学知识观测与呈现学生体质状况（及变化势态），并基于实证思维设计了学生体质测试标准及健康促进方案，其效度在后续实验中得以证实；就影响而论，徐英超先生当时提出的观点无疑有其创见意义，他对体育与运动关系的判断颠覆了传统“运动即体育”的认知，不仅间接推动体育概念大讨论进程，同时也在一定程度上影响了学校体育工作决策，尤其引起了教育部门对学生体质健康问题的关注。如1979年在江苏召开的“全国学校体育卫生工作经验交流会”上，各部门就学校体育卫生工作系列问题展开探讨，会议确立了“增强体质为主”的学校工作指导思想，指明增强学生体质是学校卫生工作的根本目的。1979年教育部与国家体委共同发布《中小学体育工作暂行规定》，指出评定中小学体育工作的成绩根本上要以学生体质是否增强作为衡量标准。学生健康状况一直是国家、政府与社会高度关注的问题，在学生体质逐渐下降的背景下，学校体育方针必然要向增强体质方面倾斜，而徐英超先生在20世纪70年代初期所做的调研工作，无疑推动了当时学校体育工作重心的转向。

随着时代的进步和观念的转变，体质教育流派在面对“教材困境”和“兴趣困境”等瓶颈时，开始与其他观点进行思想碰撞和知识融合，以寻找突破的方法。在新世纪，体质教育流派在理论和实验方面取得了新的突破。

首先，他们开始尝试将竞技运动纳入健身范畴，通过“健身化”搭建了竞技运动与体质教育沟通平台。这种转变使得竞技运动不再是体质教育的对立面，而是成为促进身体健康的有效手段。

其次,体质教育流派开始重视运动学习和健身知识点的结合。他们认为,体育课的教材应该以健身方法和法则为主线,将身体运动、营养和卫生措施、生活制度、心态调适等健身手段串联起来。这种教学方式强调运动学习的趣味性和健身知识的实用性,使学生在锻炼身体的同时,也能学习到实用的健身知识和方法。

这些突破使得体质教育流派在理论和实验方面取得了新的进展。他们不仅解决了过去的困境,也为未来的体育教学提供了新的思路和方法。这些新的教学方法和思路有助于提高学生的身体素质和健康水平,促进国民体育的发展。

三 体质教育与体育教育交错阶段

体质教育与体育教育交错阶段占主流地位的是"体育教育"强调体育的教育性。代表性的观点有,马启伟认为"以身体活动中的大肌肉活动为手段而进行的教育,即为体育。概括而言,体育不是有别于或是脱离精神的身体教育,而是包括身体在内的对人的全面教育"。赖天德认为学校体育是为了"增强学生体质,促进学生身心全面发展,培养学生从事体育运动的意识、兴趣和能力,提高体育素养,为终身体育奠定基础"。

体育教育思想强调通过身体运动对学生进行身体、心理与情感、社会与交往等教育。这一阶段的学校体育实践出现了明显的体质教育与体育教育的交错与冲突。1999年6月,《中共中央、国务院关于深化教育改革全面推进素质教育的决定》指出:"健康体魄是青少年为祖国和人民服务的基本前提,是中华民族旺盛生命力的体现。学校教育要树立健康第一的指导思想,切实加强体育工作,使学生掌握基本的运动技能,养成坚持锻炼身体的良好习惯。"

2001年,《体育与健康课程标准》的课程性质"是以增进学生健康为主要目的,实施素质教育和培养德智体美的重要途径"。为此,课程建构了运动参与、运动技能、身体健康、心理健康、社会适应五维目标,后合并为四维目标。

2007年,中共中央国务院印发《关于加强青少年体育增强青少年体质的意见》,明确指出"体育锻炼和体育运动,是加强爱国主义和集体主义教育、磨炼坚强意志、培养良好品德的重要途径，是促进青少年全面发展的重要方式，对青少年思想品德、智力发育、审美素养的形成都有不可替代的重要作用”。并指出“增强学生体质作为学校教育的基本目标之一”。对学生体质健康水平持续下降的地区和学校，在教育工作评估中实行“一票否决”。随着这些政策的实施，素质教育、学生体质健康标准测试结果、初中升学体育考试成绩实际上成为评价学生体育和学校体育最重要甚至是唯一的标准。因此学校教育出现了素质体育轰轰烈烈，应试体育扎扎实实的现象。

四　健康第一，以体育人思想的逐步形成

健康第一教育思想强调学生参与体育、体验体育、享受体育运动的本体价值，并在此基础上追求人的身心健全、人格完善，满足个人的需求、兴趣，形成乐观开朗、阳光向上的人生态度和自由的、充分的、和谐发展的生命姿态。刘铁芳认为“体育的意义在于唤醒学生健康、活泼、快乐的生命状态。作为人的一种生活方式来提升、展现、充实人的健康生存本身”；程志理认为“运动先于意识的行为特征是创造性的‘身体思想’”；潘绍伟认为“学校体育是为学生创设最富诗意、激情、活力与人味的教育活动与生命体验”。

2016年，国务院办公厅《关于强化学校体育促进学生身心健康全面发展的意见》指出：“全面提升体育教育质量，健全学生人格品质，切实发挥体育在培育和践行社会主义核心价值观、推进素质教育中的综合作用，培养德智体美全面发展的社会主义建设者和接班人。”

2022年，教育部颁发的《义务教育体育与健康课程标准》指出，让健康第一，以体育人的导向更加清晰。体育教育的终极指向绝非“体”育本身，体育教育应具生命属性，需将对生命本质特征和成长需求的观照，融汇于体育教育的全过程，实现尊重生命、开发生命、完善生命、提升生命的意义。

学校体育所面对的青少年是带有显著年龄特征的群体，各有不同的禀赋、基础及能力，且存在着无限的可能，这些都构成了青少年生命成长的独有密码。人本体育教学主张，以生命成长为内核，尊重生命的多元与独特，还原青少年主体，增强青少年体质，提升青少年思维，锻铸青少年意志，回应其生命节律和成长状态，使之充分激发自身潜蕴的生命能量，并获得终身成长的源泉与动力。

相对于其他领域的体育，学校体育要遵循体育教育的固有特性，即以身体练习为手段实现强身健体的目的。体育教育作为学校教育的重要组成部分，更要成为培养健全人格和促进学生全面发展的“强基”之基。人本体育教学主张树立的是“大体育观”，它凸显运动知识、运动技能、体能素质、心理发展和社会适应的整体发展，可使体育与健康课程真正成为一门基于生命、指向生命和提升生命质量的学科，在实现强身健体的同时，又观照人的精神、品格，让学生在体育中感受到生活之美、生命之源、生存之道、德育之基。

人本体育所秉持的育人观，始终将学生作为“整体的人”，既不是片面追求体育的本质功能——“育体”（“增强体质”或“强身健体”），也不是空泛地强调其教育功能——“非身体运动的育人”，而是指向“强身健体前提下的育人”，即：“育体”“育智”“育心”。“育体”，通俗讲则为健体，侧重于促进身体的健康，主要是指通过体育基础知识、基本技能的学习，发展运动能力，提高体能，增强体质；“育智”指向思维层面，具体为运动认知（运动知觉、运动记忆、运动思维）的获得、健康行为的习得；“育心”侧重于精神层面，但又是建立在运动健体的基础之上，主要以身体运动为途径发展个性、培养德行，培育相应的精神和品格。三者相辅相成，促进身心合一，实现以体育人的终极目标。

第二节 “竞技”至“健康”的课程价值观转向

体育课程价值观是人们从自身和社会发展的需要出发,对体育课程价值的认识、理解、观点与解释的总和,是主体根据体育课程对其自身及社会的意义或重要性进行评价和选择的原则、信念和标准。人的价值观,是社会政治、经济、文化、教育等社会现象的折射,在不同的社会背景下,人们的价值观在不断发生着变化。尽管近现代体育课程的历史在中国不过百余年,但中国社会在这百余年间发生了跌宕起伏、天翻地覆的变化,使得体育课程价值观也处于不断变化之中。其中最为主要的应该就是竞技体育价值观的出现。

一 竞技体育课程价值观

竞技体育是指在竞技比赛中,为了取得优异的成绩,运动员需要具备某种熟练的运动技能和针对技能的身体能力,包括爆发力、耐力、速度、协调性、敏捷性等。这些技能和身体能力是运动员在进行专业训练和比赛时所需要的,目的是让运动员在比赛中发挥出最佳水平,甚至超越自身极限。

20世纪60年代,我国把体育工作的重点放在了竞技体育,希望通过国际体育竞技舞台,展示社会主义制度的优越性,振奋民族精神,凝聚爱国之心,提高新中国的国际地位。持竞技运动优先论者认为,在生产力不发达,体育基础相对薄弱的情况下,只能依靠社会主义制度的优势,集中必要的人力、物力和财力,优先保证竞技运动的发展。在这样的背景下,体育课程转入以培养高水平体育后备人才为主要目标的竞技体育课程,教学内容是竞技运动项目,教学要求是掌握技术、提高运动技术水平。学生的体质健康教育问题、心理发展问题和个性化学习等问题,均处于从属地位,变成了竞技体育课程的衍生物。

客观地说,社会本位的价值取向,有它的积极作用。它重视体育的社会价值,强调体育目的从社会出发,满足社会的需要,具有一定的合理性。事实上体育的存在和发展是无法脱离社会的，离开社会，体育也就无法获得其发展的社会条件。这种体育价值取向，使我国体育在社会经济相对落后的条件下较短时间内取得了举世瞩目的成就，尤其是高水平竞技运动的突飞猛进更为世人所公认，提升了中国在国际社会中的威望和地位。但是，这一价值取向的弊端是显而易见的，它忽视了满足个体发展的需要，割裂了人与社会的关系，要求个人无私奉献，为全体利益牺牲个人的幸福，结果造成目标抽象、虚幻、遥远。再者，片面强调体育的工具价值，忽视人文关怀，把提高分数、谋求个人地位的升迁作为体育活动的基本取向，以牺牲个体的人文精神、舍弃生命的价值与尊严为代价换取个人的暂时成功。这种急功近利的指导思想只能使体育沉湎于“立竿见影”的短期行为，极易导致体育陷入“见物不见人”的怪圈。人是目的本身，而非单纯的手段，不应将人当作社会工具，而应将人作为社会主体来培养，否则，会导致对个体价值的漠视，从而严重束缚和压抑人的本性发展。

20世纪60年代，由于受苏联体育思想的影响，加之急于求成的社会心理，使体育课程照搬苏联模式，因而“工具论”体育成了新中国体育课程的基本价值取向，并长期在体育实践中起主导作用。在这一特定的背景下，国家的体育发展战略中心是重竞技体育，轻大众体育。把竞技体育放在优先地位考虑，为国争光，是当时中国体育追求的目标。

二 健康体育课程价值观

健康体育是指个体在日常生活中，为了保持身体健康、预防疾病、提高生活质量等目的而进行的各种体育活动，如打太极、跳健身操等。健康体育是普通人关注身体健康的重要方式，可以帮助人们更好地管理身体健康，预防常见疾病，提高生活质量。

20世纪90年代以来，在国外先进教育理念与经验以及我国体育课程研究与改革实践的双重作用下，我国体育课程开始向以人为本的教育理念迈进，开始重新审视并努力实践体育对人的全面发展的教育功能。1992年颁布的《九年义务教育中小学体育教学大纲》和1996年颁布的《全日制普通高级中学体育教学大纲》，在课程目标中已经较为全面考虑了体育对于人的健康促进价值、运动教育价值、技能发展价值、心理调适价值、社会适应价值等。尤其是2001年颁布的《中小学体育与健康课程标准（试行）》，确立了以人为本、以学生为主体、以“健康第一”为指导思想的课程观，从学生的体育学习的发展需要出发，以五个学习领域目标，整体体现了体育课程促进健康、发展运动技能、学习体育文化、促进心理健康和提高社会适应性等多元体育价值观，体现了体育课程对人的全面发展的促进与教育价值，是我国体育课程发展史上具有里程碑意义的重要文件。自20世纪90年代以来，体育工作者一直致力于课程的改革，在不断反思社会本位和学科本位的多种体育课程价值观的同时，提出了终身体育价值观、快乐体育价值观、保健体育价值观等多种具有改革意义的价值观。人们对体育课程价值的新思考，无疑是体育课程发展的进步，是对“手段论”“工具论”的挣脱，朝向“目的论”迈进。

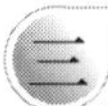

三　从“竞技”到“健康”的课程价值观

随着社会经济的快速发展，人们的生产生活方式也发生了巨大的变化，现代化让城市的空间变小，体育活动机会越来越少，环境和饮食结构发生变化，都直接影响着青少年的健康。近十几年来，中国群众体育无论在健身意识上，还是参加体育锻炼的人数上，以及国家在投入居民健身的场地和器材上都是在逐步增加的，但人类社会的发展速度远远超过健身规模的增长速度。

根据2013年世界卫生组织公布的数据，每年有260多万10—24岁年轻人死亡，从1984年起肥胖症人数正以每5年翻一番的惊人速度增长，成为仅次于吸烟的第二个可预防的致死性危险因素，与高血压、高血脂、高血糖并称为“死亡四重奏”。造成这些情况的原因是缺少身体锻炼，因此世界卫生组织提出必须重视青少年健康问题，促进青少年时期健康行为的养成，并采取措施让青少年更好地避免风险。

青少年的健康问题是全世界共同的难题，因此世界各国政府都在花大力气抓大众健身运动。我们在探索世界竞技体育发展中注意到，一些早期奥运会金牌榜上的强国，出现了金牌数的下降现象，不是他们不要金牌，而是在全民健身与竞技体育孰轻孰重、难以两者兼顾时不得不选择全民健身。中国用了30年成为奥运会金牌大国，但一直没有解决青少年的健康问题，可见全民健身、青少年的健康工作要比竞技体育取得金牌艰巨得多。中国之所以在历史上被称为

“东亚病夫”,不是因为我们没有金牌,而是我们的体质不够强健。其实建设体育强国的目的不是要“师夷之长技以制夷”,而是让体育的成果更多、更公平地惠及全体人民。

2013年11月12日,党的十八届中央委员会第三次全体会议通过的《中共中央关于全面深化改革若干重大问题的决定》(以下简称《决定》)强调:“强化体育课和课外锻炼,促进青少年身心健康、体魄强健。”这是继《中共中央　国务院关于加强青少年体育增强青少年体质的意见》颁布以来,又一次对青少年健康问题提出要求。《决定》还指出:全面深化改革,必须“紧紧围绕更好保障和改善民生、促进社会公平正义……,推进基本公共服务均等化……”。而竞技体育的改革创新,就是要更加全面地认识竞技体育的社会价值,使竞技体育从为国争光拓展到为大众体育服务,为促进青少年身心健康、体魄强健服务。

《义务教育体育与健康课程标准(2022年版)》在课程内容上,由原来健康知识和专项运动技能的基础上扩大到五项,增加了基本运动技能、体能和跨学科主题学习,提倡在义务教育阶段掌握1—2项运动技能,为终身体育奠定基础,这也是课程改革从竞技走向健康理念的体现。

第三节　“被动恐惧”至“慧享乐趣”的学生学习观转向

学习观是学生个体对知识、学习经验的直观认识。学习观的形成和发展受学生自身的学习经验、所学专业、课堂教学以及学校和社会文化等因素的影响。它反过来又对学生的学习成绩、认知过程及策略、自我调节以及学习动机都具有重要的影响。

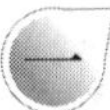

一　“被动恐惧”的学习观

体育教育活动中曾流行说这样一句话:“学生爱体育,但不爱上体育课。”究其原因,主要有:一是教学方法过于陈旧。传统的体育教学方法往往注重技术的传授和运动量的控制,而忽视了学生的个性和兴趣。这种教学方法可能会让学生感到单调和枯燥,从而对体育课失去兴趣。二是教学内容单一。一些学校的体育课程可能只注重传统体育项目的教授,如田径、篮球、足球等,而缺乏一些新兴的、有趣的体育项目,如攀岩、滑板、瑜伽等。这可能会让学生感到体育课缺乏新鲜感和挑战性。另外即使是同一个项目的教学也以单一的、零碎的技术为主,而较少呈现组合的、整体的教学,更缺乏技术的应用。三是缺乏个性化的教学。不同的学生有不同的体育兴趣和需求,也有不同的能力基础和接受能力,而一些学校的体育课教学没有考虑到学生的个性化需求,采用一刀切的方式。这会让学生感到体育课缺乏针对性和有效性,无法满足学生的个性需求。四是评价方式不合理。大多数时候,学校的体育课程都是采用单一的评价方式,如考试或达标测试,而忽视了学生的平时表现。这种评价方式可能会让学生感到体育课只是为了应付考试,而不是为了提高自己的体育素养。

基于以上情况,久而久之,学生就对体育课产生了被动的学习情绪,同时,一些学生因为始终无法掌握体育项目,而考试却要求学生完成一定的内容,还会出现恐惧心理。

二 “慧享乐趣”的学习观

在以人为本的教学过程中，我们要清晰以下几个因素是让学生从被动学习转向主动学习的关键：一是“输出”比“输入”更重要。所谓“输入”或者“输出”，其参照系是学习者的大脑。当外界信息向学习者大脑流入（如听教师的讲授或观看示范教学等），即为“输入式学习”；而当信息从学习者的大脑中流出，并明确表达出来（如观察、提问、讨论、当“小教师”等），即为“输出式学习”。由学习金字塔理论可知，“输出式学习”才是主动学习，才是高效学习。“输入”是为“输出”服务的，学习只有达到了能“输出”的境界，知识才真正成为学习者的一种能力和素养。二是“兴趣”比“知识”更重要。在“被动学习”“接受式学习”“输入式学习”中，学习者对知识只能选择“接受”或“不接受”，至于接受什么样的知识和技能，学习者并没有多少选择权。但每个学习者都是一个独立的个体，有自己的喜好和特长，有体育能力的优势区和劣势区，当学习者以一种或几种固定的方式学习时，他就会觉得兴味索然；如果学习者能学习自己感兴趣的内容，或用自己感兴趣的方式来学习，那知识将不再是一种无生命的“对象”，而会是一种有故事的“生命”。三是“自主”比“学习”更重要。当下，类似“听讲”这样的“输入式学习”成为教师认可的常态学习方式之一。如果学生在“听讲”过程中加入了自己的强烈愿望和主动意识，学习效率确实不错，但现实是，一些教师只看到了“听讲”的表现，忽略了背后的隐性因子——主动，也没有在激发学生“主动”听上下功夫，导致“听讲”效果一般。部分教师固执地认为：听讲，一定是教师讲，学生听。在这种情况下，学生只是“被动地听”，却很少“主动地听”，影响了学习的效果。

三 从“被动恐惧”到“慧享乐趣”的学习观

习近平总书记2018年在全国教育大会上提出要让学生在体育锻炼中“享受乐趣、增强体质、健全人格、锤炼意志”。在这四位一体的目标中，享受乐趣摆在了第一位。有了乐趣才会为后面的三个目标奠定坚实的基础。

1.享受乐趣需要被新奇感吸引

新奇感是一种感觉，通常指在接触或体验新事物时所产生的一种感受。它表现为对新鲜事物的好奇、惊喜、兴奋等情感，是人们探索未知、追求新知的动力之一。在体育教学中，新奇感可以表现为学生对新的运动项目、新的教学方法、新的运动器材等所产生的兴趣和好奇心，这种新奇感可以激发学生的学习兴趣和动力，提高教学效果。

在课堂教学中要保持学生的新奇感，一是要选择多样化的教学内容，尽量避免重复相同的教学内容，尝试引入不同的体育项目、运动方式，即使是同一个教学内容也要尽量使用不同的组合方式，让学生在学习过程中不断感受到新奇和挑战。二是创新教学方法，如游戏化教学、情境教学等，让学生在轻松愉快的氛围中学习，增强学习体验的新奇感。三是引入科技元素，如多媒体、虚拟现实技术等，将体育教学与科技相结合，让学生在学习过程中感受科技带来的新奇和乐趣。四是鼓励学生自主探索、尝试新的运动方式和方法，让他们在探索过程中发现新奇和乐趣，增强学习的动力。

2.享受乐趣需要被趣味感吸引

趣味感是一种主观体验，通常指人们对事物产生的愉悦的心理感受。这种感受可以由事物的特点、性质、外观、功能等多种因素引起。在体育教学中，趣味感表现为学生对学习内容、教学方式、教学环境等所产生的兴趣和好奇，可以激发学生的学习兴趣和动力，提高教学效果。

在课堂教学中要保持学生的新奇感，一是要尽量采用游戏化教学，将教学内容与游戏相结合，让学生在游戏中学习和掌握技能，增加学习的趣味性和互动性。二是采用多种教学方式，如小组合作、个人挑战等，让学生在不同的学习情境中体验不同的学习乐趣。三是在体育教学中引入竞争元素，如小组比赛、个人挑战等，让学生在竞争中体验成功的喜悦和挑战的乐趣。四是在体育教学中设置一些趣味性的教学环节，如接力赛、趣味障碍赛等，让学生在轻松愉快的氛围中学习。

3.享受乐趣需要被获得感吸引

获得感是指人们在生活、工作或学习中，通过自身的努力，获得了自己期望的回报，进而产生的一种积极的情感体验。它涉及多个方面，包括物质、精神、情感等方面的回报。例如，一个辛勤工作的人，通过获得薪水、奖金等物质回报，会感到获得了经济上的满足；一个学习进步的人，通过获得知识、技能的提升,会感到获得了自我成长和发展的机会;一个社交成功的人,通过他人的认可和友谊,会感到获得了情感支持和归属感;等等。

在课堂教学中要保持学生的获得感,一是要明确教学目标,让学生知道他们需要掌握哪些知识和技能,以及这些知识和技能在现实生活中的应用价值。这样,学生就能够有目标地学习,从而更容易获得满足感。二是要采用多种教学方法,如讲解、示范、实践、讨论等,让学生从多个角度学习知识,加深理解和记忆。三是及时给予学生反馈和评价,让他们了解自己的学习成果和进步。反馈和评价可以以多种形式出现,如口头反馈、作业批改、考试等,让学生知道自己是否达到了学习目标,以及如何改进。四是鼓励学生自主学习,让他们在课余时间通过阅读、实践等方式获取更多的知识和技能。这样,学生就能够更加主动地学习,从而有更多的收获。五是创造一个积极、开放、互动的学习环境,让学生在学习过程中感受到尊重和信任。这样,学生就能够更加自信地表达自己的想法和观点,从而获得更多的认可和鼓励。

4.享受乐趣需要被成就感吸引

成就感是指一个人在完成某项任务或实现某个目标后,所获得的一种积极的情感体验,可以让人实现自我价值、增强自信心。在教育中,让学生有成就感是提高教学效果和学习积极性的重要手段。当学生通过自己的努力和付出,获得自己期望的回报时,就会产生成就感,从而更加自信和积极地投入学习中。

在课堂教学中要保持学生的成就感,一是要因材施教,根据不同学生的具体情况设定更加明确、具体的教学目标,让每一个学生清楚自己需要达到的标准。二是提供个性化的反馈,每个学生都是独特的个体,他们有自己的学习方式和节奏。教师需要提供个性化的反馈,关注每个学生的进步和努力,适时给予积极的肯定和鼓励,帮助学生发现自己的优点和潜力。三是营造积极的课堂氛围,一个积极、开放、互动的课堂氛围可以让学生更加自信、积极地参与到学习中。教师需要创造这样的氛围,鼓励学生发表自己的观点和想法,让他们感受到被尊重和信任。四是及时给予肯定和鼓励,学生在学习过程中会遇到各种困难和挑战,教师需要及时给予肯定和鼓励,让学生感受到自己的努力得到了认可和鼓励。

第四节 “单一课堂”至“协同合作”的教学场域观转向

《义务教育体育与健康课程标准（2022年版）》规定三至九年级每周3课时，一、二年级每周4课时，但仅靠这样的课时，就要让学生有健康的身体和一定的体育学科核心素养，是远远不够的。所以除做好课堂教学之外，学校体育教学还要充分利用大课间、体锻课、体育社团、体育竞赛等，将课堂教学的内容不断外延，构建一个协同合作的学校体育教学场域，包括教学时间一体化，物理空间一体化和虚实空间一体化，真正让学生在义务教育阶段掌握1—2项运动技能，掌握体育学科核心素养。

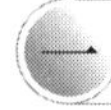

一 教学时间一体化

体育教育要实现教学时间一体化需要学校、教师和学生的共同努力。传统思想上的教学时间就是上课的时间，但在新课标的引领下，大单元教学更加提倡在课时教学的基础上将教学时间向大课间活动和体锻课活动延伸。这种延伸是在“健康第一”的思想前提和现有基础上，教师根据学校的环境、场地、器材和学情，在课内教学的基础上积极组织拓展课外体育活动，带动学生主动学习、锻炼，让学生在运动中提高运动技能，强化身体素质，实现身体、心理、社会三个方面的平衡发展。

体育教学时间一体化包括了学校体育课程目标体系、学校体育课程内容体系、学校体育课程设置和结构体系。

1.学校体育课程目标体系

学校体育课程目标包括课程基本目标和课程发展目标。课程基本目标即通过体育课实现体质健康、获得运动技能与技术。课程发展目标即通过体育课获得道德品质、身心健康、协作能力等。课内外一体化课程目标的构建就是要在课程基本目标的基础上，结合课程发展目标，真正形成学生的核心素养。

课程目标体系应该包含：

(1)运动能力目标：通过课堂学习和课外锻炼，使学生掌握基本的体育知识和技能，包括各种运动项目的基本规则和技术要领。同时，注重培养学生的运动兴趣和习惯，鼓励他们积极参与各种体育活动，提高身体素质和运动能力。

(2)健康行为目标：关注学生的身心健康，通过课堂教学和课外活动，帮助学生树立健康意识，养成良好的生活习惯，预防或减少疾病的发生。

(3)体育精神目标：在体育教学中，注重培养学生的体育精神和品德，包括团队协作、尊重规则、公平竞争等方面的素养。通过参与各种体育比赛和活动，让学生感受体育精神的重要性，提高他们的道德品质和社会责任感。

要实现教学时间一体化，教师需要将课堂教学和课外活动有机结合起来。例如，在课堂上学习基本的体育知识和技能，在课外组织相关的体育比赛和活动，让学生在实践中巩固和应用所学知识。同时，鼓励学生自主组织体育活动，发挥他们的创造性和主动性。另外，教师还应在体育学科核心素养目标的构建中，关注学生的个性化发展。例如根据学生的兴趣和特长，为他们提供有针对性的指导和支持，帮助他们充分挖掘自己的潜力。

2.学校体育课程内容体系

课程内容关乎教师教什么，怎么教，学生学什么的问题，容易受教学环境、师资力量等因素的限制。如何实现课内课外教学互补是构建教学时间一体化教学内容体系的关键。教学时间一体化课程内容应该是课堂教学、区域环境特色、文化特色、课外锻炼相兼容的一种教学内容体系，突出课内外的互补性，在全面发展的基础上促进个性发展，实现因体育体，以体育人。

课程内容体系的整体设置应该注意：

(1)整合教学资源：将课堂教学内容和课外活动资源进行整合，充分利用学校和社会各种资源，为学生提供多样化的学习体验。

(2)多元化教学内容：在教学内容的选择上，应注重多元化和趣味性，以满足不同学生的学习兴趣和需求。除了新课标规定的中华传统体育项目外，还可以引入新兴的体育项目，如滑板、手球、击剑等具有较高的挑战性和观赏性项目，以激发学生的兴趣和动力。

(3)结合实际生活：在教学内容安排上，应结合学生实际生活，注重实用性和应用性。例如,可以教授学生如何在日常生活中保持健康的生活方式,如何预防运动损伤等,这些内容能够帮助学生更好地将所学知识应用到实际生活中。

(4)强化基础技能:在注重多元化和趣味性的同时,不能忽视基础技能的训练和强化。基础技能是体育学科的核心内容,只有掌握了这些技能,学生才能更好地参与各种体育活动和竞赛。因此,教学内容应涵盖基本的技术要领和战术,注重训练的针对性和实效性。

(5)突出体育精神和品德教育:在教学内容的选择和安排上,应突出体育精神和品德教育,注重培养学生的团队协作、尊重规则、公平竞争等方面的素养。通过组织各种体育比赛和活动,让学生亲身感受和体验这些精神品质的重要性,并在实践中不断巩固和提高。

3.学校体育课程设置和结构体系

课程主要由课堂教学和课外体育活动构成。课堂教学由运动实践课、理论知识课构成,课外体育活动由学校大课间活动、体育社团活动、课外体育锻炼、体育节活动、运动队训练、校内外体育比赛等构成,课堂教学与课外体育活动共同促进学生体育学科核心素养的发展。教学时间一体化应该是一个动态的良性循环,在整个实施过程中,教师还需要根据学生体育学科核心素养的发展情况,及时微调课堂教学与课外体育活动内容与形式,从学生实际出发,为每个学生的发展负责。

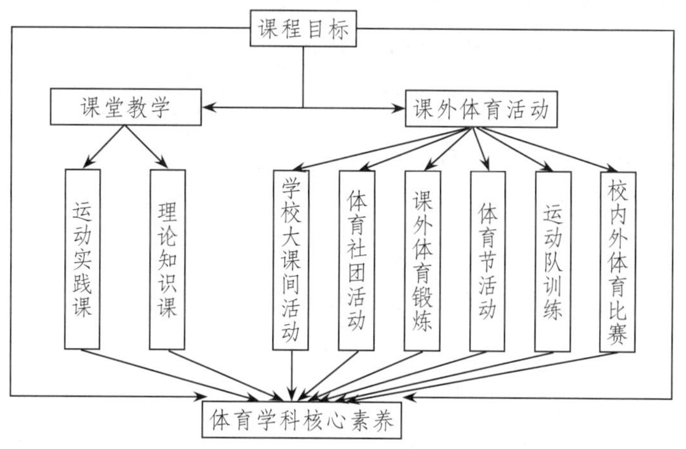

图2-1　体育课程结构

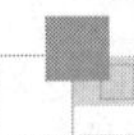

二 物理空间一体化

物理空间一体化是指学校、家庭和社会三者在教育过程中的紧密合作和互动,共同促进学生的全面发展。学校以传授知识和技能为主,家庭以练习和巩固为主,社会以应用和提高为主,三者互为基础,互相促进,为学生体育学科核心素养的发展奠定坚实基础。

在实践中,物理空间一体化可以通过多种方式实现。例如,学校可以定期举办家长会、亲子活动等,加强与家长的沟通和联系,了解学生的家庭背景和成长环境,为教育教学提供更有针对性的指导。同时,学校还可以邀请社会各界人士走进校园,为学生提供丰富多彩的课外体育活动和社会比赛机会,让学生更好地了解社会体育、融入社会体育。

学校可以通过建立家长委员会,邀请家长代表参与学校管理和教育决策,加强与家长的沟通和联系。家长委员会可以定期举行会议,了解学校的教育教学情况,为学校提供建设性意见和建议。还可以定期举办家长论坛,向家长传授家庭体育教育知识和方法,提高家长的体育教育水平和能力。家长论坛也可以邀请专家、学者或优秀家长举办讲座或分享经验,为家长提供有益的指导和帮助。

学校也可以与社区、企业等建立合作关系,共享体育资源,为学生提供更加丰富的锻炼和实践机会。例如,学校可以与社区合作开展体育文化活动、体育比赛等,让学生更好地了解社区体育文化和生活方式;可以与企业合作开展体育比赛等,让学生更好地了解社会体育的发展和需求。

学校还可以建立信息共享平台,引入信息化技术,如运动管理系统等,将学生的课外体育活动进行实时管理及线上考核,促进学生养成日常体育锻炼习惯,督促学生进行科学合理的体育锻炼,还可以通过信息化平台及时发布教育教学信息、学生表现等,加强与家长的沟通和联系。同时,学校还可以通过信息共享平台收集家长的意见和建议,为教育教学提供更有针对性的指导。

三 虚实空间一体化

体育教育要在学校条件允许的情况下实现虚实空间一体化。教师可以借助现代信息技术，特别是虚拟现实（VR）和增强现实（AR）技术，打破物理空间限制，为学生提供更加丰富、生动和个性化的学习体验。

1.利用虚拟现实（VR）技术构建虚拟教学环境

通过VR技术，可以模拟出各种体育场景，如运动场、体育馆等，让学生在虚拟环境中进行学习和训练。这种方式不仅可以提供逼真的视觉体验，还能模拟真实的运动感觉，帮助学生更好地掌握运动技能。

2.结合AR技术丰富教学内容

AR技术可以将虚拟信息叠加到真实世界中，为学生提供更多的学习信息和互动机会。例如，在体育课上，教师可以利用AR技术展示动作的分解图、运动轨迹等，帮助学生更直观地理解动作要领。

3.实现线上线下教学的有机结合

虚实空间一体化要求体育教育实现线上线下教学的有机结合。教师可以利用网络平台发布教学资源、布置作业、在线辅导、举行线上运动会等，同时结合线下的实践教学，让学生在虚实空间中自由切换，享受更加灵活多样的学习方式。

4.加强师生互动与生生互动

在虚实空间一体化教学模式下，师生互动和生生互动也变得更加重要。教师可以通过网络平台与学生实时交流，了解学生的学习情况和需求，及时调整教学策略。同时，学生之间也可以利用网络平台进行协作学习和互动交流，共同提高学习效果。

体育教育要实现虚实空间一体化，需要充分利用现代信息技术手段，打破物理空间的限制，为学生提供更加丰富、生动和个性化的学习体验。同时，也要加强师生互动和生生互动，促进线上线下教学的有机结合，推动体育教育的创新与发展。

第三章

人本体育的课堂教学范式

人本体育视域下，学生的全面发展和个性发展已成为新时代学校体育教育的终极归宿。在这个目标的引领下，体育教学更应强调身体和思想两个要素的共生和发展。从身体动作发展的角度看，要遵循从泛化、分化、巩固到自动化的技能发展规律，泛化需要有温度、分化需要有尺度、巩固需要有效度、自动化才能有品度。从思想认知发展的角度看，要遵循从感知、理解、巩固到应用的认知能力发展规律，感知需要有温度、理解需要有效度、巩固需要有尺度、应用就会有品度。从“学练赛评”一体化教学上看，学习需要有温度、练习需要有效度、比赛需要有尺度、评价需要有品度。所以构建温度、效度、尺度、品度相辅相成的“四度课堂”教学模式才能更好实现身体和心灵的共生和发展。“四度课堂”注重营造适宜的温度，激发学生学习内驱力；把握科学的效度，培养学生动作技术和技能；控制合理的尺度，关注学生身心特点及个体差异；培养优质的品度，强调学生体育精神的内化，也是“学练赛评”一体化教学的进一步实践和探索。

第一节　人本体育视域下的课堂教学度量

新中国成立至今，每一个发展时期都形成了不同的体育教育思想。其主要包括体质教育、技能教育、能力教育、竞技教育、快乐教育以及终身教育等。体质教育的目的是改善学生健康状况，增强体质；技能教育的目的是加强学生的运动技能学习，增强体能；能力教育的目的是增强学生体能，奠定其锻炼的基础；竞技教育的目的是培养竞技运动的后备人才；快乐教育的目的是让学生通过参与锻炼，获得身心愉悦；终身教育的目的是培养学生一辈子体育锻炼的能力。每一个时期的教育思想都有一定的指向性，但归根结底都是指向人的身体、感受或能力。

2018年，习近平总书记在全国教育大会上提出学校体育要帮助学生在体育锻炼中“享受乐趣、增强体质、健全人格、锤炼意志”四位一体的整体目标，指向了人的全面发展和个性发展。随后，国家连续下发了《关于深化体教融合　促进青少年健康发展的意见》《关于全面加强和改进新时代学校体育工作的意见》《〈体育与健康〉教学改革指导纲要（试行）》《义务教育体育与健康课程标准（2022年版）》等文件，以人为本、以体育人的人本体育教育导向逐步呈现。以人的全面发展和个性发展为体育教育的逻辑起点和终极归宿，以强健身体为基础，创设多元共享的教育场域，让学生在体育锻炼中享受乐趣，成为具有健全人格、坚强意志的高品质个体。

在学校体育育人价值的转变过程中，体育课堂教学无疑是最为关键的一环，其成效高低极大影响着学校体育教育的质量。然而长期以来，体育课堂教学缺乏统一的标准理念和教学范式。不论是知识传授课，还是体能强化课，抑或技能学习课，都有各自不同的教学模式和要求，比较散乱且难以统一。为了实现人的全面发展和个性发展，近年来，有学者提出了构建“学练赛评”一体化教学理念，让单一的技术教学、体能教学走向运动能力、健康行为、体育品德的素养教学。而学习需要有温度，练习需要有效度，比赛需要有尺度，评价需要有品度。所以，“四度”课堂教学就是在尊重个体、崇尚自由的基础上，构建有温度、有效度、有尺度、有品度的“学练赛评”一体化体育课堂。它既是“学练赛评”一体化教学理念落地的关键，也是人本体育教学主张落地的抓手，更是新时代体育教学的新度量。

“四度”课堂教学模式就是以有温度、有效度、有尺度、有品度为每一节体育课堂教学的核心要素，创建有递进性目标、衔接性内容和多样化方法的课堂，同时，要求每节课都根据学生的能力差异设置层次性的练习、阶梯性的要求和指向性的比赛，让每一个学生学有所获。最后在整个课堂教学中要注重规则意识、合作精神和反思态度的渗透和培养。

一 人本体育视域下课堂教学的本质特征

在日常生活中，无论是工作还是娱乐，我们都需要掌握各种运动技能，提高运动能力。从简单的走路、说话到复杂的武术、体操、球类等各项运动技能的学习，都遵循一个共同的规律：从泛化到自动化的发展过程。在这一过程中，每一个阶段都有其特定的要求和特点，而要达到最佳的学习效果，我们需要关注并应用相应的策略。

1.泛化需要有温度

从身体动作发展角度看，运动技能的学习是一个逐步深化的过程，需要遵循从泛化到自动化的规律。在技能学习的泛化阶段，学生需要充分体验和感知动作，建立正确的动作模式。这需要教师或教练给予正确的指导和示范，并让学生逐渐形成正确的动作意识。同时，学生也需要保持积极的态度和耐心，不断尝试和调整自己的动作。

当我们刚开始学习一项新技能时，如游泳、打网球或投篮等，往往不知所措，动作笨拙，这是因为大脑在这一阶段主要是在建立基本的动作模式。此时的学习过程应当是轻松、有趣和充满鼓励的，这就像是给技能学习加了一层“温度”。这种温度来源于教师的激情教学、友好的学习环境和积极的自我反馈。有温度的学习环境能够帮助学生减轻压力，增加学习的动力和兴趣。

2.分化需要有尺度

随着技能学习的深入，教师或教练开始关注更多细节，纠正之前形成的错误动作或习惯。在这个阶段，学生需要更加明确和具体的指导，这就是所谓的“尺度”。教师或教练应给予学生具体的指导和反馈，指出哪些动作是正确的，哪些是不正确的，以及如何纠正，从而帮助他们更好地掌握动作的细节和要点。同时，学生也需要对自己有足够的“尺度”，明白自己的不足，愿意接受批评并积极改正。这个阶段可能会比较艰难，只有通过持续的努力和反思，才能逐渐掌握正确的动作要领。

3.巩固需要有效度

分化之后，学生需要通过大量练习来巩固所学技能，使动作逐渐变得更加稳定和可靠。这需要学生具备较高的毅力和耐力，坚持不断地练习和反思。这一阶段的特点是重复和强化。在这一过程中，学生的进步可能不会像之前那样明显，这可能会导致一些人失去动力。因此，为了保持学习的效度，学生需要设定明确的目标、制订合理的时间表并保持足够的耐心。此外，有效的反馈机制也是必要的，可以帮助学生及时了解自己的进步和需要改进的地方。

4.自动化才能有品度

当技能达到自动化阶段时，它已经成为我们身体的一部分，不再需要刻意思考。例如，我们可以毫不费力地骑自行车、自然地与他人交流或即兴演奏音乐。这一阶段的品度体现在能自如地运用技能。为了达到这一境界，学生不仅需要持续练习和反思，还需要对技能有深入的理解和感知。只有这样，学生才能真正掌握一项技能，使之成为生活和工作中的得力助手。

综上所述，运动技能学习和运动能力的发展是一个需要不断努力和投入的过程。为了实现最佳的学习效果，学生需要遵循从泛化到自动化的规律，并在每个阶段采用适当的策略和方法。同时，教师或教练也需要给予正确的指导和支持，帮助学生顺利渡过每个阶段，只有这样，他们才能真正掌握1—2项运动技能，使体育成为他们学习生活中不可或缺的一部分。

二　人本体育视域下课堂教学的四度建构

在人类的学习过程中，思想认知的发展是至关重要的。它涉及我们如何认识问题、理解问题和解决问题。从思想认知发展的角度看，学习是一个有序的过程，需要遵循特定的规律。这不仅仅是知识的积累，更是思维方式的转变和深化。

1.感知需要有温度

在学习的初期,我们通过感知来认识事物。对于新事物,我们要有好奇心和探索欲,这就是所谓的温度。一个有温度的感知意味着我们对周围的事物保持敏感,愿意去尝试和体验。对于学习,意味着我们需要充满热情和兴趣去接触新知识,而不是被动地接受。只有当感知充满温度时,我们才能真正深入知识的海洋中。

想象一下,当一个孩子第一次接触体育,他被各种动作和声音所吸引。这种好奇心和兴趣就是感知的温度。这种有温度的感知使他愿意深入探索体育的奥秘,尝试做出各种动作。如果缺乏这种温度,他可能会错过学习体育的宝贵机会。

2.理解需要有效度

在感知的基础上,我们需要进一步理解所接触的知识。理解不仅仅是记忆,更是对知识本质的把握和关联的建立。有效的理解需要我们具备分析、归纳和推理的能力,这意味着我们需要将新的知识与已知的知识进行整合,形成连贯的思维体系。为了达到这一目的,学生需要积极主动地思考,不断提问和探索,确保理解的效度。

在孩子学习体育动作技能的过程中,理解的有效度至关重要。例如,当他学习跨越式跳高时,仅仅记住老师说的内容是不够的。他还需要理解起跳和过杆的实际意义,以及为何需要进行这样的起跳和过杆技术。通过将动作与日常生活中的情境相联系,他才能够更有效地理解跳高的概念,才能确保他掌握了有关跳高的知识。

3.巩固需要有尺度

在理解新知识之后,我们需要在脑海中巩固,以便日后能够随时调用。巩固的过程需要有一定的尺度,即对知识进行分类、整理和组织。这就像是将新书放入图书馆,需要按照一定的规则进行排列,以便日后查找。在学习中,我们也需要为知识建立清晰的框架和结构,便于更好地记忆和应用。

在学习排球时,为巩固所学知识,我们需要为垫球、传球和扣球等建立清晰的框架。例如,在学习垫球时,要有二传的概念,所以垫球的落点至关重要,而传球时要有扣球的概念,要知道什么样的传球才是攻手最喜欢的。这种有尺度的巩固方法使我们能够系统地整理知识,使之更加易于检索和使用。

4.应用就会有品度

学习的最终目的是应用。当我们能够将所学知识应用于实际情境中时,学习就达到了一个更高的境界。这种应用不仅是对知识的检验,更是对其价值的体现。真正的学习是有品度的,它不仅仅是记忆知识,更是解决问题、创新思考和实践的能力。一个有品度的学习者能够灵活运用所学知识,以适应不同的环境和挑战。

当我们在实际生活中应用所学的知识和技能时,学习的价值才得以体现。以学习投篮为例,仅仅学会一个投篮技术是不够的,真正的掌握在于能够根据不同的情境和场合进行调整和创新。一个有品度的篮球运动员不仅知道如何遵循投篮的规律,还能够根据比赛场上的各种情况灵活应变,创造出令人赞叹的投篮经典片段。这种应用的能力不仅展现了学习的深度,也赋予了学习实际的价值和意义。

从思想认知发展角度看学习,是一个不断深化和拓展的过程。在这个过程中,感知需要有温度、理解需要有效度、巩固需要有尺度、应用就会有品度。遵循这些规律,我们才能更好地理解学习的本质,实现从知识到智慧的转变。

三 人本体育视域下课堂教学的度量关系

在素养目标的引领下,体育课堂教学构建"学练赛评"一体化的教学理念已然成为发展学生素养水平的关键所在。学、练、赛、评是相互关联、相互促进的四个重要环节。它们共同构建了一个完整的学习闭环,确保学生能够全面、深入地掌握知识和技能。为了更好地理解这四个环节,我们将逐一探讨它们与温度、效度、尺度及品度的关系。

1.学习需要有温度

学习,作为知识的初步获取过程,需要以热情和好奇心为驱动力。这种驱动力我们可以称之为"温度"。一个有温度的学习环境能够激发学生的学习兴趣,使他们主动地探索和求知。当学习有了温度,学生不再是被动的接受者,而是知识的积极探索者。例如,通过设置有趣的问题、组织互动游戏或利用多媒体资源,教师能够营造一个充满活力的学习氛围,使学习变得更加有趣和吸引人。

2.练习需要有效度

练习是巩固和应用所学知识的重要环节。为了确保练习的有效性,我们需要关注其“效度”。有效度的核心在于目标导向和问题针对性。在安排练习时,教师应明确学生需要掌握的技能和知识,并设计具有挑战性和实用性的任务。同时,有效度的练习还需要及时反馈和修正,帮助学生了解自己的不足,从而有针对性地进行改进。例如,在体育教学中,教师可以根据学生的个体差异布置不同难度的练习题,以满足不同层次学生的需求。

3.比赛需要有尺度

比赛是检验学生学习成果的一种方式,它为学生提供了一个展示自我和挑战自我的平台。在比赛中,为了确保公平和公正,我们需要制定明确的规则和标准,即所谓的“尺度”。这个尺度可以是一段时间限制、一个评分标准或一些特定要求。通过设定合理的尺度,比赛才能有效地评估学生的实际水平,同时也能激励学生不断突破自我、追求卓越。例如,三对三篮球比赛可以设定时间限制、投篮限定以及得分标准,以确保每位参赛者都在相同的条件下展示自己的才华。

4.评价需要有品度

评价是对学生学习成果的总结和反馈,它不仅告诉学生学到了什么,还为他们指明未来的方向。因此,评价需要具有品度,即一种细致、全面和深入的评价方式。品度要求评价不仅仅是简单的分数或等级,而是对学生的表现进行具体分析和建议。通过提供建设性的反馈,品度有助于学生认识到自己的优势和不足,从而调整学习策略、提高学习效果。例如,教师可以采用成长记录袋或表现性评价等多种方式,全面、客观地评价学生的学习成果。

综上所述,学、练、赛、评四个环节在学习过程中各有侧重,但都离不开温度、效度、尺度和品度的考量。通过营造有温度的学习环境、安排有针对性的练习、设定合理的比赛规则以及提供全面的评价反馈,教师才能构建一个完整、高效的学习体系,帮助学生真正掌握知识和技能,实现全面发展和个性发展的同频共振。

第二节 “有温度”:体育课堂教学的理想前提

有温度的体育课堂,应该是用心、有爱的体育课堂,主要体现在教师有温度,教材有温度,课堂有温度三个方面。首先。有温度的课堂必然来源于体育教育者内心强烈的体育情怀,这种体育情怀应该是一种激情、一种热爱、一种对体育的执着与投入。在这种情怀感染下,学生才能追求体育,参与体育,热爱体育。其次,有温度的课堂需要有符合学生实际需要的教材内容,教材内容的选择和设计是否具有合理性,关系到学生在体育课上能否真正掌握与提高技能,增强体能,培养品德。不同的年龄阶段不同的身体特征需要不同的教材内容,才能让课堂产生温度。最后,在课堂氛围的营造上,教师需要“蹲”下去,以学生为主体,让学生在温暖、和谐的环境中潜移默化地成为具有强健身体、健全人格、坚强意志的高品质个体。

一　坚守情怀的教师温度

第一,有温度的教师,应该是有爱的教师。离开了爱,一切教育就无从谈起,而有爱的体育应该来源于体育教育者内心的体育情怀,这种体育情怀应该是一种激情、一种热爱、一种对体育的执着与投入。在这种情怀感染下,学生才能追求体育,参与体育,热爱体育。

第二,有温度的教师,应该是用心的教师。用心的教师倡导尊重、唤醒、激励与鼓舞。对待学生,应该像培育大树一样,不同的树种给予其适合生长的土壤,耐心地浇灌,用心地施肥,让它们慢慢成长。所以要尊重每一个学生,因材施教,让他们个性发展,让他们兴趣养成,让他们自信阳光。尽管有些人在学校期间不一定能开花结果,但用心去等待,一定会有惊喜和回报。

第三,有温度的教师,应该是遵循身心发展规律的教师,致力于引导生命自由成长的教师。“顺木之天,以致其性”,体育教师应让学生在运动兴趣中找到自

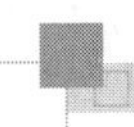

己的运动动机。学生的身心发展是有规律的，要坚信适时与适度的力量。在遵循规律中，让学生拥有自己的体育专长，培育他们坚定、自信、豁达的性格，勇于追求一切美好，敢于向未知探索，让他们用行动去证明每一个人都可以成为最好的自己。

二 人文关怀的教材温度

体育课堂教学中的“教材有温度”是指教材不仅具备知识性和技能性，而且富有情感和人文关怀，能够对学生产生积极的影响。

第一，有温度的教材，应该是有人文内涵的教材。体育教材中蕴含着丰富的人文故事、历史背景等，教师可以将之与教学内容相结合，使学生感受体育精神的力量和魅力，激发其学习兴趣和热情。

第二，有温度的教材，应该是有生活化元素的教材。教师在教学中，可以将日常生活中的情境、活动与体育教材相结合，使学生感受到体育与生活的紧密联系，从而增加教材的亲和力。

第三，有温度的教材，应该是指向实际应用的教材。教师可以在教学中利用多媒体技术丰富教材内容，借助图片、视频、音频等多媒体手段，生动形象地展示教材内容，增强学生的感官体验，使其更加深入地理解和感受教材的作用。

三 富有魅力的课堂温度

在传统的体育课堂中，教师常常只关注学生的体能训练和技术掌握，而忽略了课堂的人文关怀和情感交流。这样的课堂往往显得单调、乏味，缺乏生气和温度。只有生动、有趣、有温度的体育课堂，才能让学生在其中真正感受到体育的力量和魅力。

第一，有温度的课堂，应该是有和谐师生关系的课堂。在体育教学中，教师和学生是课堂的两大主体，建立和谐的师生关系是实现“课堂有温度”的前提。教师应该尊重每一个学生，关心他们的成长，不仅在技能上给予指导，更要在心理上给予支持。同时，教师也要鼓励学生表达自己的想法和感受，形成双向的、积极的有效沟通。倾听与理解、尊重与鼓励、公平对待是和谐师生关系的关键所在。

第二，有温度的课堂，应该是能关注学生个体差异的课堂。每个学生都是独一无二的，他们在体质、技能、兴趣等方面都存在差异。体育教师应该充分认识到这一点，尊重每个学生的个体差异，并根据实际情况制订个性化的教学计划，确保每个学生都能在课堂中找到自己的位置，感受成功的喜悦。

第三，有温度的课堂，应该是有创新方法和手段的课堂。传统的教学方法往往注重技能的传授和体能的训练，而忽视了学生的情感体验。为了实现“课堂有温度”，体育教师应该创新教学方法和手段，如通过情境化的练习、新颖化的竞赛等形式激发学生的学习兴趣，让学生在轻松愉快的氛围中学习和成长。

第四，有温度的课堂，应该是能培养学生的团队合作精神和竞争意识的课堂。体育运动天然地具有团队合作和竞争的特性。体育教师应该充分利用这一特性，通过课堂教学培养学生的团队合作精神和竞争意识，如设计一些需要团队合作才能完成的任务或者比赛，让学生在实践中学会协作和沟通。同时，还要引导学生正确面对竞争，培养他们的抗挫能力和积极的心态。

第五，有温度的课堂，应该是注重课堂评价和反馈的课堂。课堂评价和反馈是实现“课堂有温度”的重要环节。体育教师应该及时对学生的学习情况进行评价，并给予积极的反馈和建议。评价不仅要关注学生的技能和体能表现，更要关注他们的学习态度、合作精神等方面。同时，教师也要鼓励学生之间进行互评和自评，促进他们的自我反思和进步。

第六，有温度的课堂，应该是能营造积极向上的课堂氛围的课堂。课堂氛围是影响“课堂温度”的重要因素。体育教师应该努力营造一个积极向上、充满活力的课堂氛围。可以通过播放音乐、设置激励性的标语等方式激发学生的学习热情。同时，教师也要以身作则，展示出对体育运动的热爱和对教学工作的热情，感染和影响每一个学生。

第三节

“有效度”:体育课堂教学的根本要求

有效度的体育课堂,应该是能掌握运动技术和技能、强化体能和有扎实知识的效率课堂,主要体现在有操作性目标、有衔接性内容、有多样化方法三个方面。首先,目标的表述一定要清晰、准确,具有可操作性;其次,课堂教学内容的衔接性体现在课时教学之间的前后关联性,课时教学中准备、结束等阶段内容的关联性,主教材和辅教材的关联性,主教材和体能练习的关联性等方面;最后,在教法和学法的选择和应用上要多样化,变教师主体为学生主体,变被动学习为主动学习,变枯燥学习为趣味学习。

有效度的体育课堂,应该是能掌握运动技术和技能的课堂。所以体育教学要根据运动技能形成的规律,安排合理有效的教学策略,培养学生动作技术和技能,并能在日常生活和体育比赛中加以应用。这里强调运动技术技能的教学,绝不应该是那种过于呆板的、亦步亦趋的“技术传授”式的教学,而是在深入挖掘运动项目特点的前提下,最优化地选择教学内容,组合该项目的技战术,最大程度地结合竞赛实战,让学生充分感到他们所学技术的实用性和挑战性。

有效度的体育课堂,应该是会强化体能的课堂。学生体质在一定程度上代表健康的水平。因此,体育课堂教学应根据人体生理机能活动能力变化的规律和人体机能适应性规律,循序渐进,逐渐加大运动负荷。课堂中运动负荷的调节策略应是高低结合,动静交替。通常把学生取得最佳健身效果的心率区间确定为140—160次/分,而在一节课中,应将此心率保持的时间控制在10分钟以上,并以中等强度和中等量结合的运动负荷为主,只有达到一定强度和一定密度的练习,学生的技能掌握和体质健康水平才能逐步提升。

有效度的体育课堂,应该是有扎实知识的课堂。学习技能,提高体能一定要有正确的技术动作要领和锻炼知识,所以在课堂教学中应渗透体育知识的教学,克服练习时的盲从性,提高独立性和创造性。同时还可以避免和预防伤害事故,增强学习信心,开阔学生视野,扩大知识面,提高学生体育文化素养,为终身体育服务,推动开展全民健身活动。

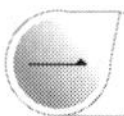 明确清晰的教学目标

在教学中，制定具有可操作性的教学目标是提升教学效果、确保学生取得实质性进步的关键。一个明确、具体且可操作的目标，不仅可以指导教师的教学计划，还能帮助学生明确学习方向，激发他们的学习动力。

1.明确教学目标的重要性

一个清晰的教学目标可以为教师提供明确的教学方向，帮助教师合理规划和组织教学。同时，它也能让学生清楚地知道自己需要达到的标准，从而激发他们的学习积极性和主动性。

2.设计具有操作性的教学目标

（1）分析学生需求：在设计教学目标之前，教师需要充分了解学生的实际情况和需求，包括他们的年龄、体质、技能水平以及兴趣爱好等，这有助于教师制定符合学生实际的教学目标。如在体育课上，教师发现学生对足球特别感兴趣，但他们的基础技能较差。为了满足学生的学习需求并提高他们的技能水平，教师可以将足球作为主要教学内容，并制定具体的教学目标。

（2）确定具体目标：教学目标应该具体、明确，避免使用模糊或抽象的词汇。与其说“提高学生的跑步速度”，不如具体表述为“在一个月内，使学生的50米跑成绩提高2秒”。又如之前说到的足球课，教师制定的具体教学目标应该是：“通过本学期的足球课程，使学生掌握基本的传球、射门和防守技能，并能在小组比赛中运用这些技能。”

（3）可衡量性：一个好的教学目标应该是可衡量的，能让教师和学生都能清楚地知道是否达到了预期效果。例如，可以设置具体的达标标准或评分细则。

为了实现上述足球教学目标，教师制定了具体的评分标准：“每个学生需要完成10次成功的传球、5次射门和3次成功的防守。”这样的标准使得教师和学生都能清楚地了解达标的要求。

（4）挑战性与可实现性的平衡：教学目标应该具有一定的挑战性，以激发学生的学习兴趣和动力。但同时也要确保目标是可实现的，避免过高或过低的目标导致学生失去信心或产生挫败感。如在体育课上，教师可根据学生的实际情况制定具有挑战性的目标：“鼓励学生们在小组比赛中尝试使用新学到的技能，

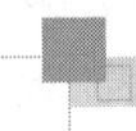

争取获得比赛胜利。”这一目标既具有一定的挑战性，又考虑到了学生的实际能力。

(5)时间限制：为教学目标设定一个明确的时间限制，有助于教师和学生集中精力，有计划地完成教学任务。在上述的体育课上，教师为每项技能的学习和练习都设定了明确的时间安排：“前两周专注于传球技能的训练，第三周开始练习射门技能，最后两周则进行防守技能的训练。”这样的时间安排使得教学更加有序和高效。

3.实施与调整教学目标

在教学过程中，教师应密切关注学生的表现，及时给予反馈和指导，确保学生能够在目标时间内达到预定目标。如果发现学生在实现目标过程中遇到困难，教师应灵活调整教学策略或方法，为他们提供必要的帮助和支持；鼓励他们进行自主练习和探究，培养他们的自主学习能力和解决问题的能力，并根据学生的进步和反馈以及实际情况定期对教学目标进行评估和调整。

设计具有操作性的教学目标是提升体育教学效果的关键环节。通过明确目标的重要性、遵循设计步骤以及实施调整策略，教师可以制定出更加符合学生实际需求的教学目标，从而提高学生的学习兴趣和积极性，促进他们的全面发展和个性发展。

二 衔接递进的教学内容

随着大单元教学的不断推进，体育教学中教材的衔接性已经引起了更大的关注。教材的衔接性不仅关系到学生的学习效果，还影响到学生的学习兴趣和动力。

1.在确定内容之前，首先要基于教学目标，明确内容为目标服务的基本原则，理解用教材教和教教材的差别。

2.注重教材的层次性和递进性。学生的身体素质、运动技能和学习能力存在差异，在设计教学内容时，教师可以根据学生的实际情况，将教材内容划分为基础、提高和拓展三个层次，确保每个学生都能在课堂中获得成就感。

3.关注教材的连贯性和整体性。连贯性和整体性是实现教材衔接性的关键。在选择和使用教材时，教师应关注教材内容的内在联系，合理安排教学进度，使学生在学习过程中能够形成完整的知识体系。此外，教师还可以通过设置主题式、模块化的教学内容，提高教材的连贯性和整体性。

4.加强教学评价与反馈。教学评价与反馈是实现教材衔接性的重要环节。在教学过程中，教师应定期进行教学评价，了解学生的学习情况和需求，及时调整教学策略和教学内容。同时，教师还应关注学生的个体差异，为每个学生提供有针对性的指导和帮助。此外，教师可以鼓励学生之间互相评价和学习，促进彼此之间的交流和合作，共同提高学习效果。

5.重视教材的更新与优化。教师应关注国内外最新的教育理念和教学成果，积极更新和优化教材内容，使之更具科学性、实用性和趣味性。同时，教育部门和学校也应加大对体育教材编写和更新的力度，为师生提供更加丰富、优质的体育教学资源。

6.体育教师实现教材衔接性的方法。

（1）制订详细的教学计划：在学期或课程开始之前，制订一个详细的教学计划，明确每周或每堂课的教学目标、教学内容和教学方法，确保教学计划中的各个部分相互关联，形成一个连贯的整体。

（2）使用主题式教学法：选择一个核心主题，并围绕这个主题设计一系列相关的教学活动。这种方法可以帮助学生将新知识与旧知识联系起来，形成一个完整的知识网络。

（3）实施分层教学：根据学生的能力水平，将他们分成不同的小组。为每个小组设计不同的教学内容和挑战，确保每个学生都能提高自己的水平。

（4）利用信息技术辅助教学：使用多媒体教学资源，如视频教程、互动游戏等，丰富教学手段，提高学生的学习兴趣，还可利用网络技术，如在线学习平台，为学生提供自主学习和协作学习的机会。

（5）实施形成性评价：在教学过程中定期进行形成性评价，了解学生的学习进度和需求。根据评价结果及时调整教学策略和教学内容，确保教学与学生的需求相匹配。

（6）鼓励学生参与教材编写：邀请学生参与到教材的编写和修订过程中，让他们提出自己的意见和建议，以增强学生的参与感和归属感，同时也可以使教材更加贴近学生的实际需求。

（7）与其他体育教师合作备课：与其他体育教师一起备课，分享教学经验和资源。通过集体讨论和合作，共同开发出更加有衔接性的教材和教学方法。

(8)持续自我提升：参加教育培训和研讨会，学习最新的教育理念和教学方法；阅读专业书籍和期刊文章，了解最新的体育教学研究成果。

这些具体的操作方法可以帮助教师在体育教学中实现教材的衔接性，提高教学效果和学生的学习体验。

三 多样适宜的教学方法

随着教育理念的不断更新，体育教学方法的多样性已经越来越受到教育工作者的关注。多样性的教学方法不仅能够激发学生的学习兴趣，提高他们的积极性，还能培养他们的创新精神和实践能力。

在体育教学中，传统的教学方法往往以教师为中心，注重知识的灌输和技能的训练，而忽视了学生的主体性和个性差异。这种单一的教学方法容易导致学生产生厌学情绪，影响教学效果。而多样性的教学方法则以学生为中心，注重学生的参与和体验，通过多样化的教学手段和活动，激发学生的学习兴趣和动力，提高教学效果。

1. 了解学生需求：在设计教学方法之前，首先要了解学生的年龄、兴趣、能力水平以及学习风格等，以确保所选择的方法能够满足学生的需求并激发他们的兴趣。

2. 明确教学目标：依据各阶段课程标准，明确每个阶段和每堂课的教学目标。多样性的教学方法应该围绕这些目标展开，以确保教学的有效性。

3. 选择适当的教学方法：根据教学内容和学生特点，选择合适的教学方法。例如，对于技能类的教学内容，可以采用游戏化教学法或情境模拟教学法；对于理论类的教学内容，可以采用案例分析教学法或交流研讨会等。

(1)游戏化教学法。游戏化教学法是一种将游戏元素和游戏设计技术应用于教学的方法。在体育教学中，教师可以设计一些富有趣味性和挑战性的体育游戏，让学生在游戏中学习和掌握运动技能。这种方法不仅能够激发学生的学习兴趣，还能培养他们的团队合作精神和竞争意识。

(2)情境模拟教学法。情境模拟教学法是一种通过模拟真实情境或场景来进行教学的方法。在体育教学中，教师可以利用场地、器材等教学资源，创设与教学内容相关的情境，让学生在模拟的情境中学习和实践。这种方法能够帮助学生将理论知识与实践技能相结合，提高他们的实际应用能力。

(3)竞赛激励教学法。竞赛激励教学法是一种通过竞赛形式来激发学生的学习积极性和动力的方法。在体育教学中,教师可以组织一些体育竞赛或挑战赛,让学生在竞赛中展示自己的技能和能力。这种方法能够激发学生的竞争意识和团队荣誉感,促使他们自我提升。

(4)自主学习与合作学习相结合。自主学习与合作学习相结合是一种充分发挥学生主体性和合作精神的教学方法。在体育教学中,教师可以安排一些自主学习和合作学习的任务或活动,让学生在自主探索和合作交流中学习和成长。这种方法能够培养学生的自主学习能力、沟通能力、解决问题的能力以及团队协作精神。

(5)利用现代信息技术辅助教学法。现代信息技术的发展为体育教学提供了丰富的教学资源和手段。教师可以利用多媒体等现代信息技术手段,为学生呈现更加生动、形象的教学内容,提供多样化的学习方式和途径。同时,教师还可以鼓励学生利用信息技术进行自主学习和探究学习,培养他们的信息素养和自主学习能力。

(6)案例分析教学法。案例分析教学法通过引入真实的体育案例或历史事件,让学生在分析、讨论中深入了解体育知识、策略和背后的原理。

(7)角色扮演教学法。让学生扮演教练、运动员、裁判等角色,模拟真实的体育场景进行互动,从而培养他们的责任感、决策能力和沟通技巧。

(8)翻转课堂教学法。让学生在课前通过在线资源预习新知识,课堂上则主要用于实践、讨论和深化理解。这种方法可以提高学生的自主学习能力和课堂参与度。

(9)项目式学习法。让学生分组完成一个与体育相关的项目,如策划一场小型运动会、设计一项新的运动规则等。这种方法可以培养学生的团队协作能力、创新思维和解决问题的能力。

(10)跨学科整合法。与其他学科(如物理、生物、历史等)进行整合,探索体育与其他学科之间的联系,帮助学生形成更全面的知识体系。

(11)体验式学习法。通过户外拓展、野外生存等活动,让学生在亲身体验中学习体育技能、培养意志品质和团队协作能力。

(12)交流研讨会。邀请专业运动员、教练或相关领域专家来校举办讲座或研讨会,为学生提供与专业人士交流的机会,拓宽他们的视野。

(13)个性化教学法。针对学生的不同特点和需求,提供个性化的教学方案和指导，确保每个学生都能参与课堂。

(14)评价与反思法。鼓励学生对自己的学习和表现进行评价和反思，帮助他们认识自己的不足和进步，培养他们的自我提升能力。

(15)混合式教学法。结合在线教学和面对面教学的优势，为学生提供更加灵活、多样化的学习方式。

这些方法并非孤立存在，教师可以根据教学内容和学生特点，灵活组合和运用多种方法，以创造出生动、有趣且高效的体育课堂。

4.整合教学资源：体育教师要充分利用学校和社会的教学资源，如体育场馆、器材、多媒体设备等，为多样性教学方法的实施提供支持。

5.鼓励学生参与：在教学过程中，教师可以通过设置小组任务、角色扮演、竞赛等活动，激发学生的学习兴趣和积极性。

总之，实现体育教学方法的多样性需要教师根据学生的实际情况和教学需求，灵活选择和组合，也需要教师不断提高自己的教学水平和能力进行探索和创新。同时，教育部门和学校也应该加大对体育教学改革的投入力度，为师生提供更加优质的教学资源和环境支持。

第四节 “有尺度”：体育课堂教学的基本规范

有尺度的体育课堂，应该是“随心所欲不逾矩”、恰到好处的课堂，是能因材施教、精准把脉、宽松有度、享受乐趣的体育课堂，主要体现在练习有层次、要求有针对、比赛有指向三个方面。首先，练习内容要遵循技能学习掌握的规律，循序渐进地进行练习；其次，要关注学生的个体差异，设计不同层次的练习要求，让每一个学生都能有清晰的目标和乐趣；最后，每一节课的比赛都要有针对性，指向学习的主题等。

有尺度的体育课堂，要根据学生的身心特点和个体差异，在体育学科核心素养总目标的引领下，层层递进地设计分段目标、单元目标和课时目标。在精准目标的基础上选择适宜的内容。学生从小到大接触了很多运动技能，但体育课程内容始终有一个突出的问题，即体育课程内容尚未建立真正符合学科特点、符合学生发展实际、满足不同区域的、富有逻辑性、适切性、衔接性的课程体系和实施策略。不完整或不完善的体育课程内容显示出体育课程内容建构理论上的不成熟、不完备。只有建立一套分学段递进式的结构化内容体系和一套相应的能力等级评价标准，才能消除低级重复，让学生掌握1—2运动技能。学生的学需要在不同的学段衔接起来，教师的教在不同学段要有层次感，才能体现出体育课程螺旋式上升的特点，才能彰显体育课堂的尺度。

有尺度的体育课堂，应该是课内外、校内外一体化的课堂。体育课程的实施不能局限于课内，把课外的体育锻炼作为第二课堂，不仅能弥补课内学练时间，还能够丰富锻炼内容和创新锻炼形式，有助于学生运动习惯的养成、运动技能的掌握和运动能力的形成。课内外联动，是课程在学校实施的有效途径与机制。然而，体育课程的校内外联合并非简单叠加，也不能各自为战，是共同围绕核心素养目标形成合力。

有尺度的体育课堂，应该是享受乐趣、养成习惯、促进健康的课堂。运动技术的学习和掌握可以为体育习惯的养成提供可持续发展的动力。因此运动技术的学习是体育习惯的开始，是学生体育习惯形成的基础。事实证明，学生运动技能掌握得越好，体育兴趣越浓烈，体育习惯也越易形成。

一 练习有层次

在体育课堂中，实现有层次的练习是提高学生运动技能、增强体质的有效途径。有层次的练习不仅能够适应不同学生的个体差异，还能够使教学内容更加系统化、科学化。

1. 认识学生差异，合理分组。学生个体差异是客观存在的，在体育课堂中，教师应该先认识并尊重学生的差异，根据学生的实际情况，如身体素质、技能水平等分成不同的层次或小组，以便针对不同的学生制订相应的练习计划和要求。

2. 制定分层教学目标。针对不同层次的学生，教师应该制定相应的教学目标。对于基础较差的学生，教学目标可以设定为掌握基本技能和基础知识；对于基础较好的学生，教学目标则可以设定为提高技能水平和竞技能力。分层教学目标，可以使每个学生都能够在课堂中找到自己的定位，明确自己努力的方向。

3. 设计有层次的练习内容。在体育课堂中，教师应该根据学生的实际情况和教学目标，设计有层次的练习内容。可以从易到难、从简单到复杂地安排练习项目和难度，确保每个学生都能够有针对性地进行练习。同时，教师还可以通过变换练习形式，激发学生的练习兴趣和积极性。

4. 采用适当的教学方法。针对不同层次的学生和不同的教学内容，教师应该采用适当的教学方法。例如，对于基础较差的学生，可以采用讲解、示范、模仿等直观教学方法；对于基础较好的学生，则可以采用讨论、探究、自主练习等教学方法。灵活运用各种教学方法，可以帮助学生更好地理解和掌握运动技能。

5. 注重评价与反馈。教师可以采用定期测验、技能展示等方式对学生的练习成果进行评价，并及时给予反馈和指导。通过评价和反馈，可以帮助学生了解自己的进步和不足，及时调整练习策略和方法。

6. 鼓励学生互助合作。教师可以组织小组活动、团队竞赛等，让学生在合作中相互学习、相互帮助。互助合作,不仅可以培养学生的团队合作精神和竞争意识,还能够促进不同层次学生之间的交流和学习。

7.体育课堂中实现练习有层次的具体措施。

(1)制订分层练习计划。在课堂教学开始之前,教师应该根据学生的分组情况和教学目标,制订详细的分层练习计划。计划可以包括每个层次的练习项目、难度、时间分配等,以确保每个学生都能够进行有针对性的练习。

(2)采用分层递进的教学方法。根据学生的实际情况和教学目标,从基础技能开始逐步提高学生的技能水平。分层递进的教学方法,可以帮助学生逐步掌握运动技能,提高学习效果。

(3)设置不同难度的挑战任务。对于基础较差的学生,可以设置一些简单的挑战任务,帮助他们掌握基本技能;对于基础较好的学生,则可以设置一些复杂的挑战任务,提高他们的竞技能力。

(4)提供个性化指导。教师可通过一对一辅导、制订训练计划等方式,帮助学生解决在练习过程中遇到的问题和困难,提高他们的练习效果。

(5)鼓励学生自我评估和调整。通过自我评估,学生可以了解自己的进步和不足,及时调整自己的练习策略和方法,更好地适应不同层次的练习要求。同时,教师也可以定期组织学生进行互评和讨论,让学生相互学习和借鉴经验。

(6)注重课堂管理和氛围营造。教师应该合理安排课堂时间,确保每个学生都能够得到充分的练习机会;同时,教师还应该营造积极、和谐的课堂氛围,激发学生的学习兴趣,提升学习积极性。

(7)利用信息技术辅助教学。例如,教师可以利用多媒体教学软件展示运动技能的分解动作和要领;利用在线教学平台发布分层练习计划和教学资源;利用智能穿戴设备监测学生的运动表现和身体状况等。

二 要求有针对

有针对性的教学要求能够根据学生的个体差异和需求,提供定制化的教学方案和指导,从而帮助学生更好地掌握运动技能,养成健康的生活方式。

1.识别学生的个体差异。要实现有针对性的教学要求,首先需要识别学生的个体差异,包括他们的体能状况、技能水平和学习风格等。

2.设定明确的教学目标。在了解了学生的个体差异后，教师应该设定明确的教学目标。教学目标应该与学生的实际情况和需求相匹配，并具有可衡量性。

3.制订个性化教学计划。个性化教学计划应该包括针对不同学生的教学内容、教学方法和教学评价等。

4.灵活调整教学方法和策略。对于理论学习，可以采用讲解、示范和讨论等方法；对于实践训练，可以采用小组合作、竞赛和个人挑战等方式。灵活调整教学方法和策略，可以激发学生的学习兴趣和积极性，提高教学效果。

5.及时反馈和评估。反馈应该针对学生的表现和进步情况，提供具体的建议和指导。评估可以帮助学生了解自己的学习状况和不足之处，并为学生提供适当的调整和改进建议。教师通过及时反馈和评估，可以帮助学生更好地理解和掌握运动技能，实现教学目标。

6.建立良好的师生关系和沟通渠道。教师应该与学生建立信任和尊重的关系，鼓励学生表达自己的想法和需求。通过与学生建立良好的沟通和互动关系，教师可以更好地了解学生的实际情况和需求，为学生提供更加有针对性的教学要求和支持。

三 比赛有指向

在体育课堂中，比赛是提高学生运动技能、培养竞技精神和团队合作精神的重要途径。但是每次课的比赛学习的技术内容不同，所以每次课的比赛指向也应不同。为了确保比赛能有效促进技术技能的应用，教师需要精心规划和设计。

1.明确比赛目标和要求。在组织比赛前，教师应明确比赛的目标和要求。比赛目标可以是提高学生的运动技能水平、培养竞技精神、锻炼团队合作能力等。同时，教师应根据学生的实际情况和需求，设定合理的比赛要求，如比赛规则、时间限制、评分标准等。明确的比赛目标和要求将为比赛的顺利进行提供指导。

2.选择合适的比赛项目。根据教学目标和学生实际情况，教师应选择合适的比赛项目。比赛项目应与教学内容密切相关，能够体现学生的运动技能和竞技水平。同时,比赛项目应具有趣味性和挑战性,以激发学生的学习兴趣和积极性。通过选择合适的比赛项目,可以确保比赛有明确的指向性。

3.制订详细的比赛计划。为了确保比赛的顺利进行,教师应制订详细的比赛计划。比赛计划应包括比赛时间、地点、参与人员、比赛规则、评分标准等要素。在制订比赛计划时,教师应充分考虑学生的实际情况和需求,确保比赛计划具有可行性和可操作性。同时,教师应提前与相关人员沟通,协调好各项资源,为比赛的顺利进行提供保障。

4.注重比赛过程的指导与监控。在比赛过程中,教师应注重对学生的指导和监控。教师可以通过观察、记录和分析学生的表现,及时发现问题并提供针对性指导。同时,教师应确保比赛的公平公正,维护良好的竞技氛围。

(1)预先说明和示范:在比赛开始之前,教师应详细解释比赛规则、评分标准和期望的行为规范。教师通过示范正确的动作和策略,可帮助学生理解比赛要求和目标。

(2)观察和记录:在比赛过程中,教师应密切观察学生的表现,如学生的动作、策略、团队合作以及竞技精神等方面的表现。这有助于教师及时发现学生的优点和不足,并提供有针对性指导。

(3)实时反馈:在比赛进行中,教师可以通过简短的语言或手势给予学生实时的反馈。这种反馈可以帮助学生及时调整自己的动作和策略,提高比赛表现。

(4)调整比赛难度:根据学生的表现和能力水平,教师可以适时调整比赛的难度。如果比赛过于简单,教师可以增加难度以激发学生的挑战精神;如果比赛过于困难,教师可以降低难度以避免学生产生挫败感。

(5)确保公平公正:教师应严格遵守比赛规则,确保比赛的公平公正,并对所有学生一视同仁。公正的评判可以帮助学生树立正确的竞技观念,培养他们的公平竞争精神。

(6)安全监控:在比赛过程中,教师应确保比赛环境的安全,并提醒学生注意潜在的危险。在出现紧急情况时,教师应迅速采取适当的措施,保障学生的安全。

(7)鼓励积极参与:教师应鼓励学生积极参与比赛,即使他们在某些方面表现不佳。教师通过肯定学生的努力和进步,可以提高学生的自信心和积极性,促进他们在比赛中发挥出更好的水平。

5.培养学生的竞技精神和团队合作精神。在比赛中,教师应注重培养学生的竞技精神和团队合作精神。竞技精神可以帮助学生树立正确的竞技观念,勇于挑战自我和他人;团队合作精神可以帮助学生学会与他人协作和沟通,共同完成任务和目标。培养学生的竞技精神和团队合作精神,可以让学生得到更加全面的发展。

6.及时反馈与总结。在比赛结束后,教师应及时给予学生反馈和总结。反馈应针对学生的表现和成绩,提供具体的建议和改进措施。总结可以是对本次比赛的经验教训进行总结和反思,为今后的教学提供参考和改进方向。学生通过及时的反馈和总结,可以更好地了解自己的优势和不足,为今后的学习和训练提供指导。

第五节 “有品度”:体育课堂教学的重要保障

有品度的体育课堂,应该是崇德尚法、明理笃行的课堂;是有强烈的规则意识、良好的体育品德和超凡人格的魅力课堂,主要体现在有规则意识,有合作精神,有反思态度三个方面。体育带给学生的不仅有健康和快乐,还有坚忍的意志。体育课不同于其他科目,它具有实践性、娱乐性、健身性和开放性等特点。因此,在体育课中,教师要找准时机,从学生身心成长的规律出发,恰当地融入体育品格培养,教会他们尊重他人、文明礼貌,胜不骄、败不馁,负责任、敢担当。要潜移默化地培养学生勇敢地面对困难、克服困难的能力,锤炼坚忍不拔、顽强拼搏的意志品质,倡导不断挑战自我,奋发向上,敢于争先的精神。真正实现从育体到育人的学科育人观。

有品度的体育课堂,应该是有良好体育道德的课堂。体育实践课多在室外进行,环境、气候等许多不利的因素会干扰学习过程,因此,要通过严格的课堂纪律、良好的课堂氛围和适当的教学情境,培养学生强烈的规则意识以及公平竞争的意识和行为,自觉遵守运动规范和比赛规则,促进学生讲诚信,能自律。

一　发自内心的规则意识

1.明确规则的重要性和意义。在课堂开始时,教师应向学生解释规则的重要性和意义,强调规则对于维护比赛公平公正、保障安全以及促进团队合作等方面的重要性。让学生了解规则背后的意义,可以激发他们自觉遵守规则的意愿。

2.详细讲解和示范规则。在教授新的运动技能或比赛项目时,教师可以用简明易懂的语言和直观的示范,帮助学生理解并记住规则,也可以借助图表、视频等多媒体手段,使规则的讲解更加生动有趣。

3.在实践活动中强化规则意识。在体育课堂中,教师应安排足够的实践活动，让学生在实践中学习和遵守规则。在活动期间，教师应密切关注学生的表现，并及时纠正他们的违规行为。通过反复实践和纠正，可以帮助学生逐渐养成遵守规则的习惯。

4.设置合理的奖惩机制。为了激励学生遵守规则，教师可以设置合理的奖惩机制。对于遵守规则、表现良好的学生，教师可以给予表扬、奖励或额外的练习机会；对于违反规则的学生，教师可以给予适当的批评或提醒。通过奖惩机制，可以让学生明白遵守规则的重要性，并激发他们的积极性。

5.发挥榜样的作用。在体育课堂中，教师自己要发挥榜样的作用，邀请表现优秀的学生作为榜样，向其他同学展示如何遵守规则并取得成功。通过榜样的示范和引导，可以帮助学生树立正确的规则意识。

6.培养学生自我监控的能力。除了教师的引导和监督外，学生自我监控能力的培养也是关键。教师可以通过鼓励和引导学生反思自己的行为，帮助他们意识到自己的不足并主动改正。教师可以教授学生一些自我监控的方法，如自我提醒、自我反思等，提高他们的自律性。

7.家校合作共同培养。家庭对学生的影响深远而持久，教师可以通过与家长沟通合作，共同培养学生的规则意识。教师可以向家长解释课堂规则和要求，鼓励家长在家庭活动中也注重规则的制定和执行，从而让学生在学校和家庭两个环境中都能感受到规则的重要性。

二　和谐共生的合作精神

在体育活动中，团队合作是实现共同目标、取得成功的关键。

1.明确合作的重要性和意义。在课堂开始时，教师应向学生解释合作的重要性和意义。可以强调合作对于团队成功、个人成长以及社交技能发展的重要性，让学生了解合作背后的意义，从而激发他们的合作意愿和动力。

2.设置需要团队合作的活动和任务。活动和任务可以是团体比赛、小组练习、团队挑战等。通过团队合作活动和任务，学生可以学会与他人协作、沟通、分享和互助，从而实现共同目标。

(1)设计合作学习任务。教师可以设计一些需要小组合作才能完成的任务，如小组讨论、角色扮演、团队项目等。这些任务可以激发学生的合作意愿，促使他们学会与他人协作、分享和互助。

(2)鼓励团队交流和分享。教师应鼓励学生之间进行积极的交流和分享。可以设置课堂讨论环节,让学生分享自己的想法、经验和知识,还可以定期组织团队建设活动,如团队展示、团队竞赛等,让学生感受到团队合作的力量和成果。

(3)培养团队领导力。在小组合作中,教师应鼓励学生轮流担任小组长或团队领导,培养他们的领导力和组织能力。通过担任领导角色,学生可以学会如何带领团队、协调成员之间的关系以及解决团队中出现的问题等。

(4)树立榜样和示范作用。教师可以通过自身的言行和示范,为学生树立合作的榜样,也可以邀请表现优秀的小组分享他们的合作经验和心得,让其他同学感受合作的重要性和成果。

(5)强化合作意识和团队精神教育。教师可以通过课堂讲解、案例分析等方式,向学生强调合作意识和团队精神的重要性;可以引导学生思考合作的意义和价值,帮助学生树立正确的合作观念和价值观;可以组织学生参与一些团队合作的游戏和活动,让学生在实践中体验和感悟合作精神的力量。

3.建立积极的团队氛围。教师应努力营造积极的团队氛围,鼓励学生之间互相支持、鼓励和尊重。可以通过组织团队建设活动、设立团队目标、定期评估团队表现等方式,增强学生的团队意识和归属感。同时,教师应关注团队中的每个成员,确保每个人都能参与到团队合作中来。

4.教授有效的沟通技巧。良好的沟通是团队合作的基石。在体育课堂中,教师应教授学生有效的沟通技巧,如倾听、表达、反馈等,帮助学生学会与他人有效沟通,从而更好地实现团队合作。

5.培养学生的责任感和奉献精神。在团队合作中,教师可以通过设置角色和任务,让每个成员都需要承担一定的责任并为团队的成功做出贡献,逐渐培养其责任感和合作精神。

6.及时反馈和表扬。教师可以肯定学生在团队合作中的表现和努力,鼓励学生继续发扬合作精神,也应针对学生在团队合作中存在的问题和不足,提供具体的建议和指导,帮助学生改进和提高。

三 积极主动的反思态度

在体育课堂中，培养学生的反思精神是非常重要的，因为这有助于他们不断改进自己的技能和表现，增强自我认知和自我管理能力。

1.明确反思的重要性和意义。教师应向学生解释反思对于个人成长、技能提高以及问题解决的重要性和意义。让学生了解反思背后的意义，可以激发他们的反思意愿和动力。

2.设置反思任务和活动。在体育课堂中，教师可以设置一些需要学生进行反思的任务和活动。例如，在比赛或训练结束后，教师可以要求学生写反思报告，分析自己在比赛或训练中的表现，找出优点和不足，并提出改进措施。此外，教师还可以组织学生进行小组讨论或角色扮演等活动，引导他们从多个角度审视自己的行为和表现。

3.教授有效的反思方法。教师应教授学生有效的反思方法，如自我提问、写日记、制作思维导图等。这些方法可以帮助学生系统地回顾自己的经历和表现，深入思考其中的问题和挑战，并寻找解决方案。同时，教师还可以鼓励学生使用这些方法来监控自己的进步和设定个人目标。

4.鼓励自我评估和同伴评估。除了教师的反馈和指导外，学生之间的自我评估和同伴评估也是培养反思精神的重要手段。教师可以鼓励学生在小组内进行自我评估和同伴评估，并分享彼此的观点和建议。通过这种方式，学生可以更加全面地了解自己的表现和不足，并从他人的角度审视自己的问题。

5.培养批判性思维。批判性思维是反思精神的重要组成部分。在体育课堂中，教师可以通过引导学生对比赛规则、技术动作等进行深入分析和讨论，培养他们的批判性思维。同时，教师可以鼓励学生提出自己的见解和疑问，并引导他们通过思考和实践来验证自己的想法。

6.强调持续改进和成长心态。教师应强调持续改进和成长心态的重要性。鼓励学生将反思作为一种习惯，不断追求进步和提高。同时，教师可以向学生传达成长心态的理念，即相信自己的能力和潜力可以通过努力和实践得到不断提升。

第六节 四度课堂的整体架构与教学范式

人本体育强调以人为本，关注学生的全面发展和个性发展，注重培养学生的体育兴趣、习惯和能力。而要培养学生的运动兴趣与学科核心素养，则需要整体架构，从学校体育教学进度的制订到大单元教学计划的落实，再到四度课堂教学的呈现。

一　人本体育视域下四度课堂的整体架构

体育与健康课程要培养的核心素养是学生通过较长时间的学习，在知识内化、行为养成、品德修为基础上逐步形成的，是学生在体育与健康活动和情境中体验、探索、感悟和解决问题的结果。

各校在编制各类教学计划时，应根据不同水平学生的实际，制订明确的体育与健康课程学习目标，整体设计基本运动技能、体能、健康教育、专项运动技能和跨学科主题学习的教学内容。在教学中，要关注体育与健康知识和技能的学习，更要关注体育与健康课程的育人成效。

（一）树立明确的课程育人意识

课程实施计划应从过分关注知识与技能的传授转向重视核心素养的培养，并将核心素养的培养贯穿在学年、学期、单元、课时等各层次的学习目标、教学内容、教学情境、教学方法、学习评价中。

（二）根据学生的身心发展规律、运动技能形成规律和课程的育人特点设计各水平的教学内容

在七、八年级，应根据学生的兴趣爱好从六类专项运动技能的四类中各选

择1个运动项目进行教学,其中必须包括中华传统体育类运动项目,原则上一个学期指导学生学练1个运动项目,在继续发展学生体能的基础上重点发展专项运动技能;在九年级,学校可以让学生根据七八年级的学习内容自主选择1个运动项目进行为期一年的学习,保证学生在初中毕业时掌握1—2项运动技能。学校在选择各年级学练的运动项目时,可先让学生在六类专项运动技能中分别选择自己喜爱的运动项目,再根据学生的选择结果及学校的实际情况确定各年级学练的运动项目。

(三)设计专项运动技能的大单元教学

大单元教学是指对某个运动项目或项目组合进行18课时及以上相对系统和完整的教学。在设计大单元教学的同时要加强课内外的有机结合,促进学生通过较长时间的连续学练,掌握所学的运动技能。要避免把一个完整的运动项目割裂开来、断断续续实施教学的现象,如第一节课教排球的垫球技术,第二节课教篮球的原地运球,第三节课教武术的马步冲拳等,导致运动技能学习的负迁移。专项运动技能大单元教学既能使学生掌握所学项目的运动技能,又能加深学生对该项运动的完整体验和深度理解。

(四)制订学校体育教学计划

1.水平教学计划。水平教学计划是由教研组统一规划的三个学年六个学期的教学内容和考评计划。任课教师在制订计划时应按照教研组的统一计划,再做具体的教学内容与考评办法的安排。

2.学期教学计划。根据《义务教育体育与健康课程标准(2022年版)》的精神和水平教学计划,结合学校的实际,每学期至少安排18周的教学计划。在制订学期教学计划时,应尽可能根据学生的需求和学校的实际选择相应的教学内容和考试内容。

一是教师应根据学习目标,从有利于促进学生核心素养形成和发展的角度,认真分析、选择和设计教学内容,避免孤立、静态地进行单个动作技术、单个知识点的碎片化教学,注重采用结构化知识与技能教学,加强学生对所学运动项目的完整体验和理解,提高学生在真实活动或比赛情境中运用知识与技能分析问题、解决问题的能力。

二是教学内容的选择和设计要充分考虑学生的生长发育特点、体质状况、运动基础、兴趣和需求等，保证教学的基础性、多样性和系统性，引导学生在体验不同运动项目魅力的基础上掌握专项运动技能。

三是学校必须保证规定课时的健康教育，加强健康教育知识与学生生活的联系，引导学生把所学的健康知识与技能运用到体育锻炼、学习和生活中，逐渐形成健康文明的生活方式。

四是教学内容的选择和设计应充分考虑当地的气候特点、场地设施、安全环境、传统文化等情况，因时、因地制宜实施体育与健康课程教学。

五是加强对中华传统体育类运动项目的教学，尤其要重视具有对抗性的中华传统体育类运动项目，减少花拳绣腿式的比画式教学，培养学生的尚武精神和阳刚之气，加深学生对中华优秀传统体育的理解。

3.单元教学计划。根据各学段的周课时数，每学期安排2—3个大单元教学计划，大单元教学计划应体现教材的结构化和系统性。在制订计划时，先写单元主题、教学目标、重难点等，后写每一课次教学主题、教学目标及学、练、赛的相关内容。掌握某一项运动技能的基本标准主要包括两个方面：一是掌握和运用该项目的基本技战术，如篮球运动的运球、传接球、投篮、移动、卡位等基本动作技术，传球与运球、传球与投篮、运球与投篮、移动与抢断球等组合动作技术，传切配合、侧掩护配合、“关门”、补防等基础配合，联防与破联防、人盯人与人盯人防守等全队配合；二是能完整地参加该项目的班级内、班级间的展示或比赛，如完整地展示一套健美操动作或参加所学球类运动项目的比赛等，能有效运用该项目的主要比赛规则。

4.学时计划。体育与健康课程教学要实现从“以教为主”向“以学为主”的真正转变，将过分关注传授知识与技能转变为培养学生核心素养，促进学生形成积极的学习动机、学习态度和学习行为。

一是要设计完整的学习活动。教师要摒弃说教课、放羊课等，设计目的明确、内容丰富、情境真实、方法多样、互动良好的完整学习活动，将“学、练、赛、评”有机结合，引导学生在充分动起来的过程中形成丰富、深刻的运动体验，在做中学、学中思、思中得。

二是要创设多种复杂的运动情境。根据学习目标、教学进度等引导学生在对抗练习、体育展示或比赛等真实、复杂的运动情境中获得丰富的运动体验和认知，提高技战术水平和体能水平，培养学生良好的体育精神、体育道德和体育品格。

三是要采用多样化的学练方法。在教学中,要将教师示范讲解与学生自主学练、合作学练和探究学练有机结合,将集体学练、分组学练和个体学练相结合,引导学生积极思考,主动探索,自觉实践,培养学生分析问题和解决问题的能力及创新意识。

四是要科学设置运动负荷。运动负荷由群体运动密度、个体运动密度和运动强度衡量。群体运动密度是指一节体育实践课所有学生总体运动时间占课堂总时间的比例;个体运动密度是指一节体育实践课单个学生的运动时间占课堂总时间的比例;运动强度是指动作用力的大小和身体的紧张程度,常用心率表示。根据不同阶段的课程标准,每节课群体运动密度应不低于75%,个体运动密度应不低于50%;每节课应达到中高运动强度,班级所有学生平均心率原则上应在140—160次/分之间。每节课应有10分钟左右体现多样性、补偿性、趣味性和整合性的体能练习。同时,要引导学生做好充分的准备活动,循序渐进,逐步提高运动负荷,在保证运动安全的基础上增强学习效果。

五是要运用信息化教育手段和方法。在教学中,根据小学生感性认知能力强、初中生感性认知与理性认知快速发展的特点,积极开发与利用多种现代信息技术,开展微课、慕课、翻转课堂等教学,帮助学生通过线下线上相结合的方式,打破学习的时空壁垒,拓宽体育与健康课程的学习视野。

(五)人本体育视域下学校体育教学进度的制订样表(以初中阶段水平教学计划和七、八年级专项运动技能大单元教学进度安排为例)

表1　体育与健康课程水平教学计划样表(以初中阶段每个学期开设5个项目为例)

时间____年____月____日

内容	年级					
	七年级		八年级		九年级	
	上学期	下学期	上学期	下学期	上学期	下学期
教学内容	田径 体操 球类 武术 新兴类运动	田径 体操 球类 武术 新兴类运动	田径 体操 球类 武术 新兴类运动	田径 体操 球类 武术 新兴类运动	田径 体操 球类 武术 新兴类运动	田径 体操 球类 武术 新兴类运动

续表

教学安排	基于《义务教育体育与健康课程标准(2022年版)》教学建议,各校可根据学校的实际情况和学生喜好,每个学期开设4或5个项目。上课时根据开设项目同时下来4或5个班,一个学期之后学生上课的项目必须进行轮换。七、八年级需保证学生至少学习4大类项目里的相关技能。九年级根据七、八年级有开设的项目和学生的选择同样开设4或5个项目,但是每个项目的教学时长为一年,以期保证初中学生能够较好地掌握1—2项专项运动技能。
考试计划	每个大单元都应根据评价内容多维、评价方法多样、评价主体多元的原则设置合理的综合性评价方案并进行测试。每个学期学生体育课成绩由2—3个单元的成绩累加组成,学年体育课成绩由两个学期的成绩累加组成。学生成绩必须公示和反馈,让所有学生对自己的体育素养有正确的认识。

表2　体育与健康课程水平教学计划样表(以专项运动技能自然教学班授课为例)

年级	学期	专项运动技能类别	运动项目	课时
七年级	上学期	球类运动	足球	36
	下学期	中华传统体育类运动	武术	36
八年级	上学期	田径类运动	跑、跳、投掷组合	36
	下学期	体操类运动	技巧、支撑跳跃组合	36
九年级	上、下学期	球类运动、中华传统体育类运动、田径类运动、体操类运动	篮球,武术,跑、跳、投掷组合,技巧、支撑跳跃组合	72

表3　体育与健康课程专项运动技能大单元教学安排样表(以初中学期教学计划为例)

单元	课次	田径	体操	球类(以足球为例)	武术	新兴类运动
第一单元	1	田径基本知识和学习小组搭建	认识广播体操+形体训练	认识足球	认识武术与长拳	认识轮滑
	2	快速跑——途中跑	第九套广播体操预备节、1—2节	熟悉球性练习	基本动作、五步拳	直道滑行(单腿蹬接双脚滑行)
	3	蹲踞式起跑及起跑后的加速跑	第九套广播体操3—5节	球性球感,脚背正面运球	五步拳、专项体能	直道滑行(单脚支撑滑行)
	4	快速跑——冲刺跑	第九套广播体操6—8节	球性球感,脚背正面、外侧运球技术	主题式学习1	直道滑行(利用重心移动滑行)

续表

单元	课次	田径	体操	球类(以足球为例)	武术	新兴类运动
第一单元	5	快速跑—全程跑	成套动作组合	球性球感,脚背正面、外侧运球技术	主题式学习2	滑停技术("8"字滑停)
	6	耐久跑——途中跑	创编、专项体能	脚内侧运球技术	巩固主题式学习、创编	弯道滑行(单腿蹬接双脚滑行)
	7	耐久跑——弯道跑	展示、考核	脚内侧运球技术	组合、技法	弯道滑行(交叉步后接双脚滑行)
	8	定时、匀速、变速	认识队列队形+原地队列动作	脚内侧、脚外侧、脚底停球技术,脚内侧传球	组合、展示	弯道滑行(交叉步接后蹬滑行)
	9	一般速度与专项速度结合	行进间队列动作	头顶球技术	模拟、考核	模拟比赛与轮滑比赛规则、裁判方法
	10	蹲踞式跳远——助跑与单脚起跳过障碍	创编+专项体能	头顶球技术	认知健身长拳	波浪绕标滑行
	11	蹲踞式跳远——助跑踏跳起跳区内腾空	创编+组合练习	运球过人技术	健身长拳1—3动	单脚蹬接双脚滑行(侧收腿)
	12	蹲踞式跳远——空中接落地	展示、考核	运球过人技术	健身长拳4—6动	双脚滑行左右移动重心
	13	蹲踞式跳远——助跳板上做完整动作	认识健美操+大众健美操二级规定动作	脚内侧传球,脚内侧传空中弧线球	健身长拳7—9动	交叉步接后蹬滑行
	14	蹲踞式跳远——中程距离跳远	大众健美操二级规定动作1—2节	脚内侧传球,脚内侧传空中弧线球	主题式学习3	丁字步滑停
	15	蹲踞式跳远——全程距离跳远	大众健美操二级规定动作3—4节	接控球的能力,运动中接控球的能力	主题式学习4	单脚蛇形绕标滑行

续表

单元	课次	田径	体操	球类(以足球为例)	武术	新兴类运动
第一单元	16	小赛季	成套动作组合	运球能力,运球转身技术	提高主题式学习、反向动作	花式滑行(双脚蛇形绕标滑行)
	17	小赛季	创编+专项体能	足球五对五教学比赛	成套动作、展示	班级轮滑大赛(分工与筹备)
	18	总结与分享	展示、考核	足球七对七教学比赛	展示评价、考核	班级轮滑大赛(比赛与颁奖仪式)
第二单元	1	探索跳、投项目的基础知识	认识体操	长传球踢接球能力,脚背正面(外侧)传接球	认识健身南拳	认识定向运动
	2	跨越式跳高——学习上一步起跳	滚翻组合	长传球踢接球能力,脚背正面(外侧)传接球	南拳基本动作	认识定向运动地图
	3	跨越式跳高——改进起跳技术	肩肘倒立	脚不同部位推拨球、拉球	南拳基本动作、组合动作	闯关定向运动赛与比赛规则、裁判方法
	4	跨越式跳高——起跳过杆	肩肘倒立+辅助性教具	射门技术与技能	主题式学习1	学练拇指辅行法
	5	跨越式跳高——3-5步助跑跨越式跳高	独立完成肩肘倒立	射门技术与技能	主题式学习2	学练超前读图技术
	6	跨越式跳高——步点的丈量	单肩后滚翻成单膝跪撑	运球射门技术,绕杆运球射门	巩固主题式学习、创编	学练参照点与攻击点
	7	跨越式跳高——完整技术	单肩后滚翻成单膝跪撑+跪跳起	运球射门技术,绕杆运球射门	组合、技法	百米定向运动
	8	实心球——持球与预备姿势	尝试动作组合	脚内侧长传、接球技术,运球过程中的长传球技术	组合、展示	学练三步法、扶手法

续表

单元	课次	田径	体操	球类(以足球为例)	武术	新兴类运动
第二单元	9	实心球——学习用力方法与掷球	动作组合练习	脚内侧长传、接球技术,运球过程中的长传球技术	观摩、展示、评价	学练偏向瞄准
	10	实心球——持轻器械的投掷	鱼跃前滚翻初体验	直传斜插技战术、斜传直插技战术	健身南拳1—3动	学练直线穿越
	11	实心球——多种姿势双手投掷实心球	鱼跃前滚翻	直传斜插技战术、斜传直插技战术	健身南拳4—5动	学练手绘定向地图
	12	实心球——拔球鞭打	鱼跃前滚翻+创编知识	原地脚背内侧传空中球	健身南拳6—7动	星型定向运动
	13	实心球——出手角度练习	鱼跃前滚翻成蹲立组合动作+创编动作	原地脚背内侧传空中球	健身南拳8—9动	学练跑速与读图速度
	14	实心球—原地双手前掷实心球	创编新动作组合	掷界外球技术	主题式学习3	学练红绿灯原则、三点法
	15	巩固与提高双手前掷实心球	创编新动作组合	移动中接空中球、反弹球	主题式学习4	学练终点定律
	16	小赛季	技巧挑战赛	移动中接空中球、反弹球	提高主题式学习、反向动作	学练找回站立点
	17	小赛季	技巧挑战赛	足球五对五教学比赛	武林大会(筹备模拟)	跑法与提高平跑速度
	18	总结与分享	技巧挑战赛	足球七对七教学比赛	武林大会(考核、评价)	校园定向运动赛(分工与绘图)
第三单元	1	构建障碍跑的概念	认识体操+专业术语	正面和侧面抢球、捅球防守动作技术	认识健身短棍	校园定向运动赛(比赛与颁奖仪式)
	2	障碍跑——跨、越、钻	横箱分腿腾跃(撑垫)	运球结合射门的组合动作技术和战术配合	短棍基本动作	单人单绳:弹踢腿跳、后屈腿跳

续表

单元	课次	田径	体操	球类(以足球为例)	武术	新兴类运动
第三单元	3	障碍跑——不同高远度	横箱分腿腾跃(腾跃跳箱)	运球结合射门的组合动作技术和战术配合	短棍基本动作、组合动作	单人单绳:吸腿跳、钟摆跳
	4	障碍跑——自主设计	完整动作+专项体能	传球结合射门的组合动作技术和战术配合	主题式学习1	单人单绳:踏步跳、左右侧甩直摇跳
	5	跨栏跑——专项柔韧性、协调性	横箱屈腿腾跃(撑垫)	传球结合射门的组合动作技术和战术配合	主题式学习2	单人单绳:手臂缠绕跳、前后转换跳
	6	跨栏跑——尝试跨栏架	横箱屈腿腾跃(腾跃跳箱)	一防二战术等待队友支援的防守战术	巩固主题式学习、创编	《全国跳绳大众等级锻炼标准(花样跳绳)》二级动作配乐自编套路
	7	跨栏跑——摆动腿过栏	完整动作+专项体能	墙式配合的进攻战术	组合、技法	后摇编花跳
	8	跨栏跑——起跨腿过栏	展示、考核	足球选位与盯人防守战术	组合、展示	双摇编花跳
	9	跨栏跑——腾空过栏	双杠——分腿骑坐前进	足球选位与盯人防守战术	观摩、展示、评价	两人车轮跳
	10	跨栏跑——栏间节奏	双杠——分腿骑坐前进+专项体能	不同区域压迫防守战术	健身短棍1—3动	车轮编花跳
	11	跨栏跑——栏间节奏	双杠——支撑后摆挺身下	不同区域压迫防守战术	健身短棍4—5动	多人交互绳跳

续表

单元	课次	田径	体操	球类(以足球为例)	武术	新兴类运动
第三单元	12	跨栏跑——跑跨结合	双杠——支撑后摆挺身下+专项体能	协防与保护的防守战术	健身短棍6—7动	长短绳组合跳
	13	跨栏跑——蹲踞式起跑过第一个栏	双杠——分腿骑坐前进+支撑后摆挺身下	协防与保护的防守战术	健身短棍8—9动	网绳跳
	14	跨栏跑——全程跨栏技术	组合动作:杠端跳上成分腿坐—骑撑前进一次—后摆挺身下	任意球和角球定位球的进攻战术	主题式学习3	组合与配合跳
	15	跨栏跑——巩固与提高	组合动作+专项体能	任意球和角球定位球的防守战术	主题式学习4	自主创编跳
	16	小赛季	创编新动作组合+专项体能	足球五对五教学比赛	提高主题式学习、反向动作	花样跳绳挑战赛(分工与筹备)
	17	小赛季	技巧挑战赛	足球七对七教学比赛	武林大会(筹备模拟)	花样跳绳挑战赛(小组赛)
	18	总结语分享	展示、考核	比赛规则分析	武林大会(考核、评价)	花样跳绳挑战赛(总决赛与闭幕式)

大单元教学安排样表说明:

1.本样表以技能项目为主进行设计,健康知识、体能、跨学科学习等内容需要教师在技能单元教学过程中巧妙融入,方可更加全面地培养学生体育素养。

2.鉴于学校的实际教学情况,一般学校的课时安排以18周为宜,如果每学期三个大单元完全排满,学校体育工作可能就没有时间完成,如新生入学时的广播体操教学等。学校可每学期安排两个技能单元,其余课时用以完成学校的广播体操、应急避险等相关任务。

3.建议每单元要进行相应的综合评价,综合评价成绩组成学期教学评价成绩,两个学期的教学评价成绩组成学年评价成绩。

二　人本体育视域下四度课堂的教学范式

在以人为本、以体育人的背景下，结合教学进度和运动技能大单元的整体架构，学校体育课堂教学依托运动实践类体育课堂和健康知识类体育课堂，构建了运动实践类课堂和健康知识类课堂两个类别的四度课堂教学范式，以期更好的落实学生体育学科核心素养。

1.运动实践类课堂的教学系统构建

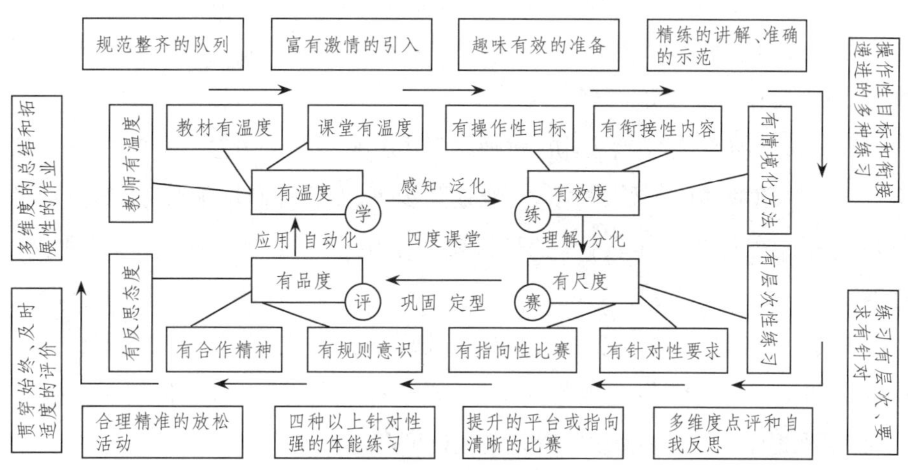

图3-1　“四度”课堂（运动实践类课堂）教学模式

如图3-1所示，运动实践类课堂教学，是在内层两个维度的基础上，对运动实践课堂教学程序的重新审视和规划。开始部分要有规范整齐的队列和富有激情的引入；准备活动强调趣味有效；学习提高部分要有精练的讲解、准确的示范，学习过程要有操作性目标和衔接递进的多种练习，有不同标准的针对性要求，有多维度点评和自我反思，有提升的平台以及指向清晰的比赛；体能练习部分要有四种以上针对性强的体能练习；放松练习部分要合理精准的放松活动；结束部分要有多维度的总结和拓展性的作业。

（1）规范整齐的队列

队列队形练习能有效提高学生练习的兴趣和积极性。在体育课开始部分，运用队列队形练习中的“有效”“无效”口令，或做与口令相反的队列动作和组合口令连续做队列队形动作等练习，吸引学生的注意力，使学生的思想集中到课堂教学中来。队列队形练习能培养学生的组织性、纪律性。体育课中的队列队形活动的很多动作都是从军队队列演变而来的，其中的很多规定动作限定了个体的自由散漫，无形之中提升了个体的要求。

要做到规范整齐的队列，可以从以下几个方面入手。

①明确队列要求：在课前，教师应向学生明确队列的要求，包括站姿、步伐、间距等。让学生清楚地知道应该达到的标准，有助于他们更好地执行。

②合理分组与站位：根据班级人数和场地大小，合理分组并安排学生站位。每组人数不宜过多，以保证学生能够清楚地听到教师的指令，并看到教师的示范。

③强化口令指挥：教师应使用清晰、准确的口令指挥学生进行队列练习。口令要简短、明确，有节奏感，方便学生理解和执行。同时，教师的口令声音要洪亮，确保每个学生都能听到。

④逐步教授与练习：学期初，教师应采用分解教学的方法，逐步教授队列动作。先从简单的动作开始，如站姿、原地踏步等，然后逐渐增加难度，如齐步走、正步走等。在每个动作教授完毕后，要让学生进行充分的练习，以达到熟练程度。

⑤及时反馈与调整：在练习过程中，教师要密切关注学生的表现，及时给予反馈和调整。对于动作不规范的学生，要进行个别指导，帮助他们纠正错误。同时，要根据学生的掌握情况，适时调整进度和难度。

⑥培养学生的自主性：在教授基本队列动作后，可以逐渐培养学生的自主性。让学生轮流担任指挥员，指挥其他学生进行队列练习。这样不仅能提高学生的参与度和兴趣，还能培养他们的领导能力和团队协作精神。

⑦严格要求与持之以恒：要达到规范整齐的队列效果，需要教师和学生共同努力。教师要严格要求每个学生按照标准执行队列动作，而学生也要认真听从指挥，不断练习和提高。只有持之以恒地坚持，才能达到预期的效果。

(2)富有激情的引入

富有激情的引入，可以激发学生的学习兴趣，当学生对所学内容有所期待时，他们会更积极地参与课堂活动；可以建立积极的学习氛围，当学生在引入环节中被激发出积极情绪时，这种氛围会贯穿整个课堂，促进师生之间的互动和合作；可以提高学生的参与度，学生的参与度提高，意味着他们更专注于学习内容，更有可能达到教学目标；可以帮助学生理解教学内容，通过引入环节中的案例、故事或多媒体资源，学生可以更直观地了解相关知识，为后续学习打下基础；可以培养学生的情感态度和价值观，通过讲述励志故事、展示运动员精神等方式，培养学生的意志品质、团队精神和积极向上的人生态度。

在体育课堂上，要做到富有激情的引入，可以从以下几个方面入手。

①利用学生的兴趣和爱好：了解学生的兴趣和爱好，并以此为基础设计引入环节。例如，如果知道学生喜欢某个体育明星或球队，可以在引入时提及他们，以此吸引学生的注意力。

②采用有趣的游戏或活动：在引入环节中加入有趣的游戏或活动，可以迅速激发学生的学习兴趣。例如，可以设计一个与当天教学内容相关的小游戏，让学生在参与游戏的过程中自然地进入学习状态。

③利用多媒体资源：使用视频、音乐或图片等多媒体资源，让学生更直观地了解教学内容，同时激发他们的学习兴趣。例如，可以播放一段与教学内容相关的运动视频，让学生观看并讨论。

④讲述有趣的故事或案例：讲述与教学内容相关的有趣故事或案例，可以吸引学生的注意力，并激发他们的好奇心。例如，可以分享一个关于运动员的励志故事，让学生了解运动的魅力和挑战。

⑤提出问题或挑战：在引入环节中提出问题或挑战，可以激发学生的思考和参与度。例如，可以提出一个与教学内容相关的问题，让学生思考并回答，或者设计一个挑战性的任务，让学生在尝试完成任务的过程中进入学习状态。

(3)趣味有效的准备

趣味有效的准备活动，可以提高身体温度，促进血液循环，从而预防运动损伤，减轻身体疲劳；可以调整身体机能，包括提高肌肉弹性和关节灵活性，增强身体协调性和平衡性等；可以提高技能水平和运动表现；可以促进心理调整，如增强自信心、减轻焦虑等，有助于学生更好地投入运动训练，发挥出自己的潜力；可以充分激发学生的学习兴趣，提高他们的参与度。当学生对准备活动感兴趣时，他们会更加积极地参与课堂活动，从而提高学习效果。

要做到趣味有效的准备，可以从以下几个方面入手。

①创新准备活动内容：打破传统的准备活动模式，引入新颖、有趣的活动内容。可以结合学生的兴趣和爱好，设计一些具有挑战性的游戏或练习，让学生在轻松愉快的氛围中完成准备活动。

②利用音乐、舞蹈等元素：音乐、舞蹈等元素可以激发学生的热情，提高他们的参与度。可以播放动感的音乐，引导学生跟随音乐节奏进行热身运动；设计一些简单的舞蹈动作，让学生在舞动中完成准备活动。

③引入竞争机制:竞争可以激发学生的积极性,让他们在竞争中展现自己。可以引入适当的竞争机制,如小组竞赛、个人挑战赛等,让学生在竞争中完成准备活动,提高他们的参与度和兴趣。

④结合主题情境:创设与教学内容相关的主题情境,让学生在情境中进行准备活动。例如,在学习篮球课程时,可以模拟篮球比赛的场景,让学生在比赛中完成传球、投篮等热身运动,既增加了趣味性,又贴近了教学内容。

⑤注重学生个体差异:尊重学生的个体差异,根据不同学生的需求和特点设计准备活动。可以在准备活动中就进行分层练习,针对体能较差的学生,可设计一些低强度的热身运动;对于体能较好的学生,则可增加一些高强度的挑战性练习。

(4)精练的讲解、准确的示范

精练的讲解是教师教学的重要手段,可以帮助学生快速理解动作的要领和关键点,而准确的示范则能够让学生直观地看到正确的动作形态,从而更好地掌握动作技巧。精练的讲解和准确的示范,可以提高学生学习效率,让学生在短时间内了解并掌握动作技巧,从而提高学生的学习效率;可以激发学生的学习兴趣,吸引学生的注意力;可以培养学生的观察能力和模仿能力,更好地帮助学生掌握动作技巧,提高运动水平;可以增强学生的自信心,让他们对自己的学习成果产生更高的期望,从而更加努力地投入学习中去。

要做到精练的讲解和准确的示范,除了自身扎实的基本功外,还可以从以下几个方面入手。

①充分准备:在课前,教师应该对教学内容进行深入研究和准备,明确教学目标,了解动作的技术细节和重点难点,确保自己的讲解准确、精练。

②突出重点:在讲解时,教师应该突出重点,避免过多的细节描述。可以将动作分解为几个关键部分,并重点讲解每个部分的技术要点和注意事项。

③使用简洁明了的语言:教师应避免使用过于专业或复杂的术语。同时,要注意语速适中、语调抑扬顿挫。

④结合示范进行讲解:教师结合示范讲解可以让学生更直观地了解动作的正确形态和技术要点。同时,教师的示范要准确、规范,给学生留下深刻的印象。

⑤引导学生观察和分析:教师可以提出问题或设置情境,让学生思考并回答,从而加深他们对动作技术的理解。

(5)操作性目标和衔接递进的多种练习

操作性目标和衔接递进的多种练习对于学生的学习和成长具有重要的作用。可以更加明确学习方向,为学生提供明确、具体的学习目标,使学生清楚地知道自己需要达到什么样的标准和要求,有助于激发学生的学习动力,引导他们朝着目标努力;可以促进技能掌握,从基础练习开始,逐渐增加难度和复杂性,有助于学生逐步建立技能基础,提高技能水平;可以增强身体素质,多种练习方法可以全面锻炼学生的身体素质,包括力量、速度、耐力、柔韧性等;可以让学生根据自己的学习进度和需求,选择合适的练习方法,制订个性化的学习计划;可以提高团队协作能力;通过不断挑战自己、克服困难,学生可以增强自信心和意志力。当他们看到自己的进步和成就时,会更加相信自己的能力,更有信心面对未来的挑战。

要做到操作性目标和衔接递进的多种练习,可以从以下几个方面入手。

①设定明确、具体的操作性目标:在课前准备阶段,教师应根据教学内容和学生实际情况,设定明确具体的操作性目标。目标应具有可衡量性,以便学生和教师能够清晰地了解是否达到预期效果。

②制订递进式练习计划:练习计划应包括基础练习、进阶练习和高级练习等不同层次的内容,以适应不同学生的需求和水平。

③采用多样化的练习方法:教师可以采用多样化的练习方法,如个人练习、小组练习、游戏练习等,以激发学生的学习兴趣和积极性。同时,练习方法应具有针对性,以帮助学生逐步掌握运动技能。

④注重练习的衔接和递进:在设计练习时,教师应注重练习的衔接和递进。前一个练习应为后一个练习打下基础,后一个练习则应在前一个练习的基础上进行拓展和提高。

⑤鼓励学生自主探索和合作:教师应鼓励学生自主探索和合作学习,引导学生发现问题、提出问题并寻求解决方案,培养他们的自主学习能力和团队协作精神。

(6)练习有层次、要求有针对

练习有层次和要求有针对可以提升学生技能和优化教学效果。通过设计有层次的练习,教师可以满足不同学生的需求,使每个学生都能在课堂中找到适合自己的挑战和发展空间;可以逐步提高技能水平,从基础练习开始,逐渐增加难度和复杂性,有助于学生逐步提升技能基础,提高技能水平,增强学习动力;可以提高教学效果;可以培养学生的自主学习能力;可以增强学生的自信心,帮助他们更好地掌握运动技能。

要做到练习有层次、要求有针对,可以从以下几个方面入手。

①了解学生的实际情况:可以通过课前测试、问卷调查或与学生交流等方式实现。只有了解学生的实际情况,教师才能设计出符合学生需求的练习。

②制订分层的练习计划:将练习内容按照难易程度进行分层,以适应不同水平的学生。对于基础较差的学生,可以从简单的练习开始,逐渐提高难度;对于基础较好的学生,可以直接进入更高层次的练习。

③明确具体的要求:在设计练习时,教师应明确具体的要求,包括练习的目的、步骤、标准等,学生清楚地知道自己需要达到什么样的标准和要求,从而更好地完成练习。

④鼓励学生自主选择和调整:可以鼓励学生根据自己的实际情况自主选择和调整练习内容,让学生更加主动地参与到练习中,提高他们的学习积极性和自主性。

(7)多维度点评与自我反思

多维度点评与自我反思可以提供全面的反馈,包括技能掌握、身体素质、团队协作、学习态度等方面。这种全面的反馈可以帮助学生更全面地了解自己的优势和不足,从而为他们提供改进的方向;可以激发学生的学习动力,鼓励他们继续努力提高;可以促进学生的自我发展,让学生发现自己的问题和不足,并思考如何改进,提高他们的自主学习能力;可以促进师生交流,增进师生之间的了解和信任,促进教学相长。

要做到多维度点评,可以从以下几个方面入手。

①设定明确的评价标准:在课前,教师应设定明确的评价标准,包括技能掌握、身体素质、团队协作、学习态度等多个维度,让点评更加客观、全面。

②观察和记录学生的表现:在教学过程中,教师应密切观察学生的表现,包括技能展示、参与程度、团队协作、学习态度等并记录下来。

③及时给予反馈:在学生完成练习或任务后,教师应针对学生的表现及时给予反馈。反馈内容应具体、有针对性。

④鼓励学生互评:教师可以鼓励学生进行互评。学生可以从不同的角度评价彼此的表现,这有助于培养学生的批判性思维和团队协作精神。

要做到自我反思,可以从以下几个方面入手。

①引导学生认识自我：可以通过提问、讨论等方式，引导学生认识自己的学习过程。让学生思考自己在哪些方面做得好，哪些方面需要改进。

②提供反思工具：可以提供一些反思工具，如反思表、日记等，帮助学生记录自己的学习过程和感受，以更好地进行自我反思。

③鼓励学生分享：可以鼓励学生分享自己的反思结果，这可以让学生之间互相学习、互相借鉴，同时也有助于提高学生的表达能力。

④定期回顾和总结：可以定期回顾和总结学生的表现和反思结果。这可以帮助教师了解学生的学习进度和需求，及时调整教学策略和方法。

(8)提升的平台和指向清晰的比赛

提升的平台可以提供多样化的教学资源，如教学视频、教案、课件等。这些资源可以帮助教师更好地准备和组织教学活动，提高教学质量；可以促进师生互动，如在线问答、讨论区等，帮助学生更好地理解和掌握知识；可以根据学生的学习情况和需求，提供个性化的学习计划和资源推荐；可以实时监控学生的学习进度和表现，为教师提供及时、准确的反馈。

指向清晰的比赛，可以让学生明确自己的学习目标，知道自己需要达到什么样的标准和要求。激发学生的学习动力，引导他们朝着目标努力；可以让学生了解自己的技能水平和存在的问题，从而有针对性地进行改进和提高；可以培养竞技精神，如团队合作、竞争意识、拼搏精神等，帮助学生更好地适应未来的社会竞争。

要做到有提升的平台，可以从以下几个方面入手。

①选择合适的教学平台：可以根据教学需求和实际情况，选择合适的教学平台，如在线教育平台、学习管理系统等。合适的教学平台可以提供丰富的教学资源和功能，支持在线教学和学习。

②上传和分享教学资源：可以在平台上上传和分享教学资源，如教学视频、教案、课件等，帮助学生更好地预习和复习，提高学习效果。

③鼓励学生使用平台：教师应鼓励学生利用平台上的资源进行学习。同时，教师还可以定期在平台上发布学习任务和作业，督促学生按时完成。

④监控和评估学生表现：教师可以通过平台监控学生的学习进度和表现，及时给予反馈和指导。同时，教师还可以利用平台上的评估工具，对学生的学习成果进行评估和记录。

要做到有指向清晰的比赛，可以从以下几个方面入手。

①明确比赛目的和规则：在组织比赛前，教师应明确比赛的目的和规则，让学生清楚地知道比赛的要求和标准，帮助学生有针对性地准备比赛，提高比赛效果。

②合理分组和安排比赛时间：教师可以根据学生的实际情况和需求，合理分组并安排比赛时间。分组时应考虑学生的技能水平和团队协作能力等，确保比赛的公平性和竞争性。

③提供比赛指导和支持：在比赛过程中，教师应提供必要的指导和支持，帮助学生解决遇到的问题和困难。同时，教师还可以鼓励学生之间互相学习和交流，提高他们的团队协作能力和竞技水平。

④及时总结和反馈：比赛结束后，教师应及时对比赛进行总结和反馈。总结可以帮助学生了解自己在比赛中的表现和存在的问题，反馈可以为学生提供改进的方向和建议。同时，教师还可以根据比赛结果调整教学策略和方法，提高教学质量和效果。

(9)四种以上针对性强的体能练习

进行四种以上针对性强的体能练习，可以增强学生的身体素质。不同的体能练习针对不同的身体素质，如力量、速度、耐力、柔韧性等。通过体能练习，学生可以全面提高自己的身体素质，为各种体育运动和日常生活活动打下坚实的基础；可以提高自己的运动技能（例如，通过反应速度练习，学生可以提高自己的反应能力和动作速度；通过协调性练习，学生可以改善自己的动作协调性和平衡能力）；可以培养学生的意志品质和毅力；可以帮助学生克服自身的惰性和畏难情绪，提升他们的自我调控能力；可以增强学生的自信心，帮助他们更好地掌握运动技能，取得更好的成绩；可以促进学生的心理健康，缓解学生的学习压力和紧张情绪，建立积极的生活态度和健康的生活方式。

要做到四种以上针对性强的体能练习，可以从以下几个方面入手。

①评估学生的体能水平：在开始设计体能练习之前，教师应对学生的体能水平进行评估，了解学生的优势和不足，从而有针对性地设计体能练习。这可以通过体能测试、问卷调查或与学生交流等方式实现。

②设计多样化的体能练习：教师可以根据学生的实际情况和需求，设计多样化的体能练习，包括有氧运动、力量训练、柔韧性训练、协调性训练等。同时，教师还可以根据不同的运动项目，设计专门的体能练习，以提高学生的运动技能。

③分层教学：针对不同体能水平的学生，教师可以采用分层教学的方法。对于体能较好的学生，可以增加练习的强度和难度；对于体能较差的学生，可以适当降低练习的强度和难度，并提供更多指导和帮助。

④创新练习方式：为了增加体能练习的趣味性和吸引力，教师可以创新练习方式，以激发学生的参与热情，提高练习效果。例如，可以将传统的跑步练习改为接力跑、障碍跑等；可以将俯卧撑练习改为拍手俯卧撑、击掌俯卧撑等。

⑤定期调整练习计划：随着学生体能水平的提高和变化，教师应定期调整体能练习计划，确保体能练习的针对性和有效性，同时也可以避免学生因为重复练习而感到厌倦。

⑥结合游戏和比赛：将体能练习与游戏和比赛相结合，可以增加练习的趣味性和竞争性。例如，可以设置体能挑战赛或团队接力赛等，让学生在游戏中进行体能锻炼。

(10)合理精准的放松活动

合理精准的放松活动可以促进身体恢复。体育课中的放松活动可以帮助身体逐渐从运动状态恢复到静息状态，减少运动后的疲劳和不适感，有助于预防运动损伤，提高身体的恢复能力；可以补充身体能量，促进血液循环和呼吸系统的恢复，增加氧气和营养物质的供应，帮助身体补充消耗的能量；可以缓解肌肉紧张，减轻肌肉疼痛和僵硬感；可以改善心理状态，降低神经系统的兴奋性，减轻紧张和焦虑情绪，帮助学生更好地集中注意力，提高学习效率。

要做到合理精准的放松活动，可以从以下几个方面入手。

①合理安排放松活动的时间和强度：教师应根据学生的年龄、体能状况和运动项目的特点，合理安排放松活动的时间和强度。一般来说，强度应逐渐降低，避免突然停止运动导致学生出现不适感。

②选择适合的放松活动：针对不同的运动项目，教师可以选择适合的放松活动。例如，对于高强度的有氧运动，可以选择慢跑、散步或静态拉伸等放松活动；对于力量训练，可以选择按摩、拍打等放松肌肉的方式。

③引导学生主动参与：教师应鼓励学生主动参与放松活动，并引导他们了解放松活动的重要性。同时，教师还可以教授学生一些简单的自我放松方法，如深呼吸、冥想等，让他们在日常生活中也能运用。

④结合音乐进行放松：音乐具有舒缓身心、缓解紧张情绪的作用。教师可以在放松活动中播放柔和的音乐，帮助学生更好地放松心情和身体。

⑤个性化放松方案:每个学生的身体状况和体能水平都是不同的,因此教师应制订个性化的放松方案。对于体能较差或容易紧张的学生,教师可以提供更多的指导和支持,确保他们能够有效地进行放松活动。

(11)贯穿始终、及时适度的评价

及时、正面、具体的评价可以让学生感受到自己的进步和成就,从而激发他们的学习兴趣和动力。通过评价,教师可以指出学生在技术动作、战术应用、体能素质等方面的不足,并提供针对性的指导和建议,帮助学生不断提高自己的运动水平。通过评价学生的学习表现和成果,教师可以及时了解学生的学习进度和掌握情况,从而根据实际情况调整教学计划和进度,确保教学内容与学生的实际需求相匹配,提高教学效果。

要做到贯穿始终、及时适度的评价,可以从以下几个方面入手。

①明确评价目标:在开始上课之前,教师应明确本节课的评价目标,确保评价过程中有明确的参考标准,使评价更加客观和公正。

②观察学生的表现:在上课过程中,教师应密切观察学生的表现,包括他们的动作技能、体能状况、学习态度等。通过观察,教师可以及时了解学生的学习进度和掌握情况,为后续的评价提供依据。

③及时给予反馈:一旦发现学生在某些方面存在不足或问题,教师应及时给予反馈。这种反馈可以是口头的,也可以是书面的。在给予反馈时,教师应尽量具体、明确地指出问题所在,并提供改进的建议和方法。

④鼓励学生自评和互评:除了教师对学生的评价外,教师还可以鼓励学生进行自评和互评,帮助学生更加客观地认识自己的优点和不足,并从他人的角度获得新的启示和建议。同时,自评和互评还可以培养学生的自我反思能力和团队协作精神。

⑤定期总结性评价:在每个教学阶段结束后,教师应进行总结性评价,帮助学生回顾自己的学习历程,了解自己的进步和不足。同时,总结性评价还可以为教师提供关于教学效果的反馈信息,帮助教师改进教学方法和手段。

(12)多维度的总结和拓展性的作业

多维度的总结和拓展性的作业可以帮助学生巩固和加深课堂知识。通过多维度的总结,学生可以回顾和梳理在体育课堂上所学的知识和技能,进一步巩固和加深课堂知识,并在脑海中形成清晰的知识框架,为后续的学习和实践打下基础。拓展性的作业通常要求学生在课外进行自主学习和探究。通过拓展性的作业,学生可以培养自己的自主学习能力,学会如何获取新知识、解决问题和应对挑战。这种能力不仅对学生的学业有帮助,还有助于他们未来的生活和职业发展,促进他们的身心健康。体育课堂的作业不仅关注学生的体育技能学习,还注重学生的身心健康发展。通过参与体育活动和锻炼,学生可以提高自己的身体素质,增强身体抵抗力和免疫力,同时也有助于缓解学习压力,保持良好的心理状态。

要做到多维度的总结和拓展性的作业,可以从以下几个方面入手。

①设定明确的总结内容:在课堂结束时,教师应设定明确的总结内容,引导学生回顾本节课所学的重点知识和技能,帮助学生巩固记忆,加深对课堂内容的理解。除了对课堂内容的回顾,教师还可以引导学生从多个维度进行总结,如技能掌握、团队协作、个人成长等,帮助学生全面评估自己的表现,发现自己的优点和不足。

②设计拓展性作业:根据学生的实际情况和课堂内容,教师可以设计一些拓展性的作业。这些作业可以是针对课堂内容的延伸和拓展,也可以是针对学生个体差异的个性化作业。通过作业,学生可以进一步巩固和加深对课堂内容的理解,同时也可以培养自己的自主学习能力和实践能力。

③提供指导和支持:在学生完成作业的过程中,教师应提供必要的指导和支持,帮助学生解决遇到的问题和困难,确保他们能够顺利完成作业。同时,教师还可以通过与学生的交流互动,了解他们的学习情况和需求,为后续的教学提供参考。

④鼓励创新和合作:在设计拓展性作业时,教师可以鼓励学生进行创新和合作,激发他们的创造力和团队协作精神,让他们在完成作业的过程中相互学习、共同进步。同时,教师还可以组织学生进行小组讨论或展示活动,让他们分享自己的成果和经验。

2.健康知识类课堂的教学系统构建

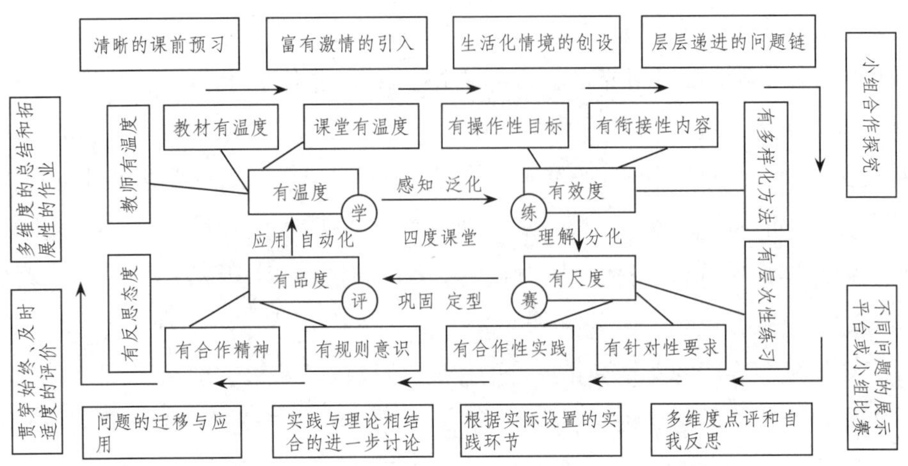

图3-2 “四度”体育课堂(健康知识类课堂)教学模式

如图3-2所示,健康知识类课堂教学,是在内层两个维度的基础上,对健康知识课堂教学系统的重新审视和规划。开始之前有清晰的课前预习要求;开始部分要有富有激情的导入,能创设基于生活化的各种情境,能结合生活化的情境设置层层递进的问题链;学习过程有每个学习小组合作探究,有不同问题的展示平台或小组比赛,让学生勇于表现和积极评价;在学生得出观点的基础上设置实践环节,让学生理论结合实际;要注重问题的迁移与应用;整个学习过程要注重情境的创设和规则的引导,并及时点评;最后要有整个过程的多维度的总结和相应的拓展性作业。

(1)清晰的课前预习

学生进行清晰的课前预习,可以对即将学习的内容有一个初步的了解,从而在课堂上更加有针对性地听讲,提高课堂学习效率。课前预习要求学生独立阅读教材、查找资料、思考问题,这有助于培养学生的自主学习能力。通过预习,学生可以逐渐学会如何获取新知识、解决问题,为未来的学习和生活打下基础。当学生在课堂上发现自己预习过的内容与老师的讲解相吻合时,他们会感到一种成就感。而且,当学生提前预习了课程内容后,他们在课堂上可以更加积极地参与讨论和互动。这样不仅可以活跃课堂气氛,还有助于生生之间和师生之间的交流与合作。

健康知识类课堂要有清晰的课前预习,可以从以下几个方面入手。

①明确预习目标:在布置预习任务时,教师应明确预习的目标和要求,让学

生清楚地知道需要预习的内容和重点，帮助学生有针对性地进行预习，提高预习效果。

②提供预习材料：教师可以提前为学生提供与课程内容相关的预习材料，如教材、课件、视频等，帮助学生了解即将学习的内容，为课堂学习打下基础。

③引导学生思考：鼓励学生在预习过程中积极思考，尝试理解和分析预习材料中的内容。可以通过设置问题、提供思考线索等方式，激发学生的学习兴趣和探究欲望。

④检查预习效果：课前，教师可以通过提问、小测试等方式检查学生的预习效果。这不仅可以了解学生的学习情况，还可以及时调整课堂教学策略，确保课堂教学效果。

(2)富有激情的引入

富有激情的引入，可以激发学生的学习兴趣；可以迅速吸引学生的注意力，从而提高学习效果；可以为课堂营造一种积极、活跃的氛围，让学生在轻松愉快的环境中学习，增强他们的学习动力；可以通过引入相关的案例、故事或活动，自然地过渡到课程内容，使课堂教学更加顺畅和高效，为后续的课堂教学打下基础。

健康知识类课堂富有激情的引入，可以从以下几个方面入手。

①采用故事导入：可以讲述与体育健康知识相关的故事，激发学生的学习兴趣和好奇心。故事可以是真实的案例，也可以是虚构的场景，关键是要能引起学生的共鸣和思考。

②利用多媒体资源：可以利用多媒体资源，如视频、音频、图片等，展示与体育健康知识相关的内容。生动的视觉和听觉材料可以迅速吸引学生的注意力，激发他们的学习兴趣。

③组织互动活动：可以在引入部分组织一些简单的互动活动，如小游戏、角色扮演等，让学生积极参与其中。这些活动可以让学生在轻松愉快的氛围中学习体育健康知识，增强他们的学习体验。

④设置悬念：可以在引入部分故意留下一些悬念，引导学生思考和探究。比如，教师可以提出一个与体育健康知识相关的问题或挑战，让学生带着问题进入课堂，激发他们的求知欲。

(3)生活化情境的创设

生活化情境的创设，可以通过将体育健康知识与日常生活情境相结合，让

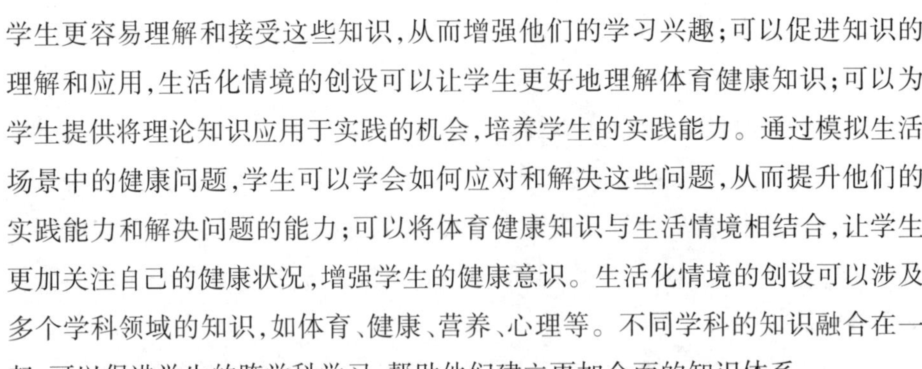

学生更容易理解和接受这些知识,从而增强他们的学习兴趣;可以促进知识的理解和应用,生活化情境的创设可以让学生更好地理解体育健康知识;可以为学生提供将理论知识应用于实践的机会,培养学生的实践能力。通过模拟生活场景中的健康问题,学生可以学会如何应对和解决这些问题,从而提升他们的实践能力和解决问题的能力;可以将体育健康知识与生活情境相结合,让学生更加关注自己的健康状况,增强学生的健康意识。生活化情境的创设可以涉及多个学科领域的知识,如体育、健康、营养、心理等。不同学科的知识融合在一起,可以促进学生的跨学科学习,帮助他们建立更加全面的知识体系。

健康知识类课堂生活化情境的创设,可以从以下几个方面入手。

①挖掘生活中的体育健康元素:从日常生活中挖掘与体育健康知识相关的元素,如饮食习惯、运动方式、心理健康等,通过展示这些生活实例,让学生感受到体育健康知识与生活的紧密联系。

②创设生活场景:教师可以根据教学内容,创设与体育健康知识相关的生活场景,让学生在模拟的生活环境中学习和体验。例如,可以模拟家庭、学校、社区等场所,让学生在这些场景中学习和应用体育健康知识。

③组织实践活动:教师可以组织一些与体育健康知识相关的实践活动,如健身操、瑜伽、跑步等,让学生在实践中体验和学习,帮助学生将理论知识转化为实践技能,提高他们的实践能力。

④利用多媒体资源:教师可以利用多媒体资源,如视频、音频、图片等,展示与体育健康知识相关的生活场景和案例。生动的视觉和听觉材料可以让学生更加直观地了解和应用体育健康知识。

⑤鼓励学生分享经验:教师可以鼓励学生分享自己在生活中应用体育健康知识的经验和感受。通过分享和交流,生生之间可以相互学习,提高他们的学习效果和兴趣。

(4)层层递进的问题链

层层递进的问题链,可以引导学生深入思考体育健康知识;可以激发学生的好奇心和求知欲,使他们产生探索的欲望,从而更加积极主动地参与到学习中来;可以帮助学生将零散的体育健康知识串联起来,形成完整的知识体系,有利于学生对知识的整体把握和理解;可以锻炼学生的分析、归纳、推理等思维能力,提高解决问题的能力;可以作为课堂讨论的载体,促进学生之间的互动与交流,营造积极的课堂氛围。

健康知识类课堂中要设置层层递进的问题链,可以从以下几个方面入手。

①明确教学目标:教师需要明确本节课的教学目标,确定学生需要掌握的核心概念和技能。这有助于教师有针对性地设计问题链。

②分析教学内容:教师应对教学内容进行深入分析,找出其中的重点和难点。这有助于教师确定问题链的起点和终点,以及中间需要递进的问题。

③设计问题链:问题链应具有逻辑性,前一个问题是后一个问题的基础,后一个问题是前一个问题的深化和拓展。同时,问题的难度应逐渐增加,以引导学生逐步深入思考和探究。

④合理安排问题顺序:在设计问题链时,教师应合理安排问题的顺序,确保问题的层次性和递进性。一般来说,可以先从简单问题开始,逐渐过渡到复杂问题;也可以从具体问题开始,逐渐过渡到一般性问题。

⑤引导学生思考:在教学过程中,教师应适时提出问题,引导学生积极思考和回答。对于学生的回答,教师应给予及时的反馈和评价,以鼓励学生继续思考和探究。

⑥及时调整问题链:在教学过程中,如果发现预设的问题链与实际情况不符或存在不合理之处,教师应及时调整问题链,以确保问题链的有效性和针对性。

(5)小组合作的探究

小组合作探究可以促进学生的合作精神和团队协作能力。小组合作探究能够让学生在共同完成任务的过程中,学会倾听、表达、协作和互助,从而培养他们的合作精神和团队协作能力,提高学生的沟通能力和解决问题的能力;能够让学生在轻松、无压力的氛围中表达自己的观点,对伙伴的动作进行评价,分享练习的感受,促进学生的认知和情感发展,增强学生的自信心和自尊心;可以培养学生的竞争意识和合作创新能力,让他们在竞争中学会合作,在合作中寻求创新。

健康知识类课堂要有小组合作的探究,可以从以下几个方面入手。

①分组:教师根据学生的特点进行分组,每组人数不宜过多,以4—6人为宜。分组时应考虑学生的性别、体能、技能等因素,使各组实力相当,以确保竞争的公平性。

②选定组长:每组选定一个组长,负责协调和组织小组活动。组长应具有一定的领导能力和责任心,能够带领小组成员积极参与探究活动。

③明确探究任务：教师向各小组明确探究任务，任务应具有针对性和挑战性，能够激发学生的探究兴趣。同时，任务的难度应适中，既不过于简单又不过于复杂，以确保学生在探究过程中能够获得成就感和自信心。

④小组合作讨论：各小组在组长的带领下，围绕探究任务展开讨论。小组成员应充分发表自己的观点和看法，共同商讨解决问题的办法。在讨论过程中，教师应及时给予指导和帮助，引导学生深入思考。

⑤小组展示与交流：各小组在完成探究任务后，进行成果展示和交流。展示形式可以是口头报告、演示文稿、展板等。其他小组可以对展示内容进行提问和评价，以促进各组之间的交流和学习。

⑥总结与反思：在小组合作探究结束后，教师应组织学生进行总结和反思。总结可以帮助学生梳理探究过程中的收获和不足，反思则可以引导学生深入思考探究过程中遇到的问题和解决方法，为今后的学习提供借鉴和改进的方向。

(6)不同问题的展示平台或小组比赛

不同问题的展示平台或小组比赛，可以让学生感到学习是一种有趣的挑战，从而提高他们的学习积极性和主动性；可以促进学生对知识的理解和掌握；可以培养学生的竞争意识和团队合作精神，让他们在竞争中学会如何发挥自己的优势，以取得更好的成绩。同时，比赛也需要学生之间的相互配合和协作，这可以培养学生的团队合作精神和集体荣誉感。通过参加小组比赛或在展示平台上展示自己的学习成果，学生可以增强自信心和表达能力。这有助于他们在未来的学习和生活中更加自信地面对挑战和困难。

健康知识类课堂要有不同问题的展示平台或小组比赛，可以从以下几个方面入手。

①确定展示或比赛的主题：教师可以根据教学内容和学生的学习情况，确定展示或比赛的主题。主题应具有针对性和趣味性，能够激发学生的学习兴趣和积极性。

②设计展示或比赛的形式：根据主题，教师可以设计不同的展示或比赛形式，如知识问答、辩论赛、情境模拟、案例分析等。形式的选择应考虑到学生的年龄特点和认知水平，以确保活动的顺利进行。

③准备展示或比赛的材料：教师应提前准备好展示或比赛所需的材料，如问题、案例、道具等。这些材料应与主题密切相关，能够引导学生进行深入思考和探究。

④进行展示或比赛:在教师的指导下,各小组进行展示或比赛。在展示或比赛过程中,教师应及时给予指导和帮助,确保活动的顺利进行。同时,教师还应鼓励学生积极参与、大胆表现,培养他们的自信心和表达能力。

⑤评价和总结:在展示或比赛结束后,教师应进行评价和总结。评价可以帮助学生了解自己的优点和不足,为今后的学习提供改进的方向。总结则可以帮助学生梳理活动过程中的收获和感受,加深对知识的理解和掌握。

在实施有不同问题的展示平台或小组比赛时,教师还应注意以下几点。

①注重活动的趣味性和互动性:可以采用游戏化的方式设计活动规则和任务,让学生在轻松愉快的氛围中学习和成长。

②关注学生的学习过程和结果:既要肯定学生在活动中的努力和进步,也要指出他们在知识和能力方面的不足之处,并提供有针对性的指导和帮助。

③充分利用现代教育技术手段:可以利用多媒体设备展示问题、案例等为学生提供更加直观、生动的学习体验;也可以利用网络技术实现在线比赛、实时互动等功能拓展学生的学习空间和时间。

(7)多维度的点评和自我反思

这一点与运动实践类课堂教学基本相同,但在健康知识类课堂中教师应注意以下几点。

①保持开放心态:教师应保持开放的心态,愿意接受他人的意见和建议,勇于承认自己的不足并寻求改进。

②注重时效性:点评和自我反思应及时进行,以便及时发现并解决问题。同时,教师还应定期回顾自己的教学记录和反思结果,总结教学经验教训。

③关注学生的反馈:学生是教学的主体,他们的反馈对于教师的点评和自我反思具有重要的参考价值。教师应关注学生的需求和意见,及时调整教学策略和方法。

④持续学习和提高:教师应保持持续学习的态度,不断更新自己的知识和技能,提高自己的教学水平。同时,教师还可以参加各种教学研讨会、培训课程等活动,与同行交流学习心得和经验。

(8)根据实际设置的实践环节

根据实际设置的实践环节,可以让学生亲自体验和操作,帮助他们更深入地理解和记忆理论知识。实践往往比单纯的听讲更能加深记忆,因为学生可以通过实践来验证和应用所学的理论知识;可以提升自己的实际操作能力和动手能力。在健康知识类课堂中,学生可能需要通过实践来学习如何正确进行体育锻炼、如何调整饮食以保持健康等。与纯理论授课相比,包含实践过程的课程往往更能激发学生的学习兴趣和参与度。学生可以通过实践来体验学习的乐趣和成就感,从而更加积极地投入学习中。

要根据实际设置的实践环节,可以从以下几个方面入手。

①明确实践目标:在设置实践过程之前,教师应明确实践的目标,即希望通过实践达到什么样的教学效果。这有助于教师有针对性地设计实践环节,确保实践与理论教学相辅相成。

②结合教学内容:实践过程应与教学内容紧密结合,反映理论知识的实际应用。教师可以根据教学内容选择适当的实践主题,如运动技能练习、健康行为培养等。

③设计多样化的实践形式:实践过程可以采取多种形式,如小组讨论、案例分析、角色扮演、实地考察等。多样化的实践形式有助于激发学生的学习兴趣和参与度,提高他们的学习效果。

④合理安排实践时间:在设置实践过程时,教师应合理安排实践时间。实践时间不宜过长或过短,应确保学生能够在规定时间内完成实践任务,同时留有足够的时间进行总结和反思。

⑤提供必要的实践资源和指导:为了确保实践过程的顺利进行,教师应提供必要的实践资源,包括体育器材、健康检测设备、教学视频等。同时,教师还应在实践过程中给予学生及时的指导和帮助,确保他们能够顺利完成实践任务。

(9)实践和理论相结合的进一步讨论

实践与理论相结合,可以促进知识的深化与拓展,通过实践应用理论,可以使学生对体育健康知识有更深入的理解。同时,实践中出现的新问题和挑战可以激发学生对相关理论进行更深入地学习和探讨,从而拓宽他们的知识视野。实践与理论的结合有助于培养学生的综合能力,如分析问题、解决问题的能力,批判性思维,创新思维等。体育健康知识类课堂的目的不仅是让学生掌握知识,更重要的是培养他们的健康生活方式和习惯,为未来的学习和生活做准备。实践与理论的结合可以推动体育健康知识类理论课的教学改革和创新。教师可以通过分析实践中的问题和挑战,反思和改进自己的教学方法和手段,从而提高教学效果和质量。

要做到实践和理论相结合的进一步讨论,可以从以下几个方面入手。

①制订综合性教学计划:在课程设计阶段,教师应制订综合性的教学计划,明确理论和实践的比重和结合点。计划中应包括理论与实践相互促进的内容,确保两者在教学过程中的有机结合。

②创设实践情境:教师可以创设与理论内容相关的实践情境,让学生在实践中体验和应用理论知识。例如,通过模拟运动场景、设计健康挑战等方式,让学生在实践中感受和应用体育健康知识。

③引导学生主动实践:在教学过程中,教师应鼓励学生主动参与实践活动,将所学的理论知识应用到实践中。可以通过小组讨论、案例分析、角色扮演等方式,引导学生积极思考和解决问题,培养他们的实践能力和创新思维。

④及时反馈与调整:在实践过程中,教师应及时给予学生反馈,指出他们在实践中存在的问题和不足,并提供改进建议和指导。同时,教师还应根据实践效果调整教学计划和方法,确保实践与理论的紧密结合。

⑤利用现代教学技术:现代教学技术如虚拟现实、增强现实等技术可以为学生提供更真实的实践体验。教师可以利用现代教学技术创建虚拟的实践环境,让学生在其中进行实践操作和体验,加深对理论知识的理解和应用。

(10)问题的迁移和应用

问题的迁移和应用,可以让学生将所学的理论知识应用于实际中,从而培养其解决问题的能力。当学生在新的情境中应用所学的理论知识时,他们需要回忆、理解这些知识。这个过程有助于知识的内化和深化,使学生更加深入地理解和掌握所学的知识。问题的迁移和应用往往需要学生从不同的角度思考问题,提出新的解决方案。这个过程有助于培养学生的创新思维和批判性思维,提高他们的思维水平和创新能力。通过问题的迁移和应用,学生可以学会适应不断变化的环境和需求,将所学的理论知识应用于新的情境中,从而更好地应对未来的挑战。

要做到注重问题的迁移和应用,可以从以下几个方面入手。

①设计真实或模拟的问题情境:教师可以结合课程内容,设计真实或模拟的问题情境,让学生在这些情境中应用所学的理论知识。例如,可以模拟运动损伤的场景,让学生运用所学的急救知识进行处理。

②鼓励学生主动思考和解决问题:在教学过程中,教师应鼓励学生主动思考问题,并提出解决方案。如通过小组讨论、案例分析等方式,引导学生积极思

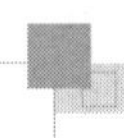

考和交流,培养他们解决问题的能力。

③提供足够的实践机会:教师应提供足够的实践机会,如安排实验、实地考察、社会实践等活动,让学生在实践中体验和应用理论知识。

④注重知识的内在联系和整合:在体育健康知识类理论课中,应注重知识的内在联系和整合。教师可以通过梳理知识脉络、构建知识框架等方式,帮助学生将所学的理论知识系统化、网络化,从而更好地进行问题的迁移和应用。

⑤引入案例教学和项目式学习:案例教学和项目式学习是两种注重问题迁移和应用的教学方法。教师可以通过引入相关案例或设计项目任务,让学生在分析和解决问题的过程中应用所学的理论知识。

⑥培养学生的自主学习和探究能力:教师可以通过布置自主学习任务、引导学生开展课题研究等方式,培养学生的自主学习和探究能力。

⑦加强与其他学科的交叉融合:教师可以加强与其他学科的交叉融合,引入相关学科的理论和方法,为学生提供更广阔的问题迁移和应用空间。例如,可以结合生物学、心理学等学科的知识,分析运动对人体的影响和心理健康的维护等。

(11)贯穿始终、及时适度的评价

健康知识类课堂贯穿始终、及时适度的评价与运动实践类课堂相应的教学类似,但在评价过程中,教师应保持评价的适度性,避免过度评价或评价不足。过度评价可能会给学生带来压力,而评价不足则可能无法准确反映学生的学习情况。因此,教师应根据学生的实际情况和课程要求,制定合理的评价标准和方法。

(12)多维度的总结和拓展性的作业

多维度的总结和拓展性的作业,可以巩固和深化理论知识。作业中的问题和挑战可以引导学生回顾、思考和运用所学的理论知识,从而帮助他们加深对知识的理解和记忆;可以培养分析和解决问题的能力,提高他们的实践能力和创新思维。通过多维度的总结和拓展性的作业,学生可以学会将所学的理论知识应用于实际情境中,促进知识的迁移和应用。这种迁移和应用的过程有助于培养学生的实践能力和解决问题的能力,为他们未来的学习和生活打下基础。教师可以根据学生的作业完成情况了解学生的学习进度和成果,从而调整教学策略和方法,提高教学质量。

要做到多维度的总结和拓展性的作业,可以从以下几个方面入手。

①设计多元化的作业形式:作业形式可以包括个人报告、小组讨论、案例分析、实地考察报告等。通过不同的作业形式,引导学生从不同角度对所学的体育健康知识进行思考和总结。

②引入实际案例:在作业中引入实际案例,可以让学生将所学的理论知识与实际情境相结合,提高他们分析问题和解决问题的能力。案例可以包括运动损伤处理、健身计划制订、运动营养补充等。

③强调跨学科知识的整合:体育健康知识与其他学科有着密切的联系,如生物学、心理学、营养学等。在作业设计中,可以鼓励学生整合不同学科的知识,对体育健康问题进行综合分析和解决。

④鼓励学生进行实践操作:通过实践操作,学生可以将所学的理论知识应用于实际中,加深对知识的理解和记忆。在作业设计中,可以安排一些实践性的任务,如制订个人健身计划、设计运动营养餐等。

⑤提供足够的资源和支持:为了让学生能够顺利完成多维度的总结和拓展性的作业,教师应提供足够的资源,如相关文献、数据库、实验设备等。同时,教师也应给予学生及时的指导和帮助,解决他们在完成作业过程中遇到的问题。

第四章

人本体育的课堂教学实践及案例分析

人本体育教学课堂，应该是一个以学生为中心，充满活力和创新的课堂。每一个学生都是独特的个体，他们的需求、兴趣和发展潜力都应得到最大程度的关注和尊重。人本体育的教学实践，是追求学生全面发展，注重个体差异和情感体验的具体体现。

本章以《义务教育体育与健康课程标准(2022年版)》体育健康知识、体能、六大类专项运动技能的相关项目和跨学科主题学习在初中的教学为例，进一步展示“人本体育”教学主张的核心理念和“四度课堂”教学模式。每个项目都从项目概述、目标解析、学习建议、大单元教学案例、课时教学案例和课时教学案例分析六个维度进行展现。但是教学内容不同，场地器材不同，展示的方式也不完全相同，“四度课堂”教学范式中的十二个流程也不一定都能在每一个项目中完全呈现，但是以人为本，全面发展和个性发展始终是每一个项目的逻辑起点和终极目标。

第一节 体育健康知识类理论课的教学实践

一 健康知识概述

健康教育能帮助学生逐步养成健康与安全的行为习惯和生活态度。《义务教育体育与健康课程标准(2022年版)》指出,健康教育包括健康行为与生活方式、生长发育与青春期保健、心理健康、疾病预防与突发公共卫生事件应对、安全应急与避险五个领域。因此,在健康教育教学过程中,学生需学会制订自身健康生活方案,形成健康的生活方式;在体育锻炼时能自我监控,预防运动损伤,缓解压力、预防抑郁;在各类自然灾害和公共安全事件时能自救或配合他救,提高对各种突发事件的应变能力。

健康教育在人民教育出版社《体育与健康》七(2012年版)、八、九年级学生用书中的体现如下表:

领域	对应章节		
	七年级	八年级	九年级
健康行为与生活方式	第一章第一节:生活方式与健康 第一章第二节:每天坚持一小时体育锻炼 第一章第三节:合理膳食　促进健康	第一章第二节:常见运动损伤的预防和紧急处理	第一章第一节:运动负荷的自我监测
生长发育与青春期保健		第一章第一节:科学发展体能	第一章第二节:善于休息　增进健康
心理健康	第一章第五节:勇敢面对挫折和困难	第一章第三节:学会与他人交往	
疾病预防	第一章第四节:常见传染病的预防		
安全应急与避险			第一章第三节:增强安全意识　提高避险能力

二 初中阶段健康知识学习目标解析

1.健康行为与生活方式

(1)掌握体育运动中自我测评和监控方法。

(2)掌握科学评价、管理体重和预防脊柱侧弯的方法。

(3)分析视力不良对职业发展的影响。

(4)分析和评估影响健康的因素,了解我国关于控烟、禁毒等的法律法规。

(5)掌握预防运动伤病的知识与技能。

(6)掌握与同伴交流合作的方法。

2.生长发育与青春期保健

(1)理解常规体检的具体项目、指标、意义。

(2)理解性骚扰的危害,提高预防性骚扰的意识和能力。

3.心理健康

理解体育运动对促进大脑健康、调控情绪,预防焦虑和抑郁的作用。

4.疾病预防

熟悉常见疾病的症状,掌握各种常见疾病的预防方法。

5.安全应急与避险

(1)识别日常生活中存在的可能导致意外伤害的危险因素,预防意外伤害发生。

(2)掌握在踩踏事故、火灾、地震等突发事件中的自我保护和逃生技能,以及重污染天气中的户外防护方法。

三　初中阶段健康知识学习建议

年级	内容分类	内容要点
七—九年级	健康行为与生活方式	1. 合理安排运动量。 2. 利用心率监测运动负荷。 3. 常见运动损伤的预防与紧急处理。 4. 合理膳食、控制体重、促进健康。 5. 每天坚持锻炼一小时的价值。
	生长发育与青春期保健	1. 睡眠及运动对促进生长发育的作用。 2. 辨识容易发生性侵犯的危险因素，掌握有效的预防措施。
	心理健康	1. 远离不良生活习性，选择健康的生活方式，过文明幸福的生活。 2. 学会与他人交往，学会调节情绪。
	疾病预防	1. 传染病的危害与种类；呼吸道传染病的预防。 2. 了解公共卫生事件的种类与应对方法。
	安全应急与避险	1. 预防意外伤害的原则，及求救方法。 2. 溺水的预防与应急处理。 3. 遵守交通规则，发现道路中的安全隐患，预防交通事故。 4. 心肺复苏术与海姆立克急救法的运用。

四　初中阶段健康知识大单元教学案例

学情分析	教学对象为七、八、九年级的学生。该阶段学生正处于青春期和个性发展的关键时期，求知欲强，具备一定探究和协作能力，对体育健康知识一知半解。本单元以某热爱篮球运动的学生，从篮球“小白”到校队主力的成长过程为背景，预设在备战过程中会遇到的一些问题，教会学生相应的健康教育知识，引导学生在实际场景中，运用所学知识，以科学健康的方法提升运动成绩。
学习目标	1. 了解运动项目的练习规律，体会坚持体育锻炼的价值，以及合理膳食对健康的促进作用。 2. 学会运用运动负荷调整训练计划，科学发展体能的方法；学会应对突发事件的处理流程及简单急救方法；学会与人交往的技巧及调控情绪的方法。 3. 树立健康生活意识，坚持体育锻炼，勇敢面对挫折与困难，培养顽强的意志品质。

续表

	课次	主题	目标	学习活动	练习活动	比赛活动
教学内容	1	生活方式与健康	1.掌握健康的概念及组成部分，知道“健康四大基石”及其含义。 2.通过学习，联系实际生活，制订健康生活计划，并坚持执行。	1.观看视频，掌握健康概念及组成部分，知道“健康四大基石”及其含义。 2.了解健康的生活方式有哪些。	1.根据自身情况，列举健康生活方式与不良生活习惯。 2.制订符合自身实际的健康生活计划。	1.知识问答比赛(课上)。 2.坚持健康生活打卡比赛(课后)。
	2	每天坚持一小时体育锻炼	1.理解体育锻炼对身心发展的益处。 2.学习每天坚持一小时体育锻炼的策略并在日常生活中坚持每天一小时体育锻炼。	1.以篮球项目为例，每天坚持学习篮球技术（技术、体能、战术等）。 2.每天坚持一小时锻炼。	1.分享自身每天进行体育锻炼的情况。 2.根据自身实际，制订每天锻炼一小时的计划。	1.坚持每天一小时锻炼持续打卡比赛(课后)。 2.小组制定比赛项目和规则，通过两周持续练习后，进行比赛(课后)。
	3	科学发展灵敏性	1.认识不同运动项目对发展不同体能要素的效果。 2.知道发展灵敏性的方法，积极投入体育锻炼，享受运动乐趣。	1.学习发展灵敏性对身体的作用。 2.以篮球为例，学习发展灵敏性的练习方法。	1.分享自己掌握的灵敏性练习方法。 2.通过发展篮球项目灵敏性练习学习，创编其他项目的灵敏性练习方法。	1.知识问答比赛(课上)。 2.小组自定灵敏性练习比赛(课后)。
	4	合理膳食，促进健康	1.了解平衡膳食与健康的关系，理解并掌握对青少年学生合理膳食的要求。 2.初步学会运用调整饮食和体育锻炼的办法来控制体重。	1.学习平衡膳食的内容。 2.学习不同锻炼目标下（减重、增肌等），健康饮食的方案。	1.分享自身每天的膳食，列出不健康的饮食习惯。 2.根据自己的锻炼目标，制订饮食方案。	知识问答比赛(课上)。

续表

教学内容	5	学科发展心肺耐力	1.认识不同运动项目对发展不同体能要素的影响效果。 2.学会制订发展心肺耐力的锻炼计划并积极投入体育锻炼，享受运动乐趣。	1.学习发展灵敏性和心肺耐力对身体的作用。 2. 以篮球为例，学习发展心肺耐力的方法。	1.分享自己掌握的心肺耐力练习方法。 2.通过篮球项目练习心肺耐力，创编其他项目的心肺耐力练习方法。	1. 知识问答比赛(课上)。 2. 小组自定灵敏性练习比赛(课后)。
	6	运动负荷的自我监测	1.理解合理安排运动负荷的意义。 2.学会和合理安排运动负荷和运动强度；学会利用心率监测运动负荷。	1.学会运动负荷监测方法。 2.学会安排运动负荷与运动强度的方法。	1.运动负荷监测方法实操。 2.制订符合自身的运动负荷练习方案。	1. 监测方法实操比赛(课上)。 2. 自身运动负荷练习方案展示。
	7	善于休息，增进健康	1.了解睡眠的作用，保证充足的睡眠时间。 2.通过学习，能够运用不同的休息方式，学会积极休息。	1.学会不同的休息方式。 2.学会合理安排休息时间，增进健康。	1.分享自身休息的方式与时间。 2.制定合理的休息方式与时间。	关于休息与健康的知识问答比赛(课上)。
	8	学会与他人交往	1.了解人际交往的基本技巧，尝试化解同学间的矛盾。 2.学习与他人合作的方法。	1.学会与他人交往的原则与方法。 2.学会竞赛中正确地与队友及对手的相处，以及正确的胜负观。	1.分享在生活中或比赛中与他人相处的小故事。 2.梳理不同情境下，正确与他人相处的方式与方法。	不同情境下，与他人相处方式的连线比赛。

续表

教学内容	9	常见运动损伤的预防和紧急处理	1.掌握预防运动损伤的要求和方法。 2.掌握擦伤等开放性损伤、关节扭伤等闭合性损伤的处理方法。	1.学会出现运动损伤时的处理流程。 2.学会处理简单运动损伤的方法。	1.情景剧排练与展示。 2.练习处理运动损伤流程。 3.练习运动损伤处理方法。	不同运动损伤的处理实操比赛。
	10	科学发展体能	1.认识不同运动项目对发展不同体能要素的影响效果。 2.学会制订发展心肺耐力的锻炼计划并积极投入体育锻炼,享受运动乐趣。	1.以篮球项目为例,学习科学发展体能的方法。 2.学习制订发展心肺耐力锻炼计划的方法。	1.分享自己已知的训练体能方法。 2.制订一份适合自己的发展心肺耐力的锻炼计划。	发展心肺耐力锻炼计划展示。
	11	勇敢面对挫折和困难	1.了解良好品质的特征,能说出锻炼的方法。认同体育锻炼是形成意志品质的重要手段。 2.掌握调节情绪的方法。	1.学习良好品质的养成方法及体育锻炼对意志品质养成的作用。 2.学会情绪调节的方法。	1.分享自己学习、生活及体育锻炼中遇到的挫折,并说明自己是怎样面对的。 2.练习情绪调节的方法。	设置情境问答。
	12	增强安全意识、提高避险能力	1.培养安全意识,运用基本方法预防意外伤害。 2.掌握应对危急情况的基本原则和程序;尝试模拟拨打急救报警电话,练习意外伤害的简单紧急处理方式。	1.学习不同情境下,预防意外伤害的基本方法。 2.学习拨打急救报警电话及意外伤害的简单应急处理方式。	1.练习在不同情境下,处理意外伤害的基本方法。 2.情境课堂:模拟在紧急情况下,拨打急救电话的方法及应急处理方式。	情景剧展示。

续表

教学内容	13	学会与异性交往	1.认识青春期心理发展的特点，关注自我心理健康；了解异性交往的原则，学习与异性交往的技能。 2.辨识容易发生性侵犯的危险因素，掌握有效的预防措施。	1.学习青春期与异性交往的原则及方法。 2.学习预防性侵害的知识与方法。	1.通过学习，梳理自己与异性交往的优势与不足，并分享。 2.情境课堂：模拟容易发生性侵害的地点与情况，展示预防的方法（可男女分班上课）。	情景剧展示。
	14	常见传染病的预防	1.知道传染病的危害，能说出传染病的传播途径。 2.举例说明呼吸道传染病和肠道传染病的传播途径和预防措施。	1.学习传染病的种类与传播途径。 2.学习预防传染病的措施。	1.分享已知的生活中和体育运动中预防传染病的措施。 2.归纳传染病的种类，制作传染病思维导图。	传染病知识问答；思维导图展示。
	15	心肺复苏术的应用	1.知道心肺复苏术的应用范围，能模拟心肺复苏术的流程。 2.了解自动体外除颤器（AED）的使用方法。	1.学习心肺复苏术。 2.学习紧急情况下的处理流程。	小组练习心肺复苏术。	情景剧展示。
	16	现代运动员保持高水平竞技状态的奥秘	1.了解现代运动员保持高水平竞技状态的奥秘。 2.学习保持竞技状态的生活方式。	1.以篮球运动员为例，学习如何保持竞技状态。 2.学习运动、饮食、休息等对竞技状态的影响。	1.分享自己运动状态最好的时间与感受。 2.制订测验或比赛前的训练计划，促进良好运动状态的形成。	训练计划展示。

续表

教学内容	17	健康生活展示（学习生活篇）	1.掌握初中阶段健康知识在学习生活中的应用。 2.学会正确拨打急救报警电话及应急方法。	1.小组展示排练短剧（自拍视频）。 2.学生学会在学习生活场景中，健康知识的运用以及急救和应急的方法。	1.评析短剧中健康知识的运用及急救和应急方法是否正确、得当。 2.制作健康学习与生活方式的思维导图。	小组问答积分赛；思维导图展示。
	18	健康生活展示（运动篇）	1.掌握初中阶段健身与运动损伤有关的知识，并能在体育锻炼中的运用。 2.学会正确拨打急救报警电话及简单运动损伤处置方法。	1.小组展示排练短剧（自拍视频）。 2.学生学会在体育锻炼场景中，健身与运动损伤知识的运用以及急救和简单运动损伤处置方法。	1.评析短剧中健身与运动损伤知识的运用及急救和简单运动损伤处置方法是否正确、得当。 2.制作健身知识与运动损伤知识的思维导图。	小组问答积分赛；思维导图展示。

五 健康知识课时教学案例

运动负荷的自我监测

教学内容	运动负荷的自我监测	重点：掌握运动负荷的理论知识以及测量脉搏的方法。 难点：通过自我监测心率学会合理安排运动负荷。
教学目标	1.学生能够在理解合理安排运动负荷的意义的过程中，知道影响运动负荷的主要因素，能结合体育锻炼的经验和教师的讲解，分析实际问题。 2.学会测定心率的方法以及利用心率监测运动负荷。 3.在团队协作与挑战中促进集体意识的形成，提升责任感和凝聚力；在合作中培养学生互相支持、互相信任、共同为同一目标而努力奋斗，自觉维护集体利益的意识。	

续表

	课的结构	教学内容	教学活动方式与组织措施	时间
教学过程	导入	1.师生问好。 2.体育委员报告出勤情况。 3.宣布本课内容、目标与要求。	1.组织：教室内，学生分组围坐，如下图。  2.教学活动：师生相互问好，落实出勤情况，导入本课。 3.要求：精神饱满，思想集中。	2 分钟
	理论知识提高	1.运动负荷概念：人体在体育活动中所承受的生理刺激。 2.影响运动负荷的因素。 (1)负荷量：距离、持续时间、重复次数。 (2)运动强度：密度、难度、速度、负重量。 3.合理安排运动负荷的原则。 (1)量力而行：根据自己的体能和健康状况，合理安排。 (2)合理搭配运动强度和负荷量。 (3)采用适宜的练习密度。 (4)处理好锻炼和恢复的关系。	1.组织：教室内，学生分组围坐，如下图。  2.教学活动。 (1)提问“运动负荷是什么”，检查学生预习情况。 (2)通过一则新闻导入，引发学生思考运动负荷的概念及其重要性。 (3)导入主教材，提问“影响运动负荷的因素有哪些”。 (4)学生积极发言。 (5)通过两道思考题考查学生对运动强度与负荷量的理解。 (6)教师组织学生根据自己锻炼的经验讨论怎样合理安排运动负荷。 (7)学生在小组长的组织下积极讨论。 (8)学生以小组为单位分享讨论结果。 (9)教师总结补充。 (10)教师借助多媒体介绍“超量恢复”的概念。	12 分钟

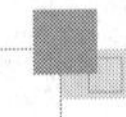

续表

教学过程	理论知识提高	4.“超量恢复”：进行体育运动时随着时间的推移会使肌肉产生疲劳，身体技能水平有所下降，通过适当的休息，可以使肌肉和身体技能恢复到原有水平，并在一定时间内还可以继续上升，超过原有水平，这种现象叫作“超量恢复”。	(11)教师展示两个生活场景，组织学生利用所学知识判断做法是否正确。 (12)学生积极讨论、积极发言，各抒己见。 (13)教师归纳总结。 3.要求：认真听讲、积极思考、参与互动。	7 分钟
	实践能力提高	1.监测运动负荷的指标：心率。 2.心率的概念：每分钟心脏搏动的次数。 3.最大心率：人体心率的增加有一定的限度，这个限度叫最大心率。 最大心率=220−年龄。 4.测定心率的方法。 (1)桡动脉。 (2)颈动脉。 (3)颞动脉。 5.安静心率：30秒的脉搏数乘以2(常用桡动脉测量法)。 6.运动心率：运动停止后10秒乘以6(常用颈动脉测量法)。 7.靶心率：锻炼时采用强度所对应的心率范围。 靶心率=最大心率×强度百分比。 注：由于存在个体差异，体能较弱者可保持心率在低限进行锻炼；体能较强者应保持心率在高限进行锻炼。	1.组织：教室内，学生分组围坐，如下图。 2.教学活动。 (1)教师提问“什么指标可以监测运动负荷”。 (2)学生积极思考并回答。 (3)教师引出“心率”概念。 (4)通过图片、视频，介绍“心率”的概念以及生理意义。 (5)学生认真听讲、记录要点，并积极思考。 (6)教师组织学生“结合生物学谈谈运动时心跳为什么加快，有什么作用”。 (7)学生积极讨论、积极发言。 (8)教师播放视频验证学生的答案。 (9)教师提问“测定心率的方法有哪些”。 (10)学生结合预习回答。 (11)教师组织学生动手操作测量安静心率，并记录。 (12)教师组织学生进行3组强度逐渐增大的运动。 (13)学生按要求认真练习。	28 分钟

续表

教学过程	实践能力提高	8.判断运动疲劳消除的指标：晨脉。在大负荷运动之后，可测定第二天晨起时脉搏，如超过前一天晨起时的脉搏，说明运动负荷较大，身体疲劳尚未消除，应适当减少运动负荷。	(14)教师组织学生测量每一次的运动心率。 (15)学生将三次数值绘制成折线图，并对比数据。 (16)教师提问学生“折线的变化”以及产生变化的原因。 (17)教师引出“靶心率”概念并展示绘制的区间图。 (18)教师组织学生计算自己的“靶心率”。 (19)教师提问“如何判断运动疲劳消除的情况”引出“晨脉”。 3.要求：学生充分体验，积极互动。	28 分钟
知识点反馈与小结		1.知识竞答。 2.小结本课，布置课后作业。 3.师生道别。	1.组织：教室内，学生分组围坐。 2.教学活动。 (1)知识竞答，激发兴趣。 (2)问题引导，学生思考。 (3)参与互动，积极回答。 (4)学习评价，激励反馈。 (5)收拾器材，维护教室。 3.要求：积极参与课堂总结，认真完成作业。	3 分钟
场地器材		场地：录播室。 器材：多媒体(一体机)、展示板。		

六　健康知识课时教学案例分析

本课通过提问“运动负荷是什么”检查学生预习情况，并为本课的高效实施奠定坚实的基础，接着通过一则新闻引入，让学生思考运动负荷的概念及其重要性。

课的主题部分，结合生活情境设置了“影响运动负荷的因素有哪些”“什么指标可以监测运动负荷”“测定心率的方法有哪些”“如何判断运动疲劳消除的情况”等问题，让学生分组讨论，合作探究，并设置了小组比赛等让学生展示他们的讨论结果。在学生讨论和展示的过程中，教师也进行了多维度点评，并通过关键词提示等方式引导学生自我反思，做到以人为本，关注学生的生活实际、思维实际等。

课的实践部分，在学生厘清概念知识之后，教师组织学生进行3组强度逐渐增大的运动，让学生在认真练习的基础上测量每一次运动心率，并将三次数值绘制成折线图，进行数据对比。这种根据实际的实践过程，让学生将理论和实践相结合，帮助学生学会知识并能举一反三，迁移应用，这是以人为本，深度学习的良好体现，既体现了学习的温度，也实现了学习的效度。

在整个教学过程中，教师应用个体点评和小组竞赛等方式对学生的表现做出及时适度的评价，充分体现了尺度和品度的统一。最后的小结既归纳了知识要点，也肯定了学生的学习状态，并布置了相应的拓展性作业，是一节充满温度，注重效度，控制尺度，涵养品度的四度课堂。

第二节 体能类课堂的教学实践

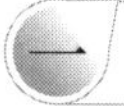

一 体能概述

体能学练不仅能增进学生的体质健康，而且还是发展专项运动技能的基础。《义务教育体育与健康课程标准（2022年版）》指出，体能学练主要针对改善身体成分，发展心肺耐力、肌肉力量、肌肉耐力、柔韧性、反应能力、位移速度、协调性、灵敏性、爆发力、平衡能力等。因此，在体能教学中要根据学生身心发育的特点，特别是体能发展敏感期的特点合理安排各学段的教学内容，并与《国家学生体质健康标准（2014年修订）》有机结合。通过生动有趣、丰富多样的内容和方式来激发学生体能学练的兴趣和动力，培养他们勇于挑战、坚韧不拔的精神和意志品质，为培养其终身体育锻炼习惯奠定基础。此外，还要处理好一般性体能与专项体能之间的关系，为专项运动技能的学习提供支持和帮助。

就身体发展而言，从小学到初中的成长过程中，学生主要有身高、体重、骨骼肌、神经发育等方面的生理变化。华东师范大学汪晓赞教授指出：2—7岁是儿童基本运动技能发展的重要时期，7岁后基本运动技能发展逐渐放缓，体能发展逐渐提升。另有研究表明，低龄段儿童的柔韧性、协调性优先发展，进入青春发育期后，位移速度、爆发力等体能要素则进入相对快速发展阶段。这充分表明青少年的运动能力与其身心发展阶段紧密相关。

二 初中阶段体能类项目学习目标解析

1. 了解体能的基本知识和概念，明确体能练习对身体健康和提升运动技能水平的作用与价值。

（1）了解体能发展的基本知识、原理和概念。

（2）能明确《国家学生体质健康标准（2014年修订）》的测试与评价方法。

(3)能运用科学方法评价体能锻炼效果,并及时改进体能锻炼计划。

(4)掌握有效控制体重和改善体型的方法。

2.掌握各种体能发展的基本原理与科学方法,形成健康的锻炼行为。

(1)掌握体能锻炼的原则。

(2)掌握改善身体成分、发展心肺耐力、柔韧性、肌肉力量、肌肉耐力、灵敏性、平衡能力、协调性、爆发力、反应时等的基本原理与多种练习方法。

(3)掌握制订体能锻炼计划的方法。

3.养成挑战自我、乐学善思、勇敢顽强、不畏困难、坚持不懈的良好学习习惯,在学习与实践中培育和践行社会主义核心价值观,体现团结协作、文明和谐、遵守规则、诚信友善的良好社会行为,培养良好的体育品德。

(1)养成挑战自我、乐学善思、勇敢顽强、不畏困难、坚持不懈的体育精神。

(2)养成团结协作、遵守规则、诚信友善的体育道德。

(3)形成较强的社会责任感,文明和谐、相互尊重的体育品格。

三 初中阶段体能类项目学习建议

年级	内容	内容要点
七—九年级	基本知识与技能	1.专项知识:运动计划设计原则,臀腿、核心、肩胸部肌肉群相关知识与运动功能,灵敏、协调、爆发力素质以及一般耐力、心肺耐力的锻炼价值。 2.技能:耐力素质练习,臀腿、核心、肩胸部肌肉力量素质练习,速度、灵敏、协调素质练习。
	技战术运用	1.体能运动计划的制订。 2.体能自测。 3.功能性动作自我诊断与纠正。
	展示与比赛	1.教学游戏:体能游戏。 2.教学比赛:体能个人赛、小组赛。
	运动项目完整体验	1.嘉年华或技能挑战或小赛季:体能运动会。 2.规则与裁判方法:体能运动会规则与项目制定,比赛组织与赛程编排。 3.观赏与评价:体能比赛与欣赏,文明观赛,裁判公平,对比赛项目结果正确判断与评价,赛后总结。

四　初中阶段体能大单元教学案例

<table>
<tr><td>学情分析</td><td colspan="6">初中阶段的学生正处于青春发育期和个性发展的关键时期，求知欲强，具备一定探究和协作能力，对体能有一定的了解。因此，本单元教学中应强调各项体能的概念、原理、练习方法，通过任务驱动，引导学生积极思考、体验探究，促进学生掌握各项体能要点和锻炼方法，提升学生身体素质，并发展学生知识整合、迁移、应用的能力，为运动技能的发展奠定扎实基础。</td></tr>
<tr><td>学习目标</td><td colspan="6">1. 了解体能发展的基本知识、原理和概念，明确《国家学生体质健康标准（2014年修订）》的测试与评价方法；能运用科学方法评价体能锻炼效果，并及时改进体能锻炼计划；掌握有效控制体重和改善体型的方法。
2. 掌握各种体能发展的基本原理与主要方法，能根据自身的情况调整适合的体能锻炼计划，形成健康的锻炼习惯。
3. 养成挑战自我、乐学善思、勇敢顽强、不畏困难、坚持不懈的良好学习习惯，在学习与实践中培育和践行社会主义核心价值观，体现团结协作、文明和谐、遵守规则、诚信友善的良好社会行为。</td></tr>
<tr><td rowspan="3">教学内容</td><td>课次</td><td>主题</td><td>目标</td><td>学习活动</td><td>练习活动</td><td>比赛活动</td></tr>
<tr><td>1</td><td>1. 体能前测。
2. 了解自己的身体</td><td>1. 了解运动计划的设计原则与实施方法，知道健康体能的测试内容、方法与标准。
2. 发展认知、思考与合作能力。</td><td>1. 学习健康体能的自测方法。
2. 运动计划的设计原则与实施方法。</td><td>1. 小组活动：观看“健康体能自测”视频，进行自主检测，并记录数据。
2. 通过PPT学习制订运动计划的原则与方法。
3. 自主制订具有针对性的运动计划，并进行小组讨论与交流。</td><td>1. 体育与健康知识竞赛。
2. 健康体能测试赛。</td></tr>
<tr><td>2</td><td>一般耐力：“校园寻宝”定向跑</td><td>1. 掌握定向跑的练习方法，能够在30分钟内完成4000—4500米的定向跑。
2. 发展下肢力量与一般耐力。</td><td>1. 学习一般耐力定向跑的方法。
2. 学习体育与健康相关的理论知识。</td><td>1. 了解一般耐力的锻炼价值与方法。
2. 动态柔韧性练习。
3. 定向跑的专门练习。
4. 学习“校园寻宝”定向跑规则。
5.“校园寻宝”定向跑练习。</td><td>“校园寻宝”定向跑比赛。</td></tr>
</table>

续表

<table>
<tr><td rowspan="3">教学内容</td><td>3</td><td>心肺耐力：循环练习+弹力带阻力跑</td><td>1.掌握循环练习的方法，且能够在保证质量的基础上，完成规定组数、次数的训练。
2.提升上下肢、核心力量、心肺耐力等。</td><td>1.学习循环练习的方法。
2.学习心肺耐力练习的方法。</td><td>1.通过PPT了解心肺耐力的锻炼价值与方法。
2.循环练习：跳台阶、波比跳、深蹲、深蹲跳、快速跳绳、交替侧弓步。
3.弹力带阻力跑。
4.静态拉伸练习。</td><td>“阻力跑”对抗赛。</td></tr>
<tr><td>4</td><td>臀腿肌肉群知识与动作体验</td><td>1.掌握体能臀腿力量训练的动作，体验不同部位、不同器材的使用方法。
2.练习时发力部位准确。
3.发展臀腿肌群的肌耐力及爆发力。</td><td>1.学习臀腿肌肉群知识。
2.学习臀腿肌肉练习方法。
3.学习臀腿肌肉牵拉方法。</td><td>1.通过PPT认识臀、腿肌肉，了解其运动功能。
2.两人一组功能测试：过顶深蹲，拍照打分，了解自己的薄弱点，并做针对性练习。
3.臀、腿肌肉群与爆发力练习方法体验：激活练习、臀部肌群练习、腿部肌群练习、HIIT(高强度间歇训练)练习。
4.针对不同臀、腿部肌肉的静态牵拉。</td><td>小组1分钟深蹲累计赛。</td></tr>
<tr><td>5</td><td>臀、腿力量练习</td><td>1.掌握体能臀腿力量的正确动作及方法，练习时发力部位准确。
2.发展臀腿力量。</td><td>学习臀腿力量进阶练习方法。</td><td>1.动态拉伸练习。
2.徒手无负荷练习。
3.臀、腿力量进阶循环练习：弹力圈练习、波速球练习、拉铃负重练习、小栏架练习。</td><td>抱团蹲跳比赛。</td></tr>
</table>

续表

教学内容	6	姿态诊断与臀腿力量动作创编	1.掌握体能臀腿力量训练的正确动作与方法,以及下交叉综合征诊断与练习方法。 2.根据不同部位和器材设计出有针对性的臀腿力量训练方法。	1.学习下交叉综合征诊断与纠正方法。 2.学习爆发力与臀、腿力量练习的创编方法。	1.常见错误姿态纠正:下交叉综合征诊断与练习、拉伸方法。 2.小组为单位诊断,针对问题设计方法并练习。 3.自选器材进行臀、腿部肌肉的创编动作练习。 4.两人一组功能测试:过顶深蹲,拍照与第一次做对比。 5.针对自身情况制订臀腿力量锻炼计划。	小栏架穿梭比赛。
	7	灵敏、协调练习1:基础练习	1.掌握闭式与半开式灵敏、协调的基础练习方法,练习时步伐准确、有提前变向意识,能够在20秒内完成"T"形变向检测。 2.发展协调、灵敏能力及腿部肌肉力量。	1.学习闭式与半开式灵敏、协调的基础练习方法。 2.学习利用圆点、锥桶等器材进行灵敏、协调素质练习。	1.闭式灵敏、协调练习:圆点跳动练习、锥桶练习、"一"形练习、"L"形练习、"T"形练习。 2.半开式灵敏、协调练习:直线折返练习、锥桶练习、"一"形追逐、"L"形追逐、"T"形变向。	"翻翻乐"比赛。
	8	灵敏、协调练习2:进阶练习	1.掌握灵敏、协调的进阶练习方法,进行节奏跳动,重心转换迅速。 2.能跟随随机信号做出合理反应,且全场分数达到5分以上。 3.提高协调、灵敏等身体素质,发展下肢肌肉力量。	1.学习灵敏、协调的进阶练习方法。 2.学习利用敏捷圈进行灵敏、协调练习的方法。	1.节奏练习:双脚十字跳(单人、双人、多人练习与挑战)。 2.视觉判断练习:模仿练习、动作判断练习。	1.抢沙包比赛。 2.极限攻防比赛。 3."守卫者"游戏。

续表

教学内容	9	灵敏、协调练习3：综合自测	1. 掌握灵敏、协调动作的自测方法，能够结合自身情况制订运动计划。 2. 在实际练习中反应与步法移动迅速，身体在方向变换中能够协调配合，且全场达到36分以上。 3. 发展全身协调能力和灵敏、速度等素质。	1. 学习灵敏、协调的自测方法。 2. 学习根据自测情况制订计划。	1. 闭式灵敏、协调自测：30秒前后交叉摸脚。 2. 半开式灵敏、协调自测。 (1)闻声即动，三角灵敏、协调练习，游戏：锥桶排序跑。 (2)视物即动：抓沙包、旋转锥桶开式灵敏、协调自测，并根据自测结果制订锻炼计划。	1. 三角灵敏追逐赛。 2. 抓沙包比赛。
	10	核心肌肉群知识与练习动作体验	1. 掌握体能核心力量训练的正确动作，体验不同部位、不同器材的练习与使用方法。 2. 发展核心力量。	1. 学习核心肌肉群相关知识。 2. 学习核心力量练习方法。 3. 学习核心肌肉群牵拉方法。	1. 通过PPT认识核心肌肉群，了解其运动功能。 2. 两人一组功能测试：单腿蹲，拍照打分，了解自己的薄弱点，并做针对性练习。 3. 核心肌肉群练习方法体验：激活练习、腹部肌群练习、下背部肌群练习。 4. HIIT（高强度间歇训练）练习。 5. 针对不同核心区肌肉的静态牵拉。	平板支撑穿越赛。
	11	核心力量练习	1. 掌握体能核心力量训练的正确动作及方法，练习时发力部位准确，肌肉感受明显。 2. 发展核心力量以及灵敏协调素质。	1. 学习核心肌肉群动态热身方法。 2. 学习核心力量进阶练习方法。	1. 动态拉伸练习。 2. 稳定状态下的无负荷练习。 3. 核心力量进阶循环练习：波速球练习、瑞士球练习、弹力带练习、药球练习。	侧向爬行接力赛。

续表

教学内容	12	姿态诊断与核心力量动作创编	掌握体能核心力量训练的正确动作及方法，以及跪卧撑动作正确动作与方法，并根据不同部位和器材制订出有针对性的核心力量训练计划。练习时发力部位准确；发展核心力量以及心肺功能。	1. 学习跪卧撑动作与纠正方法。 2. 学习核心力量练习的创编方法。	1. 常见错误姿态纠正：跪卧撑动作代偿诊断与练习、拉伸方法。 2. 小组为单位，针对问题自选器材进行核心区不同肌肉创编动作练习。 3. 两人一组功能测试：单腿蹲，拍照打分与第一次做对比。 4. 针对自身情况制订核心力量锻炼计划。	双人“虫爬”“螃蟹爬”竞速赛。
	13	肩、胸、上背部肌肉群知识与练习动作体验	1. 掌握体能肩、胸、上背部力量训练的正确动作，体验不同部位、不同器材的使用方法，练习时发力部位准确。 2. 发展肩、胸、上背部力量以及心肺耐力。	1. 学习肩、胸、上背部肌肉群知识。 2. 学习肩、胸、上背部力量练习方法。 3. 学习肩、胸、上背部肌肉牵拉方法。	1. 通过 PPT 认识肩、胸、上背部肌肉群，了解其运动功能。 2. 两人一组功能测试：站立哑铃过头举，拍照打分，了解自己的薄弱点，并做针对性练习。 3. 肩、胸、上背部肌肉群练习方法体验：激活练习、肩部肌群练习、胸部肌群练习、上背部肌群练习。 4. HIIT（高强度间歇训练）练习。 5. 针对肩、胸、上背部不同肌肉的静态牵拉。	1. 猜拳俯卧撑比赛。 2. 俯撑拨药球接力赛。

续表

<table>
<tr><td rowspan="3">学习过程</td><td>14</td><td>肩、胸、上背部力量练习</td><td>1. 掌握体能肩、胸、上背部力量训练的正确动作及方法，练习时发力部位准确。
2. 发展肩、胸、上背部力量以及协调素质。</td><td>1. 学习肩、胸、上背部肌肉群动态热身方法。
2. 学习肩、胸、上背部力量进阶练习方法。</td><td>1. 动态拉伸练习。
2. 徒手无负荷练习。
3. 肩、胸、上背部力量进阶循环练习：哑铃练习、弹力带练习、战绳练习、瑞士球练习。</td><td>战绳拉力竞速赛。</td></tr>
<tr><td>15</td><td>姿态诊断与肩、胸、上背部力量动作创编</td><td>掌握体能核心力量训练的正确动作及方法，以及上交叉综合征诊断与练习方法，并根据不同部位和器材设计出有针对性的核心力量训练方法。练习时发力部位准确，肌肉感受明显；发展肩、胸、上背部力量以及心肺功能。</td><td>1. 学习上交叉综合征诊断与纠正方法。
2. 学习肩、胸、上背部力量练习的创编方法。</td><td>1. 常见错误姿态纠正：上交叉综合征诊断与练习、拉伸方法。
2. 小组为单位，针对问题设计方法并练习。
3. 自选器材针对肩、胸、上背部不同肌肉的创编动作练习。
4. 两人一组功能测试：站立哑铃过头举，拍照打分与第一次做对比。
5. 针对自身情况制订肩、胸、上背部力量锻炼计划。</td><td>1. 药球传递接力赛。
2. 推小车捡物对抗赛。</td></tr>
<tr><td>16—18</td><td>体能运动会</td><td>掌握体能比赛规则制定方法、比赛组织流程与赛程编排方法，共同设计、组织并管理实施体能运动会的相关内容，积极参加比赛，感受比赛的激情与成功的喜悦。</td><td colspan="3">1. 体能测试挑战赛：健康体能测试赛、校园定向测试赛、单项纪录挑战赛（平板支撑、深蹲、燕式平衡、仰卧成船、俯卧成艇、简易波比、俄罗斯转体）等。
2. 趣味体能嘉年华：翻牌游戏、平板支撑团体挑战赛、俯撑掷准、同心鼓、争分夺秒等。
3. 颁奖典礼：全能体能王、最佳进步奖、最佳团队奖、最佳裁判奖、礼仪风采奖等。</td></tr>
</table>

五　初中阶段体能课时教学案例

体能——发展灵敏能力

授课教师:集美中学　王琳　　　　授课对象:初中二年级学生

<table>
<tr><td colspan="2">教学内容</td><td>体能:灵敏
测试:5米3向折返跑</td><td colspan="2">重点:快速移动、急停变向
难点:控制身体的平衡与协调</td></tr>
<tr><td colspan="2">教学目标</td><td colspan="3">1.运动能力:了解灵敏的基本原理,能够说出灵敏的要点,明确练习方法;能根据设定的情境做到快速移动、急停变向,并能根据给定的场地、器材创编发展灵敏性练习。
2.健康行为:养成良好的锻炼意识与习惯,掌握健康知识,能够在运动中管理情绪,积极适应环境。
3.体育品德:培养学生的竞争意识、创新精神及遵守规则、诚信自律的体育品德。</td></tr>
<tr><td rowspan="3">教学过程</td><td>课的结构</td><td>教学内容</td><td>教学活动方式与组织措施</td><td>次数,时间,强度(心率)</td></tr>
<tr><td rowspan="2">热身部分</td><td>1.开始部分。
(1)集合整队,检查服装。
(2)清点人数,师生问好。
(3)宣布课的内容与任务。
(4)安排见习生。
(5)安全教育。</td><td>1.师生问好。
2.教师宣布课的内容、目标及任务,安排见习生。
3.学生按组织队形1站队,并认真听讲。
4.组织队形1:密集站队。
××××××××
××××××××
××××××××
××××××××
▲
5.要求:(1)快、静、齐。(2)明确本课内容与要求。</td><td>1次,2分钟,80—90次/分</td></tr>
<tr><td>2.热身活动。
(1)慢跑。
(2)跳跑。
(3)蛇形跑。
(4)侧向滑步过标志。
(5)后退跑。
(6)跳跃前进。
(7)弓步体转走。</td><td>1.教师组织,并带领学生进行热身活动。
2.学生跟随教师的引导,配合音乐积极热身。
3.组织队形2:四路纵队。
4.要求:(1)听清口令,跑动积极。(2)认真热身,充分到位。</td><td>1次,6分钟,120—150次/分</td></tr>
</table>

续表

<table>
<tr><td rowspan="3">教学过程</td><td rowspan="3">提高部分</td><td>1.灵敏的概念：灵敏指人体在复杂条件下，快速、准确、协调地变换身体姿势或运动方向并随机应变地完成动作的能力。</td><td>1.观看视频，教师引出灵敏的概念，引导学生明确学习灵敏的意义。
2.学生积极与教师互动，了解灵敏内容。
3.组织队形：同组织队形1。
4.要求：认真听讲、积极互动。</td><td>1次，2分钟，80—90次/分</td></tr>
<tr><td>2.5米3向折返跑测试</td><td>1.教师结合一体机讲解测试的方法、渗透规则，教授秒表的使用方法。
2.学生有序测试，体验并总结灵敏有哪些要素。
3.组织队形3。
4.要求：组织有序，遵守规则。</td><td>1次，2分钟，100—120次/分</td></tr>
<tr><td>3.四角追逐(组内追逐赛)。
(1)进退追逐。
方法：四人站在(5×5米)的四角听哨音出发(起点为第一个标志)，当跑至第三个标志(脚到达标志的平行位置)时，后退跑至第二个标志再往前跑，以此类推。相互追逐，直至决出获胜者(或游戏时间到达20秒)。
(2)听音变向追逐。
方法：四人站在(5×5米)的四角听哨音出发，再次听到哨音向反方向跑。相互追逐，被追上者退至范围内，直至决出获胜者(或游戏时间到达20秒)。</td><td>1.教师结合一体机讲示练习内容、分组与学练要求。
2.学生结合视频内容认真听讲。
3.组织学生分组学练，引导学生体验与探究：移动时摆臂配合、急停急起时身体重心变化、起动与反应的要点、变向时的动作等。
4.发现问题，集体纠正与学练。
5.组织组内挑战，引导学生交流与探讨。
6.巡回指导，语言鼓励。
7.师生互动，总结灵敏练习的过程。
8.组织队形4：四人一组。
9.要求。
(1)积极体验，寻找答案。
(2)认真学练，挑战自我。</td><td>若干次，10分钟，160—180次/分</td></tr>
</table>

续表

教学过程	提高部分	4.组合练习(组间PK赛)。 方法:四人站在一角形成一路纵队,当前一人用手触碰到第二个标志时,后一人出发,最后一人(所有人)到达起、终点时,第一人举手示意并喊"到"。动作顺序是:冲刺跑、滑步、后退跑、滑步。	1.教师讲解与示范练习内容、要点。 2.学生认真听讲与互动。 3.骨干组织小组练习。 4.教师组织组间挑战,学生体验与探究:赢得比赛的要点是什么? 5.强调遵守规则与诚信。 6.组织队形5:四人一组。 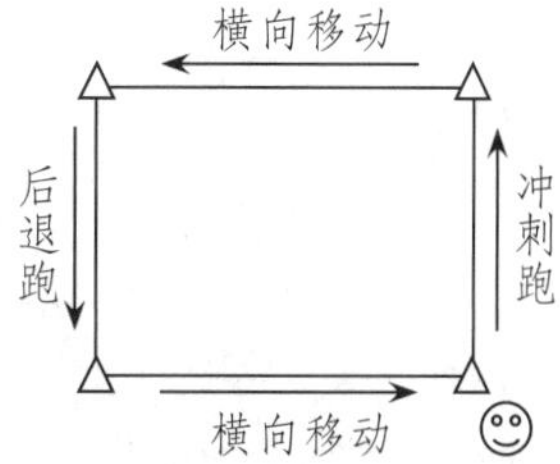 横向移动 后退跑 冲刺跑 横向移动 7.要求:遵守规则,奋勇拼搏。	若干次, 8分钟, 160—180次/分
		5.创编动作与展示方法: 根据所提供的器材及场地,设计提升灵敏性的练习内容。	1.教师讲明创编要求,进行劳动教育。 2.学生分组讨论,创编与实践。 3.巡回指导,语言鼓励。 4.教师运用多媒体投放学生创新练习视频,引导他们赏析内容。 5.相互评价、指导并交流心得。 6.优秀创编小组指导各组进行场地布置与实践。 7.组织组间PK赛。 8.组织队形:同组织队形5。 9.要求:(1)认真听讲,明确要求;(2)学会知识的迁移与应用。	若干次, 10分钟, 140—160次/分

续表

教学过程	恢复整理部分	1.放松操。 (1)手部。 (2)肩部。 (3)腰部。 (4)腿部。 2.学练总结,布置作业。 3.自我评价,回收器材。	1.跟随轻音乐,教师带领学生做放松操。 2.总结本课,引导学生自评。 3.布置课后作业(小组创编1—2组关于灵敏性练习的内容,并坚持每天练习20—30分钟)。 4.值日生回收器材。 5.小组长代表小组成员进行评价。 6.组织队形6:四列横队。 ×××××××× ×××××××× ×××××××× ×××××××× ▲ 7.要求:放松到位。	1次,5分钟 100—120次/分
场地器材		大标志桶32个、夹板8块、笔8支、秒表8块、移动电子白板一台、平板电脑一台、音响一台、扩音器一套。	安全措施:1.课前检查场地器材,排除标志物损坏等不安全因素;2.课中加强学生的安全意识(保持练习间距)和劳动教育;3.带领学生进行充分的准备活动与整理活动,明确健康行为。	
预计运动负荷		练习密度:50%—55%。 平均心率:140—150次/分。 最高心率:170—180次/分。		

六 初中阶段体能课时教学案例分析

本课的开始部分通过整齐的队列体现了昂扬的精神面貌,通过慢跑、跳跑、蛇形跑、侧向滑步过标志、后退跑、跳跃前进、弓步体转走等练习,既体现了一定的趣味性,也跟主教材灵敏性练习有了很好的衔接。

学习提高部分,首先,教师通过多媒体引出灵敏的概念,引导学生明确学习灵敏的意义。其次,通过初步测试,让学生对自己5米3向折返跑的成绩有个初步的认知。练习过程以比赛融入练习的形式,设置了组内追逐赛和组间PK赛,阶段目标清晰,比赛层次衔接递进,有不同标准和富有针对性的要求,让学生在不断体验和探究中实现知识和技能的深度学习。最后,体能部分,教师提出了创编动作的新要求,并选出优秀创编小组指导各组进行场地布置与实践后进行组间PK赛，这个过程让学生学会了知识的迁移和应用，体现人文温度和教学效度。

恢复整理部分以音乐带动手部、肩部、腰部和腿部的肌肉进行放松练习，富有针对性。总结部分对课堂上学生的表现有适当的评价，并布置了拓展性的课后体育作业，是一节体现“四度”课堂的实践教学课。

第三节 专项运动技能球类课堂(以足球项目为例)的教学实践

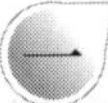

一 足球项目概述

足球运动是人们为了实现自我发展和休闲娱乐而创造的一项球类运动;是在开放和对抗的情境中合理运用攻防技战术,以战胜对方为直接目的的体育活动。足球运动作为一项技术性、合作性很强的运动项目,不仅能有效发展学生各项身体素质,还能培养学生勇敢顽强、遵守规则、公平竞争等体育品德。作为团体运动项目,足球运动还有助于培养学生的团队协作能力和团队精神。

二 初中阶段足球项目学习目标解析

1. 在基础知识与基本技能方面,《义务教育体育与健康课程标准(2022年版)》要求学生学练原地脚背内侧传空中球,掷界外球,移动中接空中球、反弹球,脚不同部位推拨球、拉球,正面和侧面抢球、捅球防守等基本动作技术,结合射门的组合动作技术和多种战术配合;理解足球动作技术的基本原理和足球运动的文化,制订并实施足球学练计划。

2. 在技战术运用方面,《义务教育体育与健康课程标准(2022年版)》要求在足球对抗练习中灵活运用运球、传球、射门等基本动作技术和组合动作技术,以及支援、接应、盯人、压迫、协防与保护、任意球和角球定位球等攻防战术。

3. 在体能方面,《义务教育体育及健康课程标准(2022年版)》要求在足球运动中提高体能水平,如通过不同距离的定时运球、传球练习方式提高心肺耐力等。

4. 在展示或比赛方面，《义务教育体育与健康课程标准（2022年版）》要求积极参与班级内五对五、七对七教学比赛，在比赛中正确并熟练地运用所学的足球动作技术，与同伴完成战术配合。

5. 在规则与裁判方法方面，《义务教育体育与健康课程标准（2022年版）》要求学生理解足球运动的比赛规则和裁判方法，并在比赛中运用，能承担班级内比赛的裁判工作。

6. 在观赏与评价方面，《义务教育体育与健康课程标准（2022年版）》要求学生关注足球重要比赛相关信息，提高对足球运动项目的认知；每学期通过现场、网络或电视观看不少于8次足球比赛，能对某场高水平的足球比赛做出分析与评价。

三　初中阶段足球项目具体学习建议

年级	内容分类	内容要点
七—九年级	基础知识与基本技能	学练原地脚背内侧传空中球，掷界外球，移动中接空中球、反弹球，脚不同部位推拨球、拉球，正面和侧面抢球、捅球防守等基本动作技术。
	技战术运用	在足球对抗练习中灵活运用运球、传球、射门等基本动作技术和组合动作技术，以及支援、接应、盯人、压迫、协防与保护、任意球和角球定位球等攻防战术。
	体能	在足球运动中提高体能水平，如通过不同距离的定时运球、传球练习提高心肺耐力等。
	展示与比赛	积极参与班级内足球五对五、七对七教学比赛，在比赛中正确并熟练运用所学足球动作技术，与同伴完成战术配合。
	规则与裁判方法	理解足球运动的比赛规则和裁判方法，并在比赛中运用，能承担班级内比赛的裁判工作。
	观赏与评价	关注足球重要比赛相关信息，提高对足球运动项目的认知；每学期通过现场、网络或电视观看不少于8次足球比赛，能对某场高水平的足球比赛做出分析与评价。

四 初中阶段足球项目大单元教学案例

<table>
<tr><td>学情分析</td><td colspan="6">教学对象为初中男、女生，该年龄段的学生正处于青春发育期和个性发展的关键时期，学生求知欲强，具备一定探究和协作能力，对于足球也有一定的了解。因此本单元教学中应强调各项技战术的概念、原理、练习方法，通过任务驱动，引导学生积极思考、体验探究、获得发展，促使学生掌握足球的各项技战术要点和锻炼方法，提升学生身体素质和知识整合迁移、应用的能力，为足球运动的发展奠定扎实基础。</td></tr>
<tr><td>学习目标</td><td colspan="6">1. 了解足球技战术的基本知识、原理、方法和概念，明确《国家学生体质健康标准(2014年修订)》的测试与评价方法；能运用科学方法评价足球技战术效果，改进足球锻炼计划，掌握有效控制体重和改善体型的方法。
2. 掌握各种足球技战术的基本原理与科学方法，掌握制订足球锻炼计划的方法，形成健康的锻炼行为。
3. 培养学生挑战自我、乐学善思、勇敢顽强、不畏困难、坚持不懈的良好学习习惯，在学习与实践中培育和践行社会主义核心价值观，体现文明和谐、团结协作、遵守规则、诚信友善的良好社会行为，培养良好的体育品德。</td></tr>
<tr><td rowspan="2">教学内容</td><td>课次</td><td>主题</td><td>目标</td><td>学习活动</td><td>练习活动</td><td>比赛活动</td></tr>
<tr><td>1</td><td>认识足球</td><td>1. 学练足球运动项目的基本动作技术、组合技术和战术配合。
2. 理解所学球类运动项目动作技术的基本原理和文化，制订并实施学练计划。</td><td>1. 学习足球运动项目的基本动作技术、组合技术和战术配合。
2. 学习足球运动计划的设计原则与实施学练方法。</td><td>1. 观看足球比赛并回答问题。
2. 小组活动：观看足球比赛视频，自主练习，并记录数据。
3. 通过PPT学习设计足球技战术原则与方法。
4. 自主制订具有针对性的足球技战术计划，并进行小组讨论与交流。</td><td>1. 体育与健康知识竞赛。
2. 足球测试赛。</td></tr>
</table>

续表

教学内容	2	学练原地脚背内侧传空中球	1.能够理解并掌握脚背内侧传空中球的基本动作要领，包括助跑、支撑脚位置、踢球腿摆动和触球部位等。 2 通过反复练习，使 85% 的学生能够准确执行该技术动作，并在实际比赛中应用。	1.学习原地脚背内侧传空中球的练习方法。 2.学习原地脚背内侧传空中球的相关理论知识。	1.了解原地脚背内侧传空中球的特定场景与练习方法。 2.原地脚背内侧传地滚球的练习。 3.原地脚背内侧传空中球的练习。	网式足球比赛。
	3	掷界外球	1.掌握正确的掷界外球动作要领，包括准备姿势、蹬地、摆体收腹、挥臂、甩腕和拨指等步骤。 2.能够在原地和助跑的情况下正确地掷出界外球，并能应用在比赛中。	1.学习掷界外球的方法。 2.学习掷界外球的相关理论知识。	1.了解掷界外球的特定场景与练习方法。 2.学习掷界外球的相关规则。 3.掷界外球练习。	掷球大比拼（远度、准度）。
	4	移动中接空中球、反弹球	1.掌握脚背正面接空中球的基本动作要领，包括正确的姿势、时机选择及动作执行。 2.熟悉并提高篮球反弹传接球的技术动作，确保 85% 以上的学生能够掌握原地双手胸前传接反弹球的技术动作。	1.学习移动中接空中球、反弹球的方法。 2.学习移动中接空中球、反弹球的相关理论知识。	1.了解移动中接空中球、反弹球的特定场景与练习方法。 2.原地脚内侧接地滚球、手抛反弹球的练习。 3.移动中脚内侧接地滚球、手抛反弹球的练习。 4.移动中接空中球、反弹球的练习。	圆圈中接球比赛。

续表

教学内容	5	脚不同部位推拨球、拉球	1.能够掌握反手加转推拨球技术,并能在两人配合时连续推30板以上。 2.通过多种形式的练习,使80%的学生能够基本掌握脚底后拉球变向动作,20%的学生能够熟练运用	1.学习脚不同部位推拨球、拉球的练习方法。 2.学习脚不同部位推拨球、拉球的相关理论知识。	1.了解脚不同部位推拨球、拉球的特定场景与练习方法。 2.原地进行脚不同部位的推拨球、拉球练习。 3.移动中进行脚不同部位的推拨球、拉球练习。	1分钟推拨球、拉球累计赛。
	6	正面和侧面抢球、捅球防守	1.能够理解并执行正面抢球的基本动作,包括两脚前后开立、膝微屈、身体重心下降并落在两脚间,面向对手。 2.在对方运球前进时,支撑脚立即用力蹬地,抢球脚以脚内侧对正球并屈膝向球跨出,挡住球的正面,并在球即将着地或刚着地时进行抢断。	1.学习正面和侧面抢球、捅球防守动作技术的练习方法。 2.学习正面和侧面抢球、捅球防守动作技术的相关理论知识。	1.通过PPT了解在特定场景下如何运用正确的防守动作技术,练习正面和侧面抢球、捅球防守。 2.低强度地进行正面和侧面抢球、捅球防守动作技术练习。 3.一对一进行防守动作技术练习。	一对一挑战赛。

续表

教学内容	7	运球结合射门的组合动作技术和战术配合	1.学生能够理解并掌握足球运球射门的基本规则和技巧。 2.掌握正确的运球和射门方式，包括运球变向突破、传球时机把握等。	1.学习运球结合射门的组合动作技术和战术配合的练习方法。 2.学习运球结合射门组合动作技术和战术配合的相关理论知识。	1.通过PPT了解在特定场景下如何运用正确的运球结合射门的组合动作技术和战术配合。 2.无防守的运球结合射门的组合动作技术和战术配合练习。 3.有防守的运球结合射门的组合动作技术和战术配合练习。	一对一射门比赛。
	8	传球结合射门的组合动作技术和战术配合	1.能够掌握基本的脚内侧传球和射门技术，并能将两者有效结合进行实战应用。 2.通过练习“二过一”战术配合，学生能够理解并执行这种快速、实用的局部进攻战术，以突破对方防守并创造射门机会。	1.学习传球结合射门的组合动作技术和战术配合的练习方法。 2.学习传球结合射门有哪些组合动作技术和战术配合的相关理论知识。	1.通过PPT了解在特定场景下如何应用正确的传球结合射门的组合动作技术和战术配合的方法。 2.无防守的传球结合射门的组合动作技术和战术配合练习。 3.有防守的传球结合射门的组合动作技术和战术配合练习。	小组对抗赛。
	9	一防二等待队友支援的防守战术	1.理解一防二战术的基本概念和方法，掌握一防二抢截球的动作要领和方法。 2.了解一防二的战术思想，并学习在游戏和竞赛中有效运用。	1.学习一防二等待队友支援的防守战术练习方法。 2.学习一防二等待队友支援的相关理论知识。	1.通过PPT了解在特定场景下一防二等待队友支援的防守战术方法。 2.特定情境下的一防二等待队友支援的防守战术练习。	“吃饺子”比赛。

续表

教学内容	10	墙式配合进攻战术	1.能够理解并描述墙式配合(撞墙式二过一)的定义及其在足球比赛中的应用。 2.能够较为准确地完成墙式配合中的传球和跑位,形成以多打少的优势局面。	1.学习墙式配合进攻战术练习方法。 2.学习墙式配合进攻战术的相关理论知识。	1.通过PPT了解在特定场景下墙式配合战术的进攻方法。 2.二对一进行特定情境下的墙式配合的进攻战术练习。	小组对抗赛。
	11	足球选位与盯人防守战术	1.能够理解并运用站位、盯人、阻挡等基本防守技巧,确保在比赛中能够有效阻止对方得分。 2.初步掌握各种局部防守技战术配合的组织形式及要点。	1.学习足球选位与盯人防守战术练习方法。 2.学习足球选位与盯人防守战术的相关理论知识。	1.通过PPT了解在不同区域下进行足球选位与盯人防守战术的方法。 2.在小组对抗练习中进行足球选位与盯人防守战术练习。	小组对抗赛。
	12	不同区域压迫防守战术	1.了解在不同区域的压迫防守战术要点。 2.熟悉不同区域压迫防守的具体策略和执行方式。	1.学习足球不同区域压迫防守战术练习方法。 2.学习足球不同区域压迫防守战术的相关理论知识。	1.通过PPT了解在不同区域压迫防守战术的方法。 2.在小组对抗练习中不同区域压迫防守战术的练习。	足式橄榄球比赛。
	13	协防与保护防守战术	1.了解协防与保护的防守战术要点和训练方法。 2.能够识别并分析比赛中的不同区域协防与保护机会。	1.学习足球协防与保护的防守战术练习方法。 2.学习足球协防与保护的防守战术的相关理论知识。	1.通过PPT了解在不同区域中协防与保护的防守战术的方法。 2.在小组对抗练习中不同区域中协防与保护的防守战术的练习。	小组对抗赛。

续表

教学内容	14	任意球和角球定位球进攻战术	1.了解任意球和角球定位球进攻战术的要点。 2.通过分组练习、战术配合学练，提高学生的技战术运用能力，做到分工明确，配合默契。	1.学习足球任意球和角球定位球进攻战术练习方法。 2.学习足球任意球和角球定位球进攻战术的相关理论知识。	1.通过PPT了解任意球和角球定位球进攻战术的方法。 2.在不同区域设置任意球和角球定位球进攻战术的练习。	九宫格挑战赛。
	15	任意球和角球定位球防守战术	1.能够理解任意球和角球定位球防守战术的基本概念、阵型布局及其运用。 2.提高学生的团队协作能力和配合意识。	1.学习足球任意球和角球定位球防守战术练习方法 2.学习足球任意球和角球定位球防守战术的相关理论知识。	1.通过PPT了解任意球和角球定位球防守战术的方法。 2.设置人盯人防守战术和区域结合盯人防守战术的练习。	荣誉保卫战。
	16	足球五对五教学比赛	1.了解足球五对五比赛阵型的主要形式、位置名称及主要职责。 2.帮助学生掌握五对五教学比赛的足球规则和技巧。	1.学习足球运动项目的基本动作技术、组合技术和战术配合。 2.学习足球运动项目的基本动作技术、组合技术和战术配合的相关理论知识。	把足球运动项目的基本动作技术、组合技术和战术配合运用到比赛中。	足球比赛。
	17	足球七对七教学比赛	1.了解足球七对七比赛阵型的主要形式、位置名称及主要职责。 2.帮助学生掌握七对七教学比赛的足球规则和技巧。	1.学习足球运动项目的基本动作技术、组合技术和战术配合。 2.学习足球运动项目的基本动作技术、组合技术和战术配合的相关理论知识。	把足球运动项目的基本动作技术、组合技术和战术配合运用到比赛中。	足球比赛。

续表

教学内容	18	理解足球运动的比赛规则并承担班级内比赛的裁判工作	1. 了解足球运动的比赛规则并具备承担班级内比赛裁判工作的能力。 2. 能融会贯通，将平常的实践与理论相结合，提升理解力。	学习足球运动的比赛规则及相关理论知识。	1. 通过PPT了解足球运动的比赛规则。 2. 勇于承担班级内比赛的裁判工作及加强理论知识学习。 3. 将理论知识运用到实践中。	优秀判官。

五 初中阶段足球项目课时教学案例

足球运球、传球组合技术练习和比赛

授课教师：科技中学　宋涛　　　　授课对象：初二年级学生

<table>
<tr><td>教学内容</td><td colspan="3">1. 足球运球、传球组合技术练习和比赛。
2. 体能练习。</td><td>重点：运球与传球动作的衔接。
难点：运传组合技术在比赛中的运用。</td></tr>
<tr><td>教学目标</td><td colspan="4">1. 学生能进一步理解足球运球、传球组合技术在比赛中的重要性，能够正确掌握其技术动作以及运用方式，并能在练习中掌握提升学生的核心力量和协调性等身体素质的方法。
2. 在练习时能注意安全，遵守练习秩序；能与同伴迅速配合并积极投入各种练习和比赛中；能在同伴取得胜利时给予肯定，当出现争议或挫折时能保持良好的情绪，相互鼓励、及时总结、勇于改进。
3. 能在学练与比赛中，顽强拼搏、挑战自我并能团结同伴，具有自我裁决、遵守规则、诚信自律的体育品德。</td></tr>
<tr><td rowspan="2">教学过程</td><td>课的结构</td><td>教学内容</td><td>教学活动方式与组织措施</td><td>次数，时间，强度（心率）</td></tr>
<tr><td>热身部分</td><td>1. 课堂常规。
（1）集合整理队伍。
（2）宣布课的内容、目标与任务。
（3）师生问好。
（4）检查服装及安排见习生，提示学练安全。</td><td>1. 组织：四列横队体操队形。
2. 教与学。
（1）师生互相问好，落实出勤。
（2）教师引导学生明确本课内容、目标与要求。
3. 要求：快、静、齐。</td><td>1次，2分钟，80—90次/分</td></tr>
</table>

续表

<table>
<tr><td rowspan="2">教学过程</td><td>热身部分</td><td>2.行进间热身操：前后两排各成一路纵队绕各自半场慢跑，相遇时互相击掌，听信号进行直臂击掌、侧滑步、交叉步、弓步压腿。</td><td>1.组织：一路纵队沿着足球半场的边线行进。
2.教与学。
(1)教师讲解示范，带领行进间热身操。
(2)学生听信号看示范，按要求练习。
3.要求：集中注意力，认真到位。</td><td>1次，4分钟，120—150次/分</td></tr>
<tr><td>提高部分</td><td>1.脚背外侧运球技术和脚内侧传、接球技术。
(1)动作要领。
运球：跑动中上体稍向前倾，步幅稍加大，运球脚提起，脚尖下指，在向前迈步的过程中，以脚背外侧推拨球的后部前行。
传球：支撑脚面对来球方向，腿提膝大腿外展，支撑脚前移至离球侧后方10—15厘米处，膝关节微屈，足尖正对出球方向，以膝关节为轴，大腿带动小腿积极前摆，击球时脚踝紧张固定脚型，身体重心随球向前。
接球：接球腿提膝大腿外展，脚尖微翘，脚底基本与地面平行，脚内侧正对来球并前迎，当脚内侧与球接触的一刹迅速后撤，把球接在脚下。</td><td>1.组织：八路纵队成体操队形站立。
2.教与学。
(1)播放世界杯预选赛视频，引导学生了解运传组合技术在比赛中的重要性，激发学习兴趣。
(2)引导学生带着问题观看教师动作示范。
(3)学生观看智教屏慢动作回放与动作要领讲解。
3.要求：认真听讲，仔细观察，积极互动。</td><td>1次，3分钟，100—120次/分</td></tr>
</table>

续表

教学过程	提高部分		(2)重、难点。 重点：运球与传球动作的衔接。 难点：运传组合技术在比赛中的运用。		
		2.任务。	任务一：四角运球练习。 (1)方法：五人一组，围绕地贴进行四角运球练习。 (2)探究：脚背外侧运球技术要点。	组织一：五人一组(四角运球练习)。	3次，3分钟，140—160次/分
			任务二：四角追逐运球跑。 (1)方法：五人一组，围绕地贴，快速运球，第一个同学出发，后面同学快速运球去追赶前面的同学，依次追逐进行。 (2)探究：运球在遇到防守者追逐时，如何巩固运球技术。	组织二：五人一组(四角运球追逐跑)。	3次，3分钟，140—160次/分
			任务三：接—运—传组合练习。 (1)方法：五人一组，围绕地贴，接球后运球观察再进行传球练习。 (2)探究：接—运—传组合技术衔接要点。	组织三：五人一组(接—运—传组合练习)。	3次，3分钟，140—160次/分

续表

<table>
<tr>
<td rowspan="3">教学过程</td>
<td rowspan="3">提高部分</td>
<td rowspan="2">2.任务。</td>
<td>任务四：防守情境下运球、传球组合练习。
(1)方法：五人一组，接球后运球遇到防守观察同伴适时传球。防守者要做到延缓、压迫、逼抢。
(2)探究：运球、传球时机的把握。</td>
<td>组织四：五人一组(防守情境下运球、传球组合练习)。 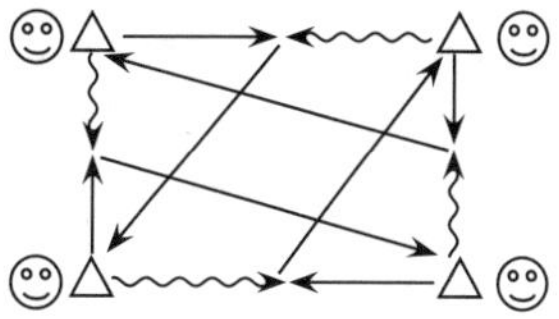</td>
<td>4次，4分钟，140—160次/分</td>
</tr>
<tr>
<td>任务五：比赛。
(1)根据所穿背心划分成8支队进行四对四比赛，每支队一名裁判，分别在四块场地进行，5分钟定胜负，胜者晋级，负者淘汰。</td>
<td>组织五：四人一队。 </td>
<td>1次，10分钟，160—180次/分</td>
</tr>
<tr>
<td colspan="2">3.体能练习。
(1)协作夹球卷腹。
十人一组，携手围圈持球仰卧于地上双膝夹球，在组长的口令下进行同步卷腹，连续完成1分钟。
(2)协作夹球举腿。
十人一组，携手围圈仰卧于地面，两踝夹球，听从组长的口令进行直膝举腿(脚跟不触地)，连续完成1分钟。
(3)直臂俯撑拨球。
十人一组，围圈直臂俯撑，2个球相互俯撑拨球传递，连续完成1分钟。
(4)踩球加坐球。
十人一组，围圈踩球，听组长口令坐球练习，连续完成1分钟。</td>
<td>1.组织：十人一组。 
2.教与学。
(1)教师组织学生观看智教屏微课视频：讲解示范练习方法。
(2)十人一组进行练习。
3.要求：小组协作，听组长指挥进行四组循环练习2组，认真投入练习。</td>
<td>4次，10分钟，160—180次/分</td>
</tr>
</table>

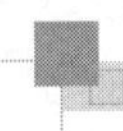

续表

教学过程	恢复整理部分	1.放松操。 2.学练总结，布置课外作业。 3.自我评价，回收器材。	1.组织：四列横队体操队形。 2.教与学。 (1)教师带领学生拉伸放松。 (2)教师总结本课，引导学生自评。 (3)布置课外作业。 (4)值日生整理场地，回收器材。 3.要求：放松身心。	1次，3分钟，100—120次/分
场地器材		智教屏一块、足球41个、标志碟50个、小球门8个、评价记录表8张、笔8支、音响设备1套、哨子8个、地贴100个。	预计运动负荷	运动密度：75%—80%。 练习密度：50%—55%。 安静心率：80—90次/分。 平均心率：140—150次/分。 最高心率：170—180次/分。

六　初中阶段足球项目课时教学案例分析

本课以任务驱动形式完成教学，整节课共计完成以下六项任务。

任务一：视频先导，发挥明星效应，创设积极学练情境，结合多媒体课件演示、教师动作讲解与示范，引发学生思考，使其能够体会足球运球、传球组合技术的要点。

任务二：通过四角运球练习，使学生体会脚背外侧运球的技术要点。

任务三：通过四角追逐运球跑，使学生体会在防守者追逐下，如何巩固运球技术。

任务四：学生在防守情境下进行足球运球、传球组合练习，体会、把握防守时的运球、传球时机。

任务五：客观评价与分析运球、传球组合技术在比赛中的作用。

任务六：在体能练习中，要求学生积极参与，认真练习，发展上下肢与核心力量。

这种教学方式体现了以下几个特点。

(1)任务驱动，主体体验。

通过任务驱动，凸显学生主体作用，引导学生自主体验、合作探究，同时注重评价与交流，让学生由浅入深地体会技术要点，进而提升体能素质。

(2)问题引领，合作探究。

通过设置问题链，引导学生积极思考、层层深入、体验探究、寻求答案。同时，加强协作、探讨，既促进团队合作，又增强社会适应能力。

(3)智能支持，教会勤练。

运用智教大屏，播放导课视频、动作分解示范、学练内容讲解等，提升练习密度。评价学练及时反馈矫正，落实“教会、勤练、适评”。同时根据每个环节不同的需求，巧用音乐，激发学练热情，既有温度又有效度。

(4)多元评价，及时反馈。

定性评价：观看比赛时进行生生互评、师生共评等口头评价。

定量评价：培养学生发现问题、分析问题、解决问题的能力，实现多元评价。

(5)真实情境，学以致用。

创设真实比赛情境，激发学生学习热情，检验所学知识和能力的应用情况，建立完整认知，真正体现学以致用。

第四节 专项运动技能田径类课堂的教学实践

 一 田径类项目概述

田径运动项目是各项运动的基础，它对于发展人体的基本活动能力、全面提高身体素质，增强学生体质，具有积极作用。田径运动就其本质特征而言，是由走、跑、跳、投掷等运动项目，以速度、高度和远度衡量运动效果所构成的体育项目。通常以田径运动的基本特征进行分类，将走、跑类项目统称为“径赛”，跳、投类项目统称为“田赛”，两者部分项目组合的计分项目称为“全能”。《义务教育体育与健康课程标准（2022年版）》中的田径类运动项目可分为跑（如短跑、中长跑、跨栏跑、接力跑等）、跳（如跳高、跳远等）、投掷（如推铅球、掷实心球、掷垒球等）三类。它们不仅是人体的速度、力量、耐力等运动能力的反映，也是提高运动素质的有效手段。

田径运动具有一定的教育价值。例如在比赛中，它要求学生不仅要有独立的应变能力，还要有情绪调整以排除各种干扰的能力，因此有助于个性的形成，有利于心理素质的培养，且其严格的规则和要求，能培养人遵守纪律，增进责任感和集体主义精神。另外，一些项目体力和精力消耗较大，要求参与者必须高度集中注意力，因此能培养人的意志品质。

二 初中阶段田径项目学习目标解析

1. 了解田径运动的健身和教育价值，能够对所学田径运动有正确的认识。

（1）了解所学田径运动的基本知识、方法和概念。

（2）了解并运用跑、跳、投掷项目的规则。

（3）学会欣赏田径运动的比赛并能做出分析。

2. 掌握跑、跳、投掷的基本原理和运动技能，养成科学锻炼的习惯。

（1）掌握跑、跳、投掷科学锻炼的原则。

（2）掌握跑、跳、投掷的基本原理与多种练习方法。

（3）学会制订并实施所学项目的锻炼计划。

3. 培养学生吃苦耐劳、顽强拼搏、坚韧不拔的精神和意志品质以及与人合作、战胜自我、完善自我的良好个性及心理品质，并在日常锻炼和生活中与同学和谐相处，体现较强的自信和勇于克服困难的优良品质。

（1）养成吃苦耐劳、顽强拼搏、坚韧不拔的体育精神。

（2）具有遵守规则、尊重裁判、尊重对手的体育道德。

（3）形成较强的自信、责任意识、正确价值观的体育品格。

三　初中阶段田径项目具体学习建议

年级	内容分类	内容要点
七—九年级	基本知识与技能	1. 学练田径类短跑、中长跑、接力跑、障碍跑、跳远、跳高、投掷实心球等项目的基本动作技术和组合动作技术。 2. 理解短跑、中长跑、接力跑、障碍跑、跳远、跳高、投掷实心球等项目运动的基本原理和相关历史文化。 3. 学会制订并实施所学运动项目学练计划。
	技术运用	在个人与小组的练习和比赛中运用基本动作技术、组合动作技术和完整动作技术。
	体能	1. 提高一般体能：平衡性、协调性、柔韧性等。 2. 提高专项体能：速度、心肺耐力、力量、爆发力等。
	展示与比赛	1. 教学游戏：田径类趣味游戏。 2. 教学比赛：个人赛、小组赛。
	规则与裁判	1. 比赛规则和裁判方法。 2. 比赛中场地布置与器材使用。 3. 成绩测量、犯规判罚。
	观赏与评价	1. 收集短跑、中长跑、接力跑、障碍跑、跳远、跳高、投掷实心球等项目比赛信息。 2. 每学期观看不少于8次比赛。 3. 能对比赛做出分析与评价。

四 初中阶段田径项目大单元教学案例

<table>
<tr><td>学情分析</td><td colspan="6">初中阶段是学生提高身体素质、学习运动技能的重要时期。在教师的引导下，学生已经具有一定的探究分析和解决问题的能力。本单元除在技术上加强要求之外，还根据学生的年龄特点和学生对田径运动掌握的情况选择短跑、蹲踞式跳远为教学主要内容，贯穿教学、勤练、常赛，促进学生掌握所学田径运动项目的基本原理、运动技能和锻炼方法，并通过适当增加运动强度，提高学生的身体素质，促进学生身体的全面发展。</td></tr>
<tr><td>学习目标</td><td colspan="6">1. 了解田径运动的健身和教育价值；了解所学田径运动的基本知识、方法和概念；了解并运用短跑、跳远项目的规则；学会欣赏田径运动的比赛并能做出分析。
2. 掌握短跑、跳远的原则；掌握短跑、跳远的基本原理与多种练习方法；学会制订并实施所学项目的锻炼计划；养成科学锻炼的习惯。
3. 培养学生吃苦耐劳、顽强拼搏、坚韧不拔的精神和意志品质以及与人合作、战胜自我、完善自我的良好个性及心理品质，并在日常锻炼和生活中与同学和谐相处，体现较强的自信和勇于克服困难的优良品质。</td></tr>
<tr><td rowspan="3">教学内容</td><td>课次</td><td>主题</td><td>目标</td><td>学习活动</td><td>练习活动</td><td>比赛活动</td></tr>
<tr><td>1</td><td>在初步了解田径运动的基础上组建学习部落</td><td>1. 了解田径运动发展的起源、文化、原理。
2. 知道田径运动对身体锻炼的价值。
3. 知道田径运动的比赛规则。</td><td>1. 学习田径运动的基本原理。
2. 学习田径运动项目的规则和裁判方法。</td><td>1. 利用课件讲解田径运动的基本动作技术和相关原理。
2. 教师提出问题，引导学生以小组进行讨论与交流。
3. 利用课件讲解田径运动的规则和裁判方法。
4. 通过播放比赛视频，以部落为小组进行犯规判罚。</td><td>体育与健康知识竞赛</td></tr>
<tr><td>2</td><td>快速跑—途中跑</td><td>1. 让学生形成正确的技术概念，提高途中跑技术。
2. 使学生在比赛中提高跑的速度，发展下肢力量和协调能力。
3. 培养学生主动参与学习的意识。</td><td>1. 学习途中跑技术练习的方法。
2. 学习发展下肢力量的练习方法。</td><td>1. 教师讲解示范，引导学生思考“影响跑速的因素有哪些”。
2. 途中跑的专门性练习：小步跑接加速跑；高抬腿接加速跑；车轮跑。
3. 步频步幅练习：利用台阶和标志盘练习步频步幅。
4. 利用自然地形做途中跑的练习：下坡大步幅的放松跑；上坡的冲刺跑。
5. 下肢力量：马步静蹲、跳台阶。</td><td>“紧急追击”比赛。</td></tr>
</table>

续表

教学内容	3	快速跑—蹲踞式起跑及起跑后的加速跑	1.建立蹲踞式起跑的概念，掌握正确的起跑姿势。 2.发展学生反应力、灵敏性等身体素质。 3.培养学生团结协作，认识自身的价值和能力。	1.学习蹲踞式起跑练习的方法。 2.学习提高反应力的练习方法。	1.教师设疑，让学生尝试各种预备姿势起跑练习。 2.教师利用图片讲解蹲踞式起跑与各种起跑的区别。 3.教师喊口令，学生练习。 4.学生四人一组，自主喊口令进行练习。 5.利用辅助教具进行练习。 6.反应力练习：听不同口令。	"火炬传递接力"。
	4	快速跑—冲刺跑	1.明确冲刺跑的动作过程及要领，了解冲刺跑技术在短跑运动中的重要性。 2.掌握正确的冲刺跑动作，能做出冲刺撞线动作。 3.培养学生勇于面对困难的勇气和互助协作的精神。	1.学习冲刺跑的练习方法。 2.学习爆发力的练习方法。	1.教师利用视频讲解冲刺撞线的判定规则并进行示范。学生思考"为什么采用这种姿势撞线"。 2.学生观察一组冲刺过程图片，分析出科学的撞线距离。 3.原地撞线—助跑10步接前倾撞线。 4.分组练习并探讨"高速运动下如何不减速撞线"。 5.完成分组练习。 6.爆发力：登山跑、深蹲跳。	后退接冲刺跑比赛。
	5	快速跑—全程跑技术	1.明白短跑的锻炼价值及在生活中的运用。 2.掌握快速跑的全程跑技术，做到蹬摆协调、动作舒展。 3.形成积极进取的态度，增强自信心。	1.学习提高快速跑的方法。 2.学习制定快速跑练习方法。	1.观看奥运会百米比赛视频并做出分析、评价。 2.动态激活：伸膝摸腿；左右深蹲；弓箭步走；俯撑侧抬腿。 3.速度：牵引跑。 4.上肢力量：俯卧撑、负重摆臂。	飞人挑战赛。

续表

教学内容	6	耐久跑—途中跑	1.让学生了解耐久跑的特点和锻炼价值。 2.初步掌握途中跑的节奏和“极点”的克服方法,培养学生的意志品质。	1.学习克服极点的练习方法。 2.学习发展心肺耐力的练习方法。	1.通过图片讲解途中跑的技术要点。 2.途中跑的专门性练习:原地摆臂;高抬腿接加速跑;后蹬跑。 3.中等速度跑300—400米,注意呼吸节奏。 4.600—800米追逐跑,提高耐久力。 5.分组交流学习感受,教师小结。	飞人挑战赛。
	7	耐久跑—弯道跑	1.通过练习弯道跑,使学生掌握弯道跑的技术。 2.让学生体验耐久跑正确的呼吸方法和跑动节奏,培养学生吃苦耐劳、勇于拼搏的品质。 3.发展学生的心肺耐力。	1.学习弯道跑的练习方法。 2.学习弯道跑的主要注意事项。	1.教师讲解示范,并提示动作要点。 2.分组体验弯道跑的动作技术。 3.讲解跑动时呼吸配合及节奏调节的方法。 4.男生体验1200米、女生体验1000米,教师语言提示。	
	8	定时跑、匀速跑、变速跑	1.初步掌握匀速跑、变速跑、定时跑等的练习方法,提高学生有氧耐力水平。 2.能感受耐久跑活动的乐趣,与同伴协同完成合作学习。 3.培养学生勇敢顽强的意志品质及拼搏精神。	1.学习定时、匀速、变速跑的练习方法。 2.学习一般耐力的练习方法。	1.在跑前,教师讲解各类跑的方法。 2.采取60—80米匀速跑方法改进途中跑技术。 3.200—300米变速跑或跑走交替练习。 4.4—5分钟定时(定距)跑。	

续表

教学内容	9	一般速度与专项速度的结合	1. 了解蹲踞式跳远的助跑节奏。 2. 发展学生专项技能，提高跳远助跑能力。 3. 自觉遵守学练秩序，面对比赛中的困难，表现出积极向上的进取精神。	1. 学习将一般速度与专项速度相结合。 2. 学习跳远助跑最后六步节奏。	1. 结合 PPT、视频讲解跳跃的锻炼价值，并提出问题，引导学生思考“跳远助跑与快速跑的区别”。 2.30 米有节奏的助跑。 3. 分组练习，自主尝试跳远。 4. 发展跳跃能力：单足跳。	“穿越丛林”比赛。
	10	蹲踞式跳远—助跑与单脚起跳过障碍	1. 了解蹲踞式跳远助跑与起跳的相关知识。 2. 掌握蹲踞式跳远助跑与起跳的衔接。 3. 愿意与同伴交流，能自主参与学练，表现出积极的学习态度。	学习助跑与单脚起跳的衔接。	1. 利用图片讲解并示范助跑与起跳的动作技术，让学生自主练习体会踏跳动作并思考“如何踏跳更有力”。 2. 尝试体验助跑后单脚起跳，并用手、头、摆动腿触高物，感受单脚起跳。 3. 上三步助跑起跳。 4. 上五步助跑起跳。 5. 一般体能：行进间高抬腿跑、俯卧撑。	单脚起跳触高物比赛。
	11	蹲踞式跳远—助跑踏跳起跳区起跳腾空	1. 掌握在踏跳区内起跳成腾空。 2. 掌握助跑时节奏稳定、腾空时保持平衡的动作要领。 3. 培养学生勇敢果断的责任意识。	1. 学习在踏跳区内起跳。 2. 学习用反方向丈量布点的方法。	1. 教师讲解布点丈量的方法，并让学生用反方向丈量布点。 2. 短程助跑，在踏跳区起跳成腾空步。 3. 在跑动中起跳过障碍物。 4. 专项体能：多级蛙跳。	起跳过障碍物（设置三个不同高度）。

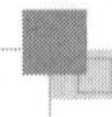

续表

教学过程	12	蹲踞式跳远—空中动作接落地	1.掌握起跳后腾空落地的技术动作,提高腾空时身体平衡的控制力。 2.提高安全意识和防护能力。 3.能够按照比赛规则与学练要求积极面对困难,提高抗挫能力。	1.学习“展体团身”的空中动作。 2.学习落地时收腹,屈膝缓冲。	1.结合图片资料,讲解示范空中蹲踞与落地的动作技术,引导学生思考“跳远的空中动作有哪几种”。 2.分组在跳箱盖,蹲踞落地。 3.助跑6—8步起跳越过一定高度横线后收腹落地屈膝缓冲。 4.一般体能:悬垂举腿。	达标线比赛。
	13	蹲踞式跳远—助跳板上做完整动作	1.进一步体会和改善蹲踞式跳远的完整动作。 2.增强自我约束的行为意识。 3.在比赛中具有自强不息和积极进取的精神。	1.学习完整的蹲踞式跳远动作。 2.学习蹲踞式跳远不同的辅助练习方法。	1.教师讲解助跳板的作用,消除恐惧心理。 2.短程距离助跑上助跳板腾空落地。 3.分组练习:小组内相互纠错与点评。 4.一般体能:50米往返跑。	跳远体验赛。
	14	蹲踞式跳远—中程距离助跑	1.掌握蹲踞式跳远时快速助跑、有力起跳、平稳落地。 2.体会中程距离助跑的应用,保持良好的情绪状态。 3.在比赛中能尊重对手、尊重裁判,挑战自我,互帮互助。	1.学习中程距离助跑的练习方法。 2.学习专项体能的练习方法。	1.观看跳远比赛视频,引导学生思考“影响跳远成绩的因素有哪些”,并能对比赛做出分析与评价。 2.教师利用物理学知识讲述重心腾起角度和初速度。 3.助跑与起跳组合衔接,体会初速度和腾起角度。 4.丈量布点采用10—12步助跑起跳踏准。 5.专项体能:立定跳远。	中程助跑“踏准”积分赛。

续表

教学内容	15	蹲踞式跳远—全程距离助跑	1.掌握蹲踞式跳远完整的技术概念,加强各个技术环节的衔接。 2.发展学生平衡性及肌肉耐力的身体素质。 3.能在全程助跑提高分析问题的能力。	1.学习全程距离助跑的蹲踞式跳远方法。 2.学习发展平衡性、肌肉耐力的练习方法。	1.教师引导学生发现全程距离助跑与中程距离助跑的区别,并提示安全事项。 2.丈量全程距离助跑的步点,通过反复练习,能做到踏准。 3.同质分组:模拟赛。 4.一般体能:推小车、变速跑。	模拟赛
	16—17	小赛季	能乐于展示比赛的基本礼仪,遵守规则并能够胜任且参与至少两种“裁判”任务,保持乐观的情绪,积极战胜困难,具有正确的胜负观。	1.简化规则对抗赛:团队协作赛、跳远达标赛(落地3条标志线)、个人积分赛等。 2.校园吉尼斯挑战赛:袋鼠跳、不倒翁、旋风跑等。 3.颁奖典礼:个人单项奖、最佳进步奖、最佳团队奖、最佳裁判奖、礼仪风采奖等。		
	18	总结与分享	分析存在的问题,自评、互评锻炼效果,制订锻炼计划。			

五　初中阶段田径项目课时教学案例

中长跑——途中跑

授课教师:厦门一中 王琳　　　　授课对象:初中一年级学生

教学内容	1.学习“中长跑——途中跑”技术。 2.体能练习:“四渡赤水”。	重点:呼吸与步伐协调配合。 难点:克服“极点”现象。
教学目标	1.通过教学,让学生掌握中长跑正确的呼吸方法;了解“极点”的概念及克服方法。90%的学生能掌握“两三步一呼,两三步一吸”的呼吸方法,60%的学生能学会克服“极点”的方法。 2.提高学生的心肺功能,提高学生下肢爆发力。 3.通过创设“红军长征”情境,培养学生集体荣誉感及顽强拼搏的意志品质,弘扬爱国主义精神。	

续表

	课的结构	教学内容	教学活动方式与组织措施	时间,次数,强度(心率)
教学过程	热身部分	1.课堂常规。 (1)集合整队,检查服装。 (2)清点人数,师生问好。 (3)宣布课的内容与任务。 (4)安排见习生。 (5)安全教育。 (6)情境导入。	1.组织1: 四列横队。 ×××××××× ×××××××× ×××××××× ×××××××× ▲ 2.教学活动。 (1)师生问好。 (2)教师宣布课的内容、目标及任务,安排见习生。 (3)学生认真听讲。 3.要求。 (1)快、静、齐。 (2)明确本课内容与要求。	1次,2分钟,90—110次/分
		2.热身跑:"巧渡金沙江"。 方法:相邻两名同学猜拳,胜者原地慢跑,负者迅速"渡江",与对岸任何一名同学猜拳,负者再次渡江,以此类推。	1.组织2:两列横队。 × × × × ←→ △ × × × × 2.教学活动。 (1)教师提出热身跑方法与要求。 (2)学生听音乐,分组进行匀速跑与加速跑的体验练习。 (3)教师集体指导与个别辅导相结合,并进行评价。 3.要求。 (1)根据音乐节奏,变换跑步。方式。 (2)遵守规则,避免碰撞。	1次,4分钟,120—140次/分

续表

教学过程	热身部分		3.热身操:“打靶归来”。 (1)伸展运动。 (2)扩胸运动。 (3)踢腿运动。 (4)体转运动。 (5)体侧运动。 (6)弓步压腿。 (7)侧并步。 (8)原地踏步。	1.组织3:四列横队。 2.教学活动。 (1)教师示范、讲解,学生明确要领。 (2)学生分组配乐模仿练习。 (3)教师指导、纠错与评价。 3.要求。 (1)注意力集中。 (2)动作整齐、协调,幅度到位。	4×8拍, 4分钟, 120—140次/分
	提高部分	学习“中长跑——途中跑”技术	1.动作要领:上体正直或稍前倾,两臂以肩关节为轴前后自然摆动,支撑腿髋膝踝充分蹬伸,前摆时大腿带动小腿积极向前上方摆动,步幅稍小,保持较高而平稳的重心,采用“两三步一呼,两三步一吸”的鼻吸口呼方法。 2.教学重难点。 教学重点:呼吸与步伐协调配合。 教学难点:克服“极点”。 3.易犯错误与纠正方法。 (1)呼吸方法不正确,节奏不合理。 纠正方法:语言提示学生注意呼吸方法和节奏;讲解示范与个别指导相结合。 (2)体力分配不当。 纠正方法:示范讲解,反复分段跑练习,培养运动感知和跑的节奏。	组织4:四列横队。 ×××××××× ×××××××× ×××××××× ×××××××× ▲	1次,2分钟, 90—110次/分

续表

<table>
<tr>
<td rowspan="2">教学过程</td>
<td rowspan="2">学习提高部分</td>
<td rowspan="2">练习内容</td>
<td>1. 体验中长跑呼吸方法
方法：学生两人一组，一人手持弹力带放于练习者口鼻前10厘米处，根据教师口令进行呼吸与步伐的配合练习，10次后轮换。</td>
<td>1. 组织5。 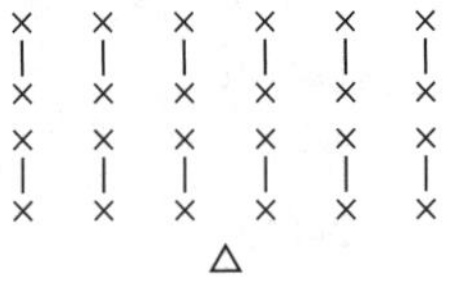
× × × × × ×
| | | | | |
× × × × × ×
× × × × × ×
| | | | | |
× × × × × ×
△
2. 教学活动。
(1)教师导入问题：如果让你选择一种跑步方式开启今天的长征之旅，你会选择哪一种？
(2)教师讲解中长跑与加速跑的技术区别点。
(3)教师结合大屏幕讲解中长跑的动作要领与练习方法。
(4)引导学生两人一组，互喊口令，借助弹力带进行呼吸与步伐的配合练习。
(5)教师巡视指导、纠错、评价。
(6)学生分组改进动作练习 。
3. 要求。
(1)积极思考，寻找答案。
(2)认真体会动作要领，克服困难。</td>
<td>1次，2分钟，90—110次/分</td>
</tr>
<tr>
<td>2. 中长跑“飞夺泸定桥”。
方法：队长(排头同学)带领“小红军”成一路纵队按序号依次出发，完成第一个任务(绕过第一个标志物)后返回起点带走下一名队友后继续完成第二个任务(绕第二个标志物)，每一个新队友完成第一个任务后都要返回带走下一个队友，每一位队员完成5个任务后(绕5次标志物后)返回休息处。</td>
<td>1. 组织6：5人一组8路纵队。 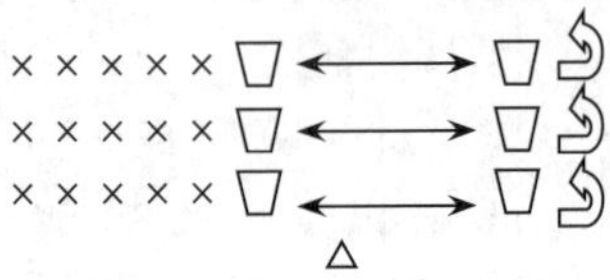
× × × × × ⊽ ←——→ ⊽
× × × × × ⊽ ←——→ ⊽
× × × × × ⊽ ←——→ ⊽
△
2. 教学活动。
(1)教师讲解“飞夺泸定桥”练习方法及要求。
(2)学生认真听讲，明确要领。
(3)学生组织练习，语言引导激励。
(4)教师指导、纠错并加强练习。
(5)评价练习情况。
3. 要求。
体会正确的呼吸方法以及呼吸与脚步的配合。</td>
<td>1次，5分钟，130—150次/分</td>
</tr>
</table>

续表

教学过程	提高部分	练习内容	3.“过草地”比赛。 (1)练习方法:队长(排头同学)带领“小红军”成一路纵队按序号依次出发,完成第一个任务(绕过最后一个标志物)后返回起点带走下一名队友一起奋战下一个目标(再绕过最后一个标志桶),当队长带走所有队员后(完成5次任务)返回休息处,其他队员继续完成任务,待所有任务都完成后按序号依次返回休息处,先完成的队伍为胜(男生每人多完成一次任务)。 (2)克服“极点”方法。	1.组织7。 × × × × × ▽ ←——→ ▽ × × × × × ▽ ←——→ ▽ × × × × × ▽ ←——→ ▽ △ 2.教学活动。 (1)教师讲解“过草地”的方法和要求。 (2)学生明确比赛方法、规则和方法。 (3)学生分组练习,教师及时进行语言提示、鼓励。 (4)教师提示学生注意呼吸方法和跑的节奏的协调配合。 (5)教师适时进行德育渗透。 (6)学生认真体会并感受身体的变化。 (7)教师评价引出“极点”概念。 3.要求。 (1)在跑步中体会正确的呼吸方法以及呼吸与脚步的配合。 (2)小组成员互相加油鼓劲,齐心协力,攻克难关。	1次,5分钟,140—160次/分

续表

教学过程	提高部分	练习内容	4."爬雪山"比赛。 比赛方法:教师出示电报密码,学生在地上摆好密码后,根据数字顺序依次绕过地上相应数字折返,最先完成的小组获胜(男生多完成老师随机报的电报密码)。	1.组织8。 × × × × × ▽1 3 5 7 9 0▽ × × × × × ▽1 3 5 7 9 0▽ × × × × × ▽1 3 5 7 9 0▽ △ 2.教学活动。 (1)教师讲解克服"极点"的方法以及"爬雪山"练习方法和要求。 (2)教师组织学生摆放彩带。 (3)学生明确比赛方法、规则并按要求用弹力带摆好数字。 (4)学生分组练习,教师语言鼓励,并及时提示学生注意呼吸方法和跑的节奏。 (5)教师讲解"极点"和"第二次呼吸"。 (6)学生分组"爬雪山"比赛。 (7)教师适时进行德育渗透教育。 (8)师生评价学练效果,并改进动作练习。 3.要求。 (1)小组成员相互关心、支持与合作,互相加油鼓劲,齐心协力攻克难关。 (2)若感到身体很不适立即进入安全岛,调整几个呼吸后返回"战场"完成余下的任务。	1次,6分钟,150—170次/分

续表

<table>
<tr><td rowspan="2">教学过程</td><td>提高部分</td><td>练习内容</td><td>5. 体能练习："四渡赤水"。
(1)单人持弹力带蹲拉练习。
(2)单人持弹力带侧拉练习。
(3)双人持弹力带快速抖腕练习。
(4)双人持弹力带快速屈臂后拉练习。</td><td>1. 组织9：四列横队。
××××××××
××××××××
××××××××
××××××××
▲
2. 教学活动。
(1)教师结合视频，讲解练习方法。
(2)学生认真听讲，领会要领。
(3)学生分组进行课课练。
(4)教师提示、指导、纠错并评价。
3. 要求。
(1)认真学练，体验要领。
(2)相互鼓励，坚持不懈。</td><td>1次，10分钟，150—170次/分</td></tr>
<tr><td colspan="2">恢复整理部分</td><td>1. 放松操"红旗飘飘"。
2. 师生回顾学练效果。
3. 布置课外作业。
4. 值日生回收器材。
5. 师生再见。</td><td>1. 组织10：四列横队。
2. 教学活动。
(1)跟随音乐，带领学生放松。
(2)总结本课，引导学生自评。
(3)布置课后作业：根据自身情况以及教科书有关科学发展体能的要求，制订一份长跑锻炼计划。
(4)值日生回收器材。
(5)小组长代表小组成员进行评价。
3. 要求：愉悦身心，陶冶情操。</td><td>1次，5分钟，110—120次/分</td></tr>
<tr><td colspan="3">场地器材</td><td>弹力带41条、音响1台、扩音器1套、电子大屏幕1个、心率手环42只。</td><td colspan="2">安全措施：1. 课前检查场地器材，排除弹力带损坏等不安全因素；2. 课中加强学生的安全和劳动教育；3. 引导学生进行充分的准备活动与整理活动，养成良好的健康行为。</td></tr>
<tr><td colspan="3">预计运动负荷</td><td colspan="3">练习密度：50%—55%。
平均心率：150—160次/分。
最高心率：180—190次/分。</td></tr>
</table>

六 初中阶段田径项目课时教学案例分析

本课从学生的运动兴趣出发，结合耐久跑项目特点，关注人的心理感受和爱国主义教育，采用情境化教学，立足有温度、有效度、有尺度、有品度的“四度”课堂，有很多值得借鉴的地方。

本课的开始部分在常规队列及检查之后，就以视频的形式进行情境导入，让学生来到了红军长征的年代。热身跑结合“巧渡金沙江”游戏，接着以“打靶归来”的情境展开徒手操练习，体现了温度和效度相结合的特点。

提高部分通过提问“如果让你选择一种跑步方式开启今天的长征之旅，你会选择哪一种”引出中长跑的呼吸节奏，让学生在思考中体验，在体验中掌握。接着通过“飞夺泸定桥”“过草地”“爬雪山”三个情境练习和比赛，让学生有练习有思考，并在不断地体验和探究中实现知识和技能的深度学习。

体能部分以红军“四渡赤水”，结合弹力带做补偿性体能练习，让学生上下肢协调发展，体现人文温度和教学效度。

恢复整理部分，放松操“红旗飘飘”，合理精准且富有针对性。最后对课堂上学生的表现进行了适当评价，并布置了拓展性的课后体育作业，是一节体现跨学科知识融入和情境化教学相结合的课例。

第五节　专项运动技能体操类课堂的教学实践

一　体操类项目概述

在课程标准不断修改和完善的过程中，关于体操类项目变化的幅度很大。《义务教育体育与健康课程标准（2011年版）》中，虽然体操项目贯穿了整个义务教育阶段，但只要求学生初步学习与掌握技能；在《义务教育体育与健康课程标准（2022年版）》中，体操类“活动”改为体操类“运动”。活动指的是身体活动，身体活动是肌肉收缩并消耗能量的任何活动；运动是身体活动的一种，是指有计划、有组织、重复性的身体活动，充分体现了新课标对体操类运动的要求更专业化。

体操运动是通过徒手、持轻器械和在器械上完成不同类型与难度的成套动作，且具有一定艺术表现力的体育项目。体操具有基础性、实用性、多样性等特点，根据初中学生身心发展特点，可进一步激发学生学习体操的兴趣，使学生通过体操学习，掌握基本技术、提高体操运动能力。教师在教学过程中应注重培养学生的意志品质，完善过程性学习要求，促进学生心理素质、健康行为和体育品德的发展，为高中学生体操内容的学习奠定基础。在学生学习过程中，通过“学、练、赛、评”方式，使学生体验技巧学习的快乐、掌握技能、养成良好行为、锤炼意志品质。《义务教育体育与健康课程标准（2022年版）》体操类运动项目分为两类：一类是技巧与器械体操（如支撑跳跃、技巧运动、低单杠运动等），其特点是身体做出支撑、倒置、滚动、旋转、跳跃、翻腾、环绕、伸展等动作；另一类是艺术性体操（如韵律操、健美操等），其特点是伴随音乐展现节奏明快、刚劲有力、舒展优美的动作。

初中阶段体操项目学习目标解析

1. 知道初中阶段体操技巧学习内容、运动特点、锻炼价值；能说出所学技术的动作过程，会使用1—2种练习方法纠正错误动作；会利用规则、创编原则编排动作组合；能对同伴的动作做出正确的评价、懂得欣赏高水平的竞赛。

2. 掌握滚翻类、倒立类、平衡类、跳跃类基本技术，在保护下能高质量、独立地完成单一技术动作；正确、完整、流畅有节奏地完成规定组合，在组内、组间每日竞赛展示活动，创编并完成4—5个技巧动作与舞蹈步法结合的组合动作；增强腰腹背肌、上下肢力量，提高骨骼、肌肉、韧带力量；发展神经系统的灵敏性、增强心血管系统工作的能力，提高前庭分析器的稳定性、平衡及空间定向能力、强化自我和对他人的安全、保护意识。

3. 培养良好的身体姿态，勤学苦练、善于思考，在挑战性练习中果断、顽强、机智地克服内心恐惧；积极参与各项展示与竞赛活动，遵守练习和竞赛规则，懂得公平竞争的意义；会正确处理个人和集体的关系，养成互帮互学的学习态度和团结合作的良好品质；树立正确的审美观，能够感受美、欣赏美和表达美。

初中阶段体操项目具体学习建议

年级	内容分类	内容要点
初中阶段	基本知识与技能	了解技巧动作技术结构、动作原理及历史文化；在掌握单个动作基础上，完成组合动作；掌握保护与帮助的基本知识与技能；学会制订并实施所学体操类运动项目的学练计划。
	技战术运用	基础动作游戏：模仿赛、滚翻积分赛等。 展示或比赛：创编组合动作。
	体能	一般体能：灵敏、力量、协调能力。 专项体能：平板支撑、俯卧撑（男）、立卧撑（女）、仰卧起坐。
	展示与比赛	参与组合动作或小组挑战赛。
	规则与裁判方法	理解体操成套动作的构成，轮流担任参赛选手、难度分裁判、完成分裁判、记录员角色，尝试打分与被打分。
	观赏与评价	观赏一场体操垫上比赛，能简要梳理出比赛项目的异同点；文明观赛，公平执裁，能对比赛项目结果做出正确判断与评价；赛后总结。

四　初中阶段体操项目大单元教学案例

<table>
<tr><td>学情分析</td><td colspan="6">通过体能测试发现大多数学生都在正常范围内，但存在一定的差异。从学习兴趣来看，初中阶段的学生对体育活动普遍具有较高的兴趣。为了进一步激发学生的学习兴趣，将体操与游戏、比赛等相结合，使学生在轻松愉快的氛围中学习体操技巧。在技能掌握方面，体操是一项技巧性非常强的体育项目，小学阶段学生已经掌握一些基本的滚翻动作，初中阶段应在此基础上进一步提升，促进技能的掌握和应用。</td></tr>
<tr><td>学习目标</td><td colspan="6">1. 掌握体操技巧的基本概念、原理和动作要领，理解体操运动在生活中的应用及其对身体健康的益处，在保护与帮助下完成基本技巧动作，并逐步独立完成这些动作。发展学生的协调能力、平衡能力和空间感知能力，提高核心肌肉力量和灵敏度。
2. 培养学生自主学习和自我研究的能力，通过课堂展示提升自信心。通过小组合作和自主探究的方式，培养学生的团队合作精神和关爱同伴的意识。
3. 培养学生的坚持和毅力，勇于克服困难的精神，敢于挑战自我的勇气。</td></tr>
<tr><td rowspan="3">教学内容</td><td>课次</td><td>主题</td><td>目标</td><td>学习活动</td><td>练习活动</td><td>比赛活动</td></tr>
<tr><td>1</td><td>认识体操</td><td>学习体操项目动作技术结构、动作原理、锻炼价值及历史文化，明白保护与帮助的重要性，了解比赛规则。</td><td>1. 基本知识：体操分类、中学体操技巧项目内容与特点、锻炼价值及保护帮助的作用；创编动作组合基本原则、方法等。
2. 规则：运动员上场时，面向裁判长举右手示意，当动作完毕后也要向裁判长立正、示意。</td><td>1. 观看视频。
2. 身体素质练习：核心力量、上肢、协调性练习。
3. 前测：前、后滚翻。</td><td>1. 体操项目知识与技能竞猜。
2. 游戏：夹球滚动接力。</td></tr>
<tr><td>2</td><td>滚翻组合</td><td>提高学生身体控制能力和时空感，改进滚翻动作质量，能做到滚动圆滑、方向正，动作衔接连贯。</td><td>1. 复习前、后滚翻技术动作。
2. 学习保护和帮助方法。
3. 练习翻滚组合。</td><td>1. 利用纸巾、手绢、垫子等教具纠正滚动时分腿、不圆滑、方向不正、团身不紧的问题。
2. 在保护与帮助下互相纠正易犯错误动作。</td><td>1. 前后滚翻积分赛。
2. 体能：接力赛。</td></tr>
</table>

续表

教学内容	3	肩肘倒立	在保护与帮助下完成顶肩立腰、双肘内夹，翻臀举腿并控制5秒以上。	1. 学习蝴蝶压球（双肘内夹）的技术动作。 2. 学习海豚夹球（翻臀举腿、手压垫）的技术动作。 3. 学习海狮顶球（在保护帮助下完成肩肘倒立）的技术动作。	1. 原地模仿：双手撑腰夹肘动作。 2. 练习直腿后倒，翻臀举腿、手压垫。 3. 在保护和帮助下完成肩肘倒立动作。	1. 动物传球赛。 2. 体能：夹球跑。
	4	肩肘倒立+辅助性教具	利用辅助性教具完成伸腿、展髋动作，且身体保持直立静止5秒以上。	1. 学习使用辅助性教具。 2. 在保护和帮助下练习翻臀、伸腿、展髋、立腰夹肘。	1. 在伸腿、展髋垂直上方设标志物，用脚尖去触标志物，同时撑背立腰夹肘。 2. 在保护和帮助下完成立腰展髋动作。	1. 以小组为单位，独立完成肩肘倒立，身体直立人数多的为胜。 2. 体能：平板支撑。
	5	独立完成肩肘倒立	独立完成肩肘倒立动作，身体直立保持3—5秒。	1. 独立完成肩肘倒立动作，身体直立，保持时间长。 2. 学习肩肘倒立评价标准与方法。	1. 坐正后身体后倒，两臂压垫两腿上举，同时伸腿展髋两脚尖触碰标志物。 2. 独立完成动作，身体保持直立，脚尖、膝盖、胸成一条直线。	1. 肩肘倒立大比拼。 2. 体能：Tabata。
	6	单肩后滚翻成单膝跪撑（头、手位置和方向）	明确头侧屈、同侧臂屈撑、异侧伸臂技术动作，且正确完成3次以上。	1. 在保护和帮助下继续练习肩肘倒立。 2. 练习头侧屈、同侧臂屈撑、异侧伸臂动作。 3. 学习保护和帮助的方法。	1. 原地徒手练习头侧屈、同侧臂屈撑、异侧伸臂动作。 2. 垫上模仿练习，直角坐开始，头侧屈、伸臂、异侧臂屈撑。 3. 肩肘倒立开始，在保护与帮助下练习分腿、伸臂、头侧屈动作。	1. 请你跟我这样做（模仿赛）。 2. 体能：“60秒我最多”（仰卧起坐、仰卧举腿二选一）。

续表

教学内容	7	单肩后滚翻成单膝跪撑+跪跳起	能做到推撑及时、举腿有控制,保持平衡稳定,在保护与帮助下正确完成3次,能完成跪跳起动作。	1.学习后滚时推手及时、举腿有控制成单膝跪撑动作。 2.在保护和帮助下练习跪跳起。	1.利用标志物加强头侧屈、异侧伸臂动作。 2.由肩肘倒立开始,在保护和帮助下完成动作,推手及时,举腿有控制,方向正。 3.两人一组在保护和帮助下练习跪跳起。	1.以小组为单位独立完成单肩后滚翻成单膝跪撑。 2.体能:定向越野赛。
	8	尝试动作组合	1.独立完成3次单肩后滚翻成单膝跪撑;一腿上摆成蹲撑动作,摆腿与蹲撑配合时机准确。 2.学习挺身跳动作,起跳与挺身配合时机准确,完成质量高,有明显滞空动作。	1.练习单肩后滚翻成单膝跪撑动作。 2.学习一腿上摆成蹲撑动作。 3.学习挺身跳。	1.在保护下练习单肩后滚翻成单膝跪撑动作。 2.练习一腿跪撑,另一腿后踢动作。 3.原地练习挺身跳。 4.尝试练习动作组合。	1.以小组为单位,以独立完成人数多少为胜负结果。 2.体能:"推小车"接力。
	9	动作组合练习	学习俯平衡,身体成反弓后腿高于头部,动作稳定保持3—5秒。	1.学习俯平衡动作。 2.练习成套动作、提高动作质量。	1.两人一组或练习者手扶器械进行小幅度、慢动作练习。 2.练习动作组合。	1.俯平衡—我最稳,保持平衡时间长者胜。 2.体能:各种"跳"。
	10	鱼跃前滚翻初体验	1.了解鱼跃前滚翻动作,能够做出摆臂蹬地、屈臂缓冲、滚动圆滑动作。 2.学会保护和帮助的方法并能进行自我练习。	1.学习鱼跃前滚翻。 2.在保护帮助下完成鱼跃前滚翻。	1.站立式前滚翻。 2.在保护和帮助下完成"兔跳"练习。 3.手远撑前滚翻。 4.在垫子上标记远撑点完成手远撑前滚翻。	1.鱼跃前滚翻完成质量评价。 2.体能:"障碍过河"(利用体操垫)。

续表

教学内容	11	鱼跃前滚翻	1. 知道鱼跃前滚翻的动作要领及保护和帮助方法，做到动作连贯、蹬地有力。 2. 熟练完成动作组合。	1. 在保护和帮助下完成鱼跃前滚翻。 2. 动作组合练习。	1. 越过障碍物的前滚翻。 2. 越过低软障碍物的鱼跃前滚翻。 3. 分层练习。	1. 鱼跃前滚翻过障碍挑战赛。 2. 体能：仰卧起坐。
	12	创编知识	学习创编知识，同时小组尝试创编组合动作，设计合理，过渡有连接。	学习动作组合创编知识，以小组为单位进行创编动作组合。	1.学习创编知识：一套自由体操男子的评判标准应在50—70秒、女子在60—90秒之间完成，由动作难度、连接难度、特定要求构成。一套组合中要有不同的动作滚翻类、跳跃类等动作，还要包括静止动作比如倒立、平衡等，且静止时间需保持2秒。技巧动作与舞蹈动作相结合，通过舞蹈和音乐表达个性。 2.依据教师规定动作结合所学知识尝试编排组合动作。	1.“我是创编小能手”。 2.体能：8字接力跑。
	14	1. 鱼跃前滚翻成蹲立组合动作。 2. 创编动作组合	1. 学习鱼跃前滚翻，能够做到蹬摆有力有腾空、撑垫屈臂有控制。 2. 练习动作组合，提高连续高质量完成单一动作的能力；知道创编成套动作的方法与特殊要求，进行动作再创编。	1. 练习鱼跃前滚翻。 2. 动作组合练习。 3.6—8人一组尝试自编4—5个动作，要求含有舞蹈、串联、平衡、倒立、跳跃等动作。	1. 分组练习鱼跃前滚翻。 2.6—8人一组修改完善创编组合并练习开始和结束等动作。 3. 小组展示，师生欣赏与评价。	1.“我是创编小能手”。 2. 游戏：绳梯接力赛。

续表

教学内容	15	创编新动作组合	改进和完善自编动作组合，设计合理，连接流畅；完成动作质量高、有节奏、无失误。	1.分组练习鱼跃前滚翻。 2.组合动作练习。 3.将组合动作与音乐结合练习。	1.分层练习。 2.组合动作练习。 3.音乐与组合动作配合练习。 4.小组展示，师生共同评价。	1."我会的动作最多"。 2.游戏：俯卧撑挑战赛。
	16 | 18	技巧挑战赛	1.积极参加技巧组合动作与身体素质挑战赛，会运用规则评价同伴动作完成情况。 2.每个学生需参加规定内容的比赛（技巧组合动作一项或身体素质），还需要参加自编新组合比赛	1.学生组织确定竞赛委员会，制定"技巧挑战赛"的规则、评分标准，编排秩序册，设计奖励项和颁奖仪式等。 2.学生轮流承担不同角色的工作，如绘制宣传海报、新闻稿件编写、成绩记录、赛场引导、场地器材管理等。 3."技巧挑战赛"内容：（动作组合+身体素质比赛）+自编新组合。 4.规则与裁判法。 （1）以6人为一个参赛小组，各参赛队分别确定队名、队歌、队训（口号）、队旗等。 （2）计分方法：动作组合、自编新组合满分各为20分，身体素质项目为10分，总分为50分，个人总分=（动作组合+身体素质比赛）+自编新组合，团体总分=6人总分之和。 （3）个人成绩取前八名得分多者列前，如成绩相同则按自编新组合分数高者列前；如成绩，自编新组合分数都相等，则动作组合分数高者列前。 （4）团体总分取前三名：得分多者列前，如成绩相同则按照自编新组合总分高者列前；如成绩，自编新组合总分都相等，则动作组合总分高者列前。 （5）遵守赛场礼仪，动作规范、完成质量高、姿态优美、编排合理新颖，音乐风格符合动作编排需求。		

五　初中阶段体操项目课时教学案例与分析

体操项目课时教学计划案例以文字叙述的方式呈现，它跟表格式的教案有一定的区别，但核心内容没有变，只是在场地器材、练习时间次数上没有直观呈现，但也是体育学科教学计划的一种呈现方式。本案例中的活动意图清晰呈现了教学背后的理念，所以本章节就没有专门的案例分析这一内容，而是将二者合一，一并呈现。

体操——肩肘倒立

授课教师：厦门九中　黄宗尧　　　　授课对象：初中二年级学生

一、学习目标

1.通过学练，能理解肩肘倒立的力学原理，85%以上的学生能掌握收腹翻臀、伸腿展髋、撑腰夹肘、身体挺直等的动作要领，达成个人学习目标。

2.能积极参与技巧课的学习，了解技巧活动的安全知识和保护与帮助的方法；能在体育活动中主动调动自我和同伴的学习热情，保持自我情绪稳定，了解合作和沟通的基本方法，并有主动沟通的行为。掌握技巧比赛等方面的安全常识。

3.能做到不怕苦累，坚持完成学习任务，愿意在原有基础上追求更高目标，有挑战自己的勇气和行为；在比赛中能鼓励自己和同伴挑战自我，按照规则和要求参与体育活动；在技巧和其他活动中表现出文明礼貌、乐于助人的行为，有责任心。

二、学习过程

(一)准备部分—联想与结构

1.课前预习(教师布置预习作业)

(1)思考：肩肘倒立动作蕴含哪些物理知识？如何利用物理学原理更好地完成动作？

(2)回顾牛顿第一定律(惯性定律)、力的作用是相互的、力的平衡等物理知识。

(3)复习滚翻基本技术动作和自由体操比赛规则。

(4)观看2008年北京奥运会自由体操比赛的精彩视频片段，感悟力学之美。

2.情境导入

教师带领学生观看中国体操队夺金片段和物理学科关于牛顿第一定律(惯性定律)、力的作用是相互的、二力平衡实验等，引导学生探索肩肘倒立动作的物理奥秘。教师提问：在肩肘倒立动作中有哪些物理知识？如何做才可以更好地提高动作质量？引出物理知识助力体育课堂教学的有效性，讲解并示范完整动作。

3.热身活动

结合背景音乐《大家一起来》,带领学生一起做关节操,充分活动身体大肌肉群和大关节韧带。

(二)基本部分—活动与体验

1.活动一:运动力学初体验

结合物理知识“力的作用是相互的”“牛顿第一定律”,组织学生完成夹球后倒、海豚顶球练习。

(1)活动流程

①教师结合物理学科中“力的作用是相互的”相关知识,讲解并示范动作要领。

②组织学生分组进行夹球后倒接力比赛。

③组织学生分组进行海豚顶球比赛。

(在练习中研讨:做动作时运用了哪些物理知识?如何做才可以更好地帮助我们完成动作?)

通过练习和研讨,学生发现做夹球后倒时手撑垫越用力,获得的反作用力越大,后倒的速度也越快;做海豚顶球动作时,要充分顶髋,绷紧脚背,利用惯性的作用顶球。

(2)活动意图

体会体育运动中“力的作用是相互的”和“牛顿第一定律”两个力学原理,找到动作的正确发力点和发力时机,感受力学之美并加以合理利用。

2.活动二:感受力之美

结合力的平衡原理,组织学生完成练习活动:肩肘倒立完整练习。

(1)活动流程

①教师结合力的平衡等物理知识,讲解并示范动作。

②组织学生在保护和帮助下分组开展肩肘倒立完整练习。

(在练习中研讨:做动作时运用了哪些物理知识?如何做才可以更好地帮助我们完成动作?)

通过练习和研讨,学生发现这是一个稳定的动作,因此需要做到力的平衡。动作过程中两肘没有夹紧时,手臂不容易支撑,容易失去平衡;当腰腹发力不够、臀部未充分夹紧时,也容易失去平衡,身体便不能做到笔直稳定。因此要做到两手夹肘撑腰背,伸髋立腰,脚面绷直,才能把动作做得又好又稳。在帮助和保护过程中，搭档应该帮助练习者找到垂直的方位，提醒把握各重点细节。

(2)活动意图

感受体育运动中力的平衡，对物理知识形成进一步的认知，促进学生更好地完成肩肘倒立动作。

3.活动三："创编之王"争霸赛

教师组织小组推优赛，包括模拟设定不同的比赛对手、比赛得分等。

(1)活动流程

①教师讲解比赛要求。创编动作在本单元所学动作范围内均可，负责保护和帮助的学生要做到眼快、手快、反应快，确保做动作同学的安全(单个动作最高完成分为1分，完整动作在总得分的基础上有附加分1分)。

②设定四个组别，分别代表东部、西部、南部、北部，抽签决定各组的组别，然后进行组内比赛。

③组织各小组推选完成质量最高的两位同学参加决赛，全班同学进行评价打分。

(2)活动意图

进一步感受竞技体育的魅力，体现比赛中的团队合作意识和凝聚力，不放弃任何一个争夺机会，发扬奥林匹克精神。

(三)结束部分—价值与评价

1.拉伸放松

教师带领学生跟随背景音乐《我和我的祖国》进行身体各部位拉伸，放松身心。

2.小结

教师组织学生总结本节课的收获，引导学生在生活和体育锻炼中不断发现、挖掘物理知识的应用价值，促进学生更好地开展体育运动。

3.评价

维度	评价内容	分值	自评	互评	师评	综合得分
运动能力（20%）	能说明肩肘倒立相关力学原理及动作要领，明确各动作细节评分要点。	5				
	能准确完成肩肘倒立和简单组合动作，并主动参与技巧展示和比赛。	5				
	积极参与体能练习，体能达到《国家学生体质健康标准（2014年修订）》的合格水平。	5				
	能通过现场或多种媒介观看不少于12次体操比赛或表演。	5				
健康行为（30%）	学练技巧组合技能时，情绪稳定，能主动与同伴交流合作，互相保护与帮助。	10				
	能说明肩肘倒立的安全注意事项，具有安全意识。	10				
	能做到本周练习体操组合动作不少于1次（每次至少1小时）的课外体育锻炼。	10				
体育品德（20%）	能主动参与肩肘倒立及组合动作创编的展示和比赛。	10				
	关心同伴，尊重对手和裁判，能面对困难，不畏困难。	10				
学习理解（10%）	在课堂上能够概括体操技巧力学原理，与其他运动项目或其他学科相关知识进行关联。	10				
应用实践（10%）	通过小组合作，能够编排一套具有创新性或趣味性的成套技巧动作，且不与他人雷同。	10				
迁移创新（10%）	能够在观赏他人成套技巧动作的基础上进行创新，并分析解释创新点。	10				

4.课后作业

（1）腿夹纸巾肩肘倒立20次。一次5秒。核心练习5分钟。要求：两腿或两脚夹住一张纸巾，肩肘倒立每次10秒钟以上。

（2）天天跳绳打卡。

第六节 专项运动技能水上运动类课堂的教学实践

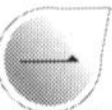 一 水上运动概述

1.游泳运动的起源与发展

从一开始,人们就在布满江河湖海的环境中生活,人们在为生活、劳动和与大自然进行斗争的过程中,逐渐学会了游泳,并使游泳运动得以发展。随着人类社会的进步和发展,游泳运动逐渐成为体育比赛中的重要项目之一。竞技游泳由蝶泳、仰泳、蛙泳、自由泳四种泳姿通过距离、组合方式的不同形成了不同的竞赛项目。现代奥林匹克运动会游泳项目的比赛有的是在标准游泳池进行,有的是在公开水域进行。2008年,北京奥运会增加了男女公开水域马拉松游泳比赛项目;2017年6月,国际奥林匹克联合委员会公布,2020年东京奥运会新增3个游泳项目,分别为男子800米、女子1500米自由泳和男女4×100米混合泳接力,因而,奥运会游泳比赛将增加到37个正式比赛项目。

2.游泳运动的特点与价值

人类在千百年的生存过程中,与水有着密切的联系。为了生存,人类不仅学会了游泳,而且随着社会的发展,游泳还成为一种重要的竞技、军事、生产和娱乐项目。科学合理地进行游泳锻炼,能够有效改善体质,促进身心健康,预防疾病,对一些慢性疾病或骨伤科疾病有一定的治疗和康复作用。青少年进行游泳锻炼,能够磨炼意志品质,提高克服困难的勇气和能力。随着人们生活水平的提高,游泳已成为休闲娱乐、情感交流的一种途径和手段。同时,游泳作为竞技比赛中的重要内容之一,运动员创造的优异成绩,既能为国增光,又能激发国人的爱国热情。

二　初中阶段水上运动项目学习目标解析

1.了解游泳的健康与卫生常识，提高游泳的安全和自救意识，掌握人体在水中浮沉的原理。

（1）了解游泳发展的基本知识、原理、方法和概念。

（2）明确初中阶段游泳内容的测试与评价方法。

（3）能科学评价游泳锻炼效果，改进游泳锻炼计划。

（4）提高游泳的安全和自救意识。

2.掌握正确的水中呼吸方法，能在水中保持平衡并漂浮；掌握蛙泳和自由泳基本技术，能够连续蛙泳或自由泳10—25米；了解一些简单的自救和间接救生方法。

（1）掌握基本正确的水中呼吸方法，做到水中漂浮。

（2）掌握蛙泳或自由泳技术的基本原理与多种练习方法，并能持续游泳10—25米。

（3）掌握基本的自救及间接救生的方法。

3.使学生养成良好的安全意识，自觉遵守相关安全规定，不做容易引起危险事故的事情，能够主动提醒同学和家人加强游泳安全准备。培养学生顽强的意志品质，克服怕水、怕冷、疲劳等困难，坚持完成练习内容；培养学生团结互助的精神。

（1）养成挑战自我、乐学善思、勇敢顽强、不畏困难、坚持不懈的体育精神。

（2）具有团结协作、遵守规则、诚信友善的体育道德。

（3）形成较强的社会责任感、文明和谐、相互尊重的体育品格。

三　初中阶段水上运动项目具体学习建议

年级	内容分类	内容要点
七—九年级	基本知识与技能	1.安全教育。 2.游泳的意义和功能。 3.水中行走、水中呼吸、水中漂浮、水中滑行，蛙泳、自由泳的手臂、呼吸和腿部的基本动作技术。 4.制订并实施游泳学练计划。

续表

年级	内容分类	内容要点
七—九年级	技战术运用	1. 个人与小组的练习。 2. 比赛中运用基本动作技术、组合动作技术和完整动作技术，将所学游泳技战术运用到长距离蛙泳比赛中。
	体能	在游泳中提高心肺耐力、肌肉耐力等。
	展示与比赛	个人赛、小组赛（不同距离）。
	规则与裁判	1. 理解所学项目的比赛规则和裁判方法。 2. 成绩测量、犯规判罚，同时可以胜任班级内和学校的裁判工作。
	观赏与评价	1. 每学期观看不少于8次比赛 2. 能对比赛做出分析与评价，提高对游泳技术的认知。

四 初中阶段水上运动项目大单元教学案例

学情分析	教学对象为初中男、女生，该年龄段的学生正处于青春发育期和个性发展的关键时期，学生求知欲强，具备一定探究和协作能力，所以本单元教学中应强调蛙泳和自由泳技术以及实用游泳及间接救生技能的概念、原理、练习方法。通过任务驱动，引导学生积极思考、体验探究、获得发展，促进学生掌握各项游泳技能的要点和锻炼方法，提升学生身体素质，并发展学生知识整合、迁移、应用的能力，为运动技能的发展奠定扎实基础。
学习目标	1. 了解游泳运动发展的基本知识、原理、方法和概念，明确初中阶段游泳内容的测试与评价方法；能科学评价游泳锻炼效果，改进游泳锻炼计划；掌握有效控制体重和改善体型的方法。 2. 掌握蛙泳、自由泳技术，掌握实用游泳及间接救生技能，制订游泳锻炼计划，形成健康的锻炼习惯。 3. 养成挑战自我、乐学善思、勇敢顽强、不畏困难、坚持不懈的良好学习习惯，在学习与实践中培育和践行社会主义核心价值观，体现团结协作、文明和谐、遵守规则、诚信友善的良好社会行为，培养良好的体育品德。

续表

	课次	学习主题	学习目标	学习活动	练习活动	比赛活动
教学内容	1	学习共同体搭建	1. 了解游泳运动发展的起源、文化、原理。 2. 知道游泳运动对身体锻炼的价值。 3. 知道游泳运动的比赛规则。	1. 学习游泳运动的基本原理。 2. 学习游泳运动项目的规则和裁判方法。	1. 利用课件讲解游泳运动的基本动作技术和相关原理。 2. 教师提出问题,引导学生以各学习共同体进行讨论与交流。 3. 利用课件讲解游泳运动的规则和裁判方法。 4. 通过播放比赛视频,以学习共同体为小组进行犯规判罚。	体育与健康知识竞赛。
	2	熟悉水性	1. 了解游泳,了解水上安全常识及相关健康卫生知识。 2. 通过水中行走和水中游戏活动,体会水的阻力、压力和浮力,进一步适应水环境,提高在水中的平衡能力和控制能力。 3. 克服怕水的心理,适应陌生环境。	1. 学习水上安全常识及相关健康卫生知识。 2. 学习多种水中的练习方法。	1. 双手扶游泳池边来回行走。 2. 小组成员水中牵手(前后、围圈等)。 3. 在水中跳跃、奔跑,用手滑行。	不同形式水中接力比赛。
	3	熟悉水性	1. 了解游泳,了解水上安全常识及相关健康卫生知识。 2. 通过水中行走和水中游戏活动,体会水的阻力、压力和浮力,进一步适应水环境,提高在水中的平衡能力和控制能力。 3. 克服怕水的心理,适应陌生环境	1. 复习水上安全常识及相关健康卫生知识。 2. 学习多种水中的练习方法。 3. 拓展练习"水下憋气"。	1. 小组成员水中牵手(前后、围圈等)。 2. 在水中跳跃、奔跑。 3. 小组结网捕鱼。	水下结网捕鱼、拓展练习"水下憋气"。

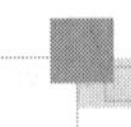

续表

教学内容	4	熟悉水性	1.了解基本水上安全常识。 2.初步掌握水上漂浮的平衡能力。 3.培养对游泳运动的兴趣，克服恐水心理，激发学习主动性。	1.提问相关健康知识。 2.学习“推火车”。 3.学习“抓鸭子”。 4.抱膝浮体。	1.练习“推火车”“抓鸭子”。 2.练习抱膝浮体。	接力游戏。
	5	展体浮体	1.提高水性。 2.改进呼吸动作技术。 3.发展学生的动作协调性及水上平衡能力，增强身体机能，培养学生顽强拼搏的意志。	1.呼吸配合、憋气。 2.复习抱膝浮体。 3.学习展体浮体。 4.水中寻宝。	1.呼吸配合、憋气。 2.复习抱膝浮体。 3.学习展体浮体。	水中寻宝。
	6	滑行	1.提高水性，能感受到水中身体的姿态。 2.进一步体会水的阻力、压力、浮力。 3.提高动作协调性及水上平衡能力，增强身体机能，培养学生顽强拼搏的意志。	1.呼吸练习(憋气换气)。 2.复习抱膝浮体、展体浮体。 3.蹬边滑行。	1.呼吸练习(憋气换气)。 2.练习抱膝、浮体展体浮体。 3.滑行(蹬地、蹬边)。	蹬边滑行比远游戏。
	7	蛙泳——腿部动作(1)	1.提高水性。 2.改进呼吸动作技术，初步掌握蛙泳腿部动作要领。 3.提高动作协调性及水上平衡能力，增强身体机能，培养学生顽强拼搏的意志。	1.复习抱膝浮体、展体浮体、蹬边滑行。 2.蛙泳腿模仿练习。 3.游泳池边模仿练习。	1.复习抱膝浮体、展体浮体、蹬边滑行。 2.陆上蛙泳腿模仿练习。 3.坐地或俯卧出发台模仿蛙泳腿动作。	水中越障碍。

续表

教学内容	8	蛙泳——腿部动作（2）	1.进一步提高呼吸动作。 2.改进提高腿部动作技术；初步掌握呼吸与腿部动作的配合技术。 3.提高水上动作协调性，增强身体机能。	1.复习蛙泳腿模仿练习。 2.借助浮漂蛙泳腿模仿练习。	1.复习陆上蛙泳腿模仿练习、坐地或俯卧出发台模仿蛙泳腿动作。 2.借助浮漂蛙泳腿模仿练习。	蛙泳腿接力。
	9	蛙泳——腿部动作（3）	1.进一步改进呼吸动作。 2.改进腿部动作技术；初步掌握呼吸与腿部动作的配合技术。 3.发展学生的水上动作协调性，增强身体机能。	1.腿部练习。 2.呼吸配合。 3.套圈扶板行进间蹬蛙泳腿练习。	1.套圈扶边蹬蛙泳腿练习。 2.套圈扶板行进间蹬蛙泳腿练习。 3.呼吸3组。 4.指定两位同学做正确和错误动作，进行正误对比。 5.套圈扶板行进间蹬蛙泳腿练习。	扶板蛙泳腿接力。
	10	蛙泳——手臂动作和呼吸配合	1.改进呼吸与手臂动作配合技术。 2.改进蛙泳手臂动作技术要领。 3.初步掌握蛙泳配合动作。 4.提高水上动作协调性，增强克服困难的意志。	1.复习腿部动作及呼吸方法。 2.学习手臂动作。 3.水下练习。	1.教师讲解并示范蛙泳手臂动作；讲解手臂与呼吸配合要领。 2.陆上模仿练习。 （1）蛙泳手臂模仿分解练习。 （2）蛙泳手臂与呼吸配合的分解模仿练习。 3.下水练习：套圈做蛙泳手臂与呼吸配合的模仿练习。	划水比赛。

续表

教学内容	11	蛙泳臂与呼吸配合	1.改进呼吸方法与手臂配合技术。 2.改进蛙泳手部动作技术要领,初步掌握蛙泳配合动作。 3.提高水上动作协调性,增强克服困难的意志。	1.学生陆上模仿练习。 2.站立水中做手臂与呼吸配合练习。 3.套圈脚勾水槽做手臂与呼吸练习。 4.套圈做手臂与呼吸练习。 5.套圈或夹板划水练习。 6.扶板蹬腿练习。	1.学生陆上模仿练习。 2.站立水中做手臂与呼吸配合。 3.套圈脚勾水槽做手臂与呼吸练习。 4.套圈做手臂与呼吸练习。 5.套圈或夹板划水练习。 6.扶板蹬腿练习。	划水比赛
	12	蛙泳手臂与呼吸配合	1.改进呼吸与腿部的配合技术。 2.改进蛙泳手部动作技术要领。 3.提高水上动作协调性,增强身体机能,培养顽强精神。	1.学生陆上模仿练习。 2.站立水中做手臂与呼吸配合。 3.套圈脚勾水槽做手臂与呼吸练习。 4.套圈做手臂与呼吸练习。 5.套圈或夹板划水练习。 6.扶板蹬腿练习。	1.学生陆上模仿练习。 2.站立水中做手臂与呼吸配合。 3.套圈脚勾水槽做手臂与呼吸练习。 4.套圈做手臂与呼吸练习。 5.套圈或夹板划水练习。 6.扶板蹬腿练习。	划水比赛。

续表

教学内容	13	蛙泳腿、臂、呼吸配合(1)	1.改进呼吸与腿部的配合技术。 2.改进蛙泳手部动作技术要领。 3.发展学生的水上动作协调性,增强身体机能,培养顽强精神。	1.陆上练习。 (1)教师讲解并示范配合动作。 (2)陆上做蛙泳腿、臂模仿练习。 (3)陆上做收臂与呼吸配合模仿。 (4)陆上做完整配合。 2.水中练习。 (1)套圈做蛙泳腿、臂分解配合练习。 (2)套圈做蛙泳腿、臂、呼吸配合练习。	1.陆上练习。 (1)教师讲解并示范配合动作。 (2)陆上做蛙泳腿、臂模仿练习。 (3)陆上做收臂与呼吸配合模仿。 (4)陆上做完整配合。 2.水中练习 (1)套圈做蛙泳腿、臂分解配合练习。 (2)套圈做蛙泳腿、臂、呼吸配合练习。	扶板蹬腿25米比赛。
	14	蛙泳腿、臂、呼吸配合(2)	1.改进呼吸与腿部的配合技术。 2.改进蛙泳手部动作技术要领。 3.提高水上动作协调性,增强身体机能。	1.陆上做蛙泳腿、臂模仿练习。 2.陆上做收臂与呼吸配合模仿。 3.陆上做完整配合。 4.水中练习套圈做蛙泳腿、臂、呼吸配合练习。	1.陆上做蛙泳腿、臂模仿练习。 2.陆上做收臂与呼吸配合模仿。 3.陆上做完整配合。 4.水中练习套圈做蛙泳腿、臂、呼吸配合练习。	接力比赛。

续表

教学内容	15	蛙泳完整配合技术(1)	1.改进呼吸与腿部的配合技术。 2.改进蛙泳手部动作技术要领。 3.提高水上动作协调性，增强身体机能。	1.陆上站立时做蛙泳腿、臂模仿练习。 2.陆上做收臂与呼吸配合模仿。 3.半陆半水模仿练习。 4.水中练习套圈做蛙泳腿、臂、呼吸配合练习。	1.陆上站立时做蛙泳腿、臂模仿练习。 2.陆上做收臂与呼吸配合模仿。 3.半陆半水模仿练习。 4.水中练习套圈做蛙泳腿、臂、呼吸配合练习。	推拉板蛙泳接力。
	16	蛙泳完整配合技术(2)	1.改进呼吸与腿部的配合技术。 2.改进蛙泳手部动作技术要领。 3.提高水上动作协调性，增强身体机能。	1.陆上站立时做蛙泳腿、臂模仿练习。 2.陆上做收臂与呼吸配合模仿。 3.半陆半水模仿练习。 4.水中练习套圈做蛙泳腿、臂、呼吸配合练习。	1.陆上站立时做蛙泳腿、臂模仿练习。 2.陆上做收臂与呼吸配合模仿。 3.半陆半水模仿练习。 4.水中练习套圈做蛙泳腿、臂、呼吸配合练习。	接力比赛。
	17—18	小赛季	能乐于展示比赛的基本礼仪，遵守规则并能够胜任且参与至少两次“裁判”任务，保持乐观的心态，具有正确的胜负观。	1.简化规则对抗赛：团队协作赛、个人积分赛等。 2.校园吉尼斯挑战赛：50米、100米、200米、1000米耐力赛。 3.颁奖典礼：个人单项奖、最佳进步奖、最佳团队奖、最佳裁判奖、礼仪风采奖等。		

五　初中阶段水上运动项目课时教学案例

蛙泳——手臂与呼吸的配合

授课教师：厦门外国语学校　陈雅繁　　　　授课对象：初中二年级学生

<table>
<tr><td>教学内容</td><td colspan="2">蛙泳——手臂与呼吸的配合</td><td>重点难点</td><td>1. 重点：外划抬头吸气，前伸低头吐气。
2. 难点：手臂动作与呼吸的协调配合。</td></tr>
<tr><td>教学目标</td><td colspan="4">1. 明确蛙泳手臂动作路线、动作方法及手臂与呼吸配合的时机。
2. 通过学练，70%的同学能在浮条的辅助下做到外划抬头吸气，前伸低头吐气，30%的同学能独立完成，做到动作协调，换气顺畅。
3. 通过水中高抬腿和阻力跑练习，提高学生心肺耐力。
4. 通过学练，培养学生超越自我、顽强拼搏的精神，增强学生互帮互学的团体意识。</td></tr>
<tr><td rowspan="3">教学过程</td><td>课序</td><td>教学内容</td><td>教学活动方式与组织措施</td><td>次数，时间，强度（心率）</td></tr>
<tr><td rowspan="2">热身部分</td><td>一、课堂常规
1. 体委整队，汇报出席人数。
2. 教师检查服装。
3. 师生问好。
4. 教师宣布本课的内容、任务，安排见习生随堂听课。</td><td>1. 组织1：密集队形。
××××××××
××××××××
××××××××
××××××××
▲
2. 教与学：教学常规检查与落实。
3. 要求：集合整队快、齐、静。</td><td>1次，2分钟，90—100次/分</td></tr>
<tr><td>二、准备活动
1. 教师自编双人操。
（1）肩部运动
（2）体侧运动
（3）体转运动
（4）腹背运动
（5）膝关节运动
（6）腿部拉伸
2. 陆上模仿练习。</td><td>1. 组织2：同组织1。
2. 教与学：在教师的提示下练习。
3. 要求：动作到位，各关节充分舒展。</td><td>4×8拍，6分钟，120—140次/分</td></tr>
</table>

续表

教学过程	提高部分	一、学习蛙泳手臂与呼吸的配合 1.动作要领:两臂外划水时抬头,下划水时露出水面张口快速吸气,内划时闭气,两臂前伸夹紧头部,滑行时呼气。 2.重点:外划抬头吸气,前伸低头吐气。 难点:手臂动作与呼吸的协调配合。 3.易犯错误。 (1)抬头换气时机不对。 纠正方法:强加陆上练习,外划抬头吸气,前伸低头吐气。 (2)外划过大,内划没有夹肘,手臂向后,导致无法抬头换气。 纠正方法:反复强调,外划比肩稍宽,内划向内向后。	1.组织3:8人一组,一个泳道 ××××× ××××× ××××× ××××× 2.要求。 (1)在教师讲解时要注意倾听。 (2)要理解动作重点要表达的意思。	1次, 2分钟, 100-120次/分

续表

<table>
<tr>
<td rowspan="2">教学过程</td>
<td rowspan="2">提高部分</td>
<td rowspan="2">二、基础性练习</td>
<td>1.水性练习。
(1)韵律呼吸。
(2)蹬臂滑行。
(3)穿越“时空”。
方法:各组派一名同学手持浮条站在距出发点3米处,其他同学用蹬臂滑行的动作,从浮条下方穿过,每人3次,穿越人数多者剩。
2.水中站立手臂与呼吸的配合。
3.行进间手臂与呼吸的配合。
4.浮条辅助练习:20米练习距离,两人一组一个浮条或每人一个浮条进行两次蹬腿一次划臂与呼吸的练习。
动作方法如下:以小组为单位,一人将浮条置于腋下练习,一人手拉浮条,防止同伴下沉,帮助同伴完成两次蹬腿一次划臂与呼吸的练习,并观察同伴的练习情况,及时反馈。</td>
<td>1.组织4:8人一道,一个泳道。
×××××
×××××
×××××
×××××
2.要求。
(1)在教师的提示下,按动作要求练习。
(2)呼吸有节奏,滑行时保持身体流线型。
(3)从浮条下方穿过。</td>
<td>3次,
12分钟,
130-150次/分</td>
</tr>
<tr>
<td>5.分层练习。
(1)浮条辅助下,两次蹬腿一次划臂与呼吸的练习。
(2)独立进行两次蹬腿一次划臂与呼吸的练习。</td>
<td>1.组织5:学生根据自身的能力选择相应的泳道。
×××××
×××××
×××××
×××××
2.要求。
(1)蹬臂滑行时身体呈流线型。
(2)外划抬头吸气,前伸低头吐气。
(3)完成动作5次后,站在泳道边。</td>
<td>5次,
5分钟,
140-160次/分</td>
</tr>
</table>

续表

<table>
<tr><td rowspan="3">教学过程</td><td rowspan="2">提高部分</td><td>三、冠军争夺赛
方法：从池壁出发，蹬地滑行后，做5次两蹬一呼的完整动作，距离远者为胜，先进行组内PK，组内最远者，代表本组与其他组比赛。</td><td colspan="2">1.组织6：同组织3。
2.要求。
(1)遵守规则，积极进取。
(2)体会动作跟速度的关系。
(3)在练习过程中靠泳道右侧出发，左侧返回。</td><td>5次，
7分钟，
140-160次/分</td></tr>
<tr><td>四、体能练习（水中抗组练习，循环2组）
1.水中高抬腿30次。
2.水中开合跳30次 。
3.水中阻力跑15米。
4.水中直臂前后划水30次。</td><td colspan="2">1.组织7：同组织3。
2.要求。
(1)认真听讲，明确练习任务与要求。
(2)按要求进行练习。
(3)同伴间相互观察、指导。</td><td>2次，
7分钟，
150-170次/分</td></tr>
<tr><td>恢复整理部分</td><td>1.放松活动：韵律呼吸放松。
2.评价本课学习情况。
3.布置作业并提出今后学习要求。</td><td colspan="2">1.学生水中有韵律地呼吸，放松身心。
2.针对本节课的教学进行点评。
3.教师提出今后学习的要求。</td><td>1次，
4分钟，
150-170次/分</td></tr>
<tr><td>场地器材</td><td colspan="2">场地：游泳池。
器材：海绵棒32条，挂图一幅，音响设备一套。</td><td>预计运动负荷</td><td colspan="2">练习密度：50%—55%。
最高心率：150次/分钟。
平均心率：110—120次/分钟。</td></tr>
</table>

六 初中阶段水上运动项目课时教学案例分析

本课主要学习蛙泳手臂与呼吸的配合，对学生的协调能力要求较高。通过岸上练习、水中行走、两人一组利用浮条做手臂与呼吸配合练习、每人一个浮条进行手臂与呼吸配合、冠军争夺赛等练习，循序渐进，尺度、效度相结合，学、练、赛、评一体化，潜移默化地让学生掌握蛙泳手臂与呼吸配合技术，培养学生的体育素养。

本课依据教材的特点，结合学生身心发展特征，针对人的认知和技能形成规律，采用引导式，循序渐进地帮助学生掌握相关知识与技能。教学方法上主要采用讲解示范法、自主学习法、合作探究法、比赛法等，让学生发挥团队精神，共同合作学习，使每个学生都能较好地掌握蛙泳手臂与呼吸的动作，并完成各项挑战，既有温度和效度，更有尺度和品度。

第七节 专项运动技能武术类课堂的教学实践

一 武术概述

武术是我国民族传统体育中已经走向世界的运动项目,同时也是人们生活中的实用技能,具有健身、防身、修身等多种功能,其内容博大精深,丰富多彩。在初中阶段安排武术教学,是搭建对学生进行爱国主义和武德教育的重要平台。对初中学生的身心发展具有良好的促进作用。武术运动不仅具有很好的育人价值,而且在培养学生的中华民族认同感、文化自信等方面具有重要作用,有助于弘扬立身正直、见义勇为、自强不息、厚德载物的尚武精神,促进学生理解和践行中华优秀传统体育与养生文化,增强民族自信和民族自豪感。

《义务教育体育与健康课程标准(2022年版)》武术类运动项目包含长拳、形意拳、八卦掌、中国式摔跤、太极拳、射箭、射弩等。教师应根据自身的武术技能水平、学生武术基础和身心发展特点、学校场地设施以及当地武术特色项目,有针对性地选择教学内容,所选择的内容在初中阶段要有合理性、衔接性、递进性、结构化。例如选择七年级的长拳、八年级的南拳(五祖拳或特色拳种)、九年级的短棍(五祖棍或特色传统器械)作为初中三年的学习内容,不仅符合小学阶段学练武术后所能接受的范围,还为高中阶段武术模块奠定基础,即衔接性(武术基本功、基本动作、五步拳→健身长拳→形神拳或三路长拳);不仅是对小学、初中、高中的逐级提升,而且是对初中项目难度的适当提升(健身长拳→南拳或特色拳种→器械),即递进性;不仅符合小学、初中、高中教学内容结构化要求,而且符合初中每个学年项目教学内容的结构化要求。

在教学上要加强基本功和基本动作练习,多采用体育游戏或比赛增强趣味性,强调主题式教学,合理运用“打练合一”的教学策略,重视让学生在真实的攻防情境中体悟战术,强调安全与自我保护意识,设计具有挑战性的学习活动,同时凸显传统体育的文化底蕴,注重“尚武崇德”。

二 初中阶段武术项目学习目标解析

1. 了解武术的文化内涵、基本知识与竞赛规则要求，知道该运动的特点与价值。

(1)了解武术产生与发展概述、基本概念、武术运动的特点(文化精神与审美)、武术文化的传播与传承，继承和发扬中华民族传统文化。

(2)掌握武术理论的基本知识。了解武术的分类方式、武术的功能和作用、武德与当代社会意义；掌握武术动作要领名称、攻防技击含义、练习手段，了解武术的图解知识及识图方法。

(3)了解武术组合动作创编的原则与方法，了解武术比赛编排与裁判法等基本规则，懂得所学武术套路风格特点，学会欣赏与评价武术比赛，制订并实施该运动项目的学练计划。

2. 掌握武术运动的基本功、基本动作技术、组合动作技术和套路，在各类情境中学以致用，通过武术游戏和比赛提高一般体能和专项体能，通过主题式教学，强化内容结构化意识，并付诸实践，形成健康的锻炼行为。

(1)熟练掌握提升武术基本功的方法并运用，提高基本动作完成质量。

(2)掌握组合动作技术和套路，体会“形神合一”和“精、气、神”的武术精髓，懂得武术游戏的作用、方法和规则，同时有效发展一般体能和专项体能，提升内容结构化意识。

(3)在课外自我锻炼中合理组织、学以致用，完善和修订个人武术锻炼计划，通过案例、情境或多媒体等途径加强对武术中的攻防技击、对抗等的理解与体会，并懂得举一反三，将武术作为终身体育锻炼的项目之一。

(4)了解武术运动的竞赛规则与实战演练原则，能积极参与小组、班级、校级等的展示、比赛与模拟对抗，每学期通过现场、网络或电视观看武术比赛或表演，并能客观进行评价，能承担班级内比赛的部分裁判工作。

3. 培育学生“尚武崇德”的中华民族精神、坚定文化自信，培养学生乐观开朗、积极向上、沉着冷静、果断坚毅、机智勇敢的良好品质，增强遵守原则和规则、安全防范和自我保护意识，弘扬尊重对手、礼貌待人的精神。

(1)养成敢于拼搏、自尊自信、果断坚毅、机智勇敢、沉着冷静的体育精神。

(2)具有讲究原则、遵守规则、公平正义、讲诚信、能自律的体育道德。

(3)形成尊重对手、礼貌待人、协作互助，安全防范和自我保护的体育品格。

三 初中阶段武术项目具体学习建议

年级	内容分类	内容要点
七—九年级	基本知识与基本技能	学练长拳的组合动作技术和套路；理解长拳动作技术的基本原理，以及长拳文化、特点与价值，制订并实施长拳学练计划。
	技战术运用	将长拳的对拆、声东击西等技战术运用到个人和小组展示或比赛中，运用所学技战术进行长拳二段拆招，思考个人制胜因素的同时鼓励集体协同作战。
	体能	在长拳项目中提高体能水平，如通过正踢腿、腾空飞腿练习提高下肢肌肉力量和平衡能力等。
	展示或比赛	积极参与班级内比赛和小组间组合动作创编比赛，在比赛中正确并熟练地运用长拳的基本功、基本动作技术和组合动作技术等。
	规则与裁判法	理解长拳的比赛规则和裁判方法，如长拳比赛中步法或腿法技术错误的判罚等，能承担班级内比赛的部分裁判工作。
	观赏与评价	关注长拳比赛的相关信息；每学期通过现场、网络或电视观看不少于8次长拳比赛或表演，能对某场高水平的长拳比赛做出分析与评价。

四 初中阶段武术项目大单元教学案例

学情分析	初中学生已经具备一定的观察、分析和解决问题的能力，虽然他们对武术比较陌生，但有很强的求知欲，并且喜欢竞赛，接受力强，模仿能力强，善于表现自我。另外，同学间的运动参与能力、性格、爱好有较大差异。本单元运用游戏比赛和模拟对抗，激发学生的学习兴趣。以小组为学习单位，采用团队合作学习的方法，突出体育骨干的带头作用，培养学生自主学习和合作学习的能力，发展学生协调、灵活的身体素质。
学习目标	1. 了解武术的文化内涵、基本知识与竞赛规则，知道该运动的特点与价值。 2. 掌握武术运动的基本功、基本动作技术、组合动作技术和套路，在各类情境中学以致用，通过武术游戏和比赛提高一般体能和专项体能，通过主题式教学，强化内容结构化意识，并付诸实践，形成健康的锻炼行为。 3. 培育学生“尚武崇德”的中华民族精神、坚定文化自信，培养学生乐观开朗、积极向上、沉着冷静、果断坚毅、机智勇敢的良好品质，增强遵守原则和规则、安全防范和自我保护意识，弘扬尊重对手、礼貌待人的精神。

续表

	课次	主题	目标	学习活动	练习活动	比赛活动
教学内容	1	认识长拳	认识长拳并提高基本动作水平、制订武术锻炼计划、攻防技击含义的理解与应用。	1. 认识武术与长拳。 2. 抱拳礼与武德。 3. 长拳基本手型、步型、手法、腿法。	1. 通过视频等了解武术和长拳的基本理论知识。 2. 武德教育与武术礼节。 3. 复习小学阶段所学武术基本动作，提高演练水平和质量；复习基本动作的攻防技含义。 4. 引导学生制订武术锻炼计划。 5. 体能游戏：猜拳换位游戏。	1. 利用小海绵包做教具体会拳、掌、勾，单人握包(拳)5—8次、双人对掌夹包5—8次、勾包5—8次。 2. 利用小海绵包做教具置于头上体会弓步、马步重心平稳3—5次。
	2	长拳基本功与五步拳(1)	践行武德、提高动作质量与技法，引导学生根据计划付诸实践并完善。	1. 抱拳礼。 2. 长拳基本动作。 3. 复习五步拳。	1. 强调纪律和安全防护意识。 2. 通过已学过的游戏或比赛加强基本动作学练趣味性，进一步巩固和提高动作完成质量。 3. 通过复习集体五步拳，小组合作学练动作及技击方法，提高质量。 4. 引导学生将计划付诸实践并完善。 5. 体能游戏：“移形换影”游戏。	1. 两人一组利用脚靶做教具体会冲拳5—8次。 2. 利用小海绵包做教具置于头上体会仆步、虚步、歇步重心平稳3—5次。

续表

教学内容	3	长拳基本功与五步拳（2）	掌握长拳游戏和比赛、五步拳成套动作，运用游戏和比赛进行专项体能训练。	1. 长拳的游戏或比赛。 2. 复习五步拳。 3. 专项体能训练。	1. 丰富专项体能训练手段与形式，懂得游戏和比赛的自主创设方法。 2. 集体学习游戏和比赛创设，小组合作制定相关方法与规则，班级及小组推优交流与分享。 3. 提高五步拳成套动作演练水平、体现技击特性，能用五步拳动作进行两人一组攻防对抗。 4. 体能练习：弹踢冲拳，蹬腿推掌抡臂单拍脚行进8—10米。	1. 两人一组利用脚靶和跳箱盖做教具，体会弹踢绷脚面，力达脚面，蹬腿勾脚尖，力达脚跟，单拍脚摆腿快且直、有击响5—8次。 2. 两人一组，一个人做弹踢推掌10次或蹬腿冲拳10次或原地单拍脚10次，另一个人根据动作要领进行提示和纠正。
	4	长拳主题式学习（1）	巩固提高关于“拳”的基本动作与组合动作质量、关于“拳”的内容结构化意识。	主题一“拳”（详见最后案例）： 1. 关于“拳”的手法。 2.“拳”与步型的组合。 3.“拳”与腿法的组合。 4.综合组合。	1.通过主题教学，使学生发现“拳”类动作技术的主要特点、共性与区别，举一反三，帮助学生更好地掌握要领，提高分析问题和解决问题的能力。 2. 使学生有内容架构化的意识，掌握将所学知识进行梳理、整理和归纳的方法，并形成完整结构。 3. 体能游戏：“大力金刚腿”比赛。	1. 蹬腿冲拳行进8—10米、马步连续冲拳20次或者20秒。 2. 利用步型快速转换（石头剪刀布游戏）。 3.“大力金刚腿”比赛：两人间隔5米相对站立，比一比谁蹬的跳箱盖离对方近。

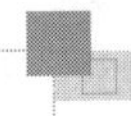

续表

教学内容	5	长拳主题式学习(2)	巩固提高关于“掌”的基本动作与组合动作质量、关于“掌”的内容结构化意识。	主题二“掌”(详见最后案例): 1.关于“掌”的手法。 2.“掌”与步型的组合。 3.“掌”与腿法的组合。 4.“掌”与步法的组合。 5.综合组合。	1.通过主题教学,使学生发现“拳”类动作技术的主要特点、共性与区别,举一反三,帮助学生更好地掌握要领,提高分析问题和解决问题的能力。 2.强化学生学习内容结构化的意识,并在主题一的基础上尝试对主题二的内容进行结构化处理。 3.体能游戏:弹腿推掌、弓步推掌行进8—10米、四个动作为一组合连续完成五遍。	1.利用小海绵包做教具体会双人对掌夹包5—8次。 2.利用小海绵包做教具置于头上体会组合步型转换重心平稳3—5次。
	6	长拳主题式学习(3)	懂得游戏或比赛方法、提高动作质量、突出技法特点。	1.将长拳的游戏或比赛作为基本功、基本动作练习。 2.复习主题一、二。 3.基本动作与组合动作:模拟对抗。	1.通过游戏或比赛增强基本功、基本动作的趣味性。 2.通过复习主题一、二,系统学练,提高内容架构化水平。 3.通过模拟对抗,加深对动作及其攻防技击含义的认知与理解。 4.体能练习:仆步行进8—10米。	1.利用绳和自制沙包练习马弓转换与弓仆转换,体会蹬转与重心。 2.两人一组,一个人做弓步冲拳10次、马步冲拳10次、仆步穿掌5次,另一个人根据动作要领进行提示和纠正;利用步型进行快速转换(石头剪刀布游戏)。 3.创编动作3—4个。

续表

教学内容	7	长拳主题式学习（4）	提高演练水平、展现技击特性、创编或改造动作、掌握创编动作方法。	1. 巩固主题一、二组合动作。 2. 创编或改造长拳组合动作。 3. 运用所学模拟实战演练。 4. 长拳的游戏或比赛作为专项体能练习（课课练）。	1. 进一步巩固和提高主题一、二所学内容，提高演练水平展现技击特性。 2. 通过创编或改造长拳组合动作，来进一步加强学生对长拳及其内容结构化的实践。 3. 通过模拟实战使学生深刻理解所学动作，并能准确做出反应。 4. 通过复习或参与长拳的游戏或比赛，来提升专项体能，并掌握方法与规则。	1. 小组模拟武术套路微型比赛展示与改进。 2."无影手"比赛：用拳、掌击打海绵包，击打距离远的获胜。 3."拳法无敌"比赛：冲拳和推掌击打脚靶，击打准的获胜。
	8	武林百花齐放（1）	自信展示和协作演练、学会评价、评价方法实践。	1. 长拳游戏或比赛。 2. 提高所学组合动作和技法演练。 3. 展示与评价。	1. 丰富游戏或比赛内容与方法，善于分享和交流。 2. 在实战演练中快速做出反应，加深对动作的理解。 3. 通过展示与评价，培养自信、勇气、协作等精神，学会欣赏和评价方法。	1. 小组模拟武术对抗微型比赛。 2."运功传送带"比赛：小组传送所学动作，动作若出现遗忘则为失败，最先完成动作的小组获胜。
	9	武林百花齐放（2）	学会欣赏与评价、提高演练和模拟实战能力、小裁判实践。	1. 长拳游戏或比赛。 2. 进一步提高所学组合动作。 3. 模拟实战。 4. 考核与评价。	1. 丰富游戏或比赛内容与方法，善于分享和交流，并能做出评价。 2. 在实战演练中快速做出反应，加深对动作的理解与应用。 3. 充分展现长拳技击特性的同时准确快速做出反应，并能学以致用、举一反三。 4. 学生充当小裁判进行分工、组织和评价。	武林百花齐放。

续表

教学内容	10	认识健身长拳	认识健身长拳并提高基本动作水平、制订武术锻炼计划。	1. 认识武术与健身长拳。 2. 复习主题一、二动作。 3. 长拳基本动作（游戏或比赛）。	1. 通过视频等了解武术和长拳的基本理论知识。 2. 武德教育与武术礼节。 3. 集体复习所学武术基本动作，提高演练水平和质量；复习基本动作的攻防技击含义。 4. 引导学生小组合作制订武术锻炼计划。	看谁反应快：两人一组，面对面站立，相距一臂左右。一人担任进攻方，另一人担任防守方。防守方侧举右手，掌心向前，进攻方快速击打其掌心，防守方可将右手上下移动躲避击打。比比看是冲拳速度快还是躲避速度快。
	11	健身长拳(1)	掌握动作要领、连贯完成、能讲出动作的攻防技击含义、游戏或比赛的创设	1. 长拳基本动作（游戏或比赛）。 2. 攻防演练。	1. 掌握游戏和比赛方法并积极参与。 2. 能讲出动的攻防技击含义；能用所学进行小组轮换模拟实战。 3. 闭式灵敏、协调体能练习：圆点跳动练习、锥桶练习、“一”形练习、“L”形练习、“T”形练习。	1. 击打与躲避：教师担任进攻者，全体学生担任防守者。预备时师生均做出攻防练习的预备姿势。教师做出摆拳和勾踢等进攻性动作时，学生根据进攻动作迅速做出低头、收腿等躲避动作。反应错误的学生完成三个俯卧撑。 2. 模拟对抗：冲拳或弹腿对按掌前推。

续表

教学内容	12	健身长拳(2)	掌握动作要领、连贯完成、模拟对抗演练。	1.长拳基本动作。 2.复习。 3.攻防演练。 4.专项体能(游戏或比赛)。	1.提高完成质量,并能连贯完成。 2.能讲出动的攻防技击含义,能用所学进行两人一组多人轮换模拟实战。 3.掌握专项体能训练内容与方法。	1.步法快速移动、躲闪、防守反击。 2.看信号十字辨向折回跑。 3.模拟对抗:冲拳对缠腕斩拳、横拳(斩拳)对闪身冲拳。
	13	健身长拳(3)	掌握动作要领、连贯完成、技法选择运用。	1.长拳基本动作。 2.攻防演练。 3.专项体能(游戏或比赛)。	1.提高完成质量,并能连贯完成。 2.能讲出动的攻防技击含义,能用所学进行两人一组多人轮换模拟实战。 3.掌握专项体能训练内容与方法。 4.体能:波速球练习、拉铃负重练习。	1.控腿挑战:看谁在标准内坚持得久。 2.判断距离做出不同对抗动作。 3.模拟对抗:冲拳或蹬腿对掼拳戳脚、顶肘的运用。
	14	主题式学习(1)	掌握主题三内容、学会主题三设定方法。	主题三:上肢动作(详见最后案例)。	1.在主题一、二的基础上进一步加深内容结构化、系统化的认知与理解。 2.体能:肩、胸、上背部肌肉群练习方法体验;激活练习、肩部肌群练习、胸部肌群练习、上背部肌群练习。	运用所学总结归纳上肢动作并创编。
	15	主题式学习(2)	掌握主题三、四内容与方法、自主合作设定主题四。	主题四:下肢动作(详见最后案例)。	1.在主题一、二的基础上进一步提高内容结构化、系统化水平。 2.体能:激活练习、臀部肌群练习、腿部肌群练习。 3.HIIT(高强度间歇训练)练习。	运用所学总结归纳下肢动作并创编。

续表

教学内容	16	主题式学习（3）	成套动作、主体化学习、技法主题化学习迁移。	1.复习1–6动。 2.学练7–10动（反向动作）+收势。 3.复习主题三、四内容与方法。 4.实战模拟。	1.掌握全套动作。 2.总结归纳主题化学习方法。 3.通过模拟实战与主题结合，找出共性与个性，提高动作理解与应用。 4.体能：核心力量进阶。 5.循环练习：波速球练习、弹力带练习。	运用所学创设游戏并完善。
	17	武林大会（1）	自信展示和协作演练、学会评价、评价方法实践。	1.成套动作。 2.利用主题三、四内容进行动作创编或改造，并能说出攻防技击含义。 3.展示、比赛与评价。	1.完整、连贯地完成成套动作，体现风格特点。 2.总结归纳学习方法，提升内容结构化意识。 3.自信展示、协作配合、交流分享，懂得欣赏，学会评价。	摩拳擦掌，运筹帷幄，队伍编排、动作提升。
	18	武林大会（2）	学会欣赏与评价、提高演练和模拟实战能力、小裁判实践。	1.成套动作。 2.复习所学知识、技能、技术与方法。 3.考核与评价。	1.完整、连贯地完成成套动作，体现风格特点。 2.总结归纳学习方法，提升内容结构化意识，并能学以致用、举一反三。 3.学生充当小裁判进行分工、组织和评价。	武林大会。

五 初中阶段武术项目课时教学案例

武术——健身长拳

授课教师：外国语瑞景分校　胡晓凤　　　　授课对象：初中二年级学生

教学内容	1.健身长拳弹踢穿顶、掼拳戳脚、闪身砍推、收势与攻防创编。 2.体能：攻防蹲跳、探囊取物、桃花朵朵开。	重点：正确的动作与路线，了解攻防含义。 难点：精力充沛与攻防意识。

续表

<table>
<tr><td>教学目标</td><td colspan="4">1.通过学练,85%学生能较好地掌握健身长拳与知晓攻防含义;15%学生能基本掌握健身长拳7—10动与并构建多种运用情境,能够赏析同伴动作。
2.利用本课所学锻炼方法在课内外体育活动中正确运用;能迅速适应并积极投入学练和展示中,并表现出较好的抗挫能力;与同伴协作互助完成学习活动,培养勇猛顽强、积极进取、尚武崇德品质与正确的胜负观,增强文化自信。</td></tr>
<tr><td rowspan="4">教学过程</td><td>课的结构</td><td>教学内容</td><td>教学活动方式与组织措施</td><td>时间,次数,强度(心率)</td></tr>
<tr><td rowspan="3">热身部分</td><td>1.课堂常规
(1)体育委员集合整队,清点人数。
(2)师生问好。
(3)宣布本节课任务及安全要求。
(4)检查着装。
(5)安排见习生。</td><td>1.组织队形1:四列横队。
××××××××
××××××××
××××××××
××××××××
2.教与学。
(1)课堂常规工作逐项落实。
(2)提出本节课任务和要求。
(3)提醒课堂纪律和注意安全。
3.要求:快、静、齐。</td><td>1次,2分钟,80—100次/分</td></tr>
<tr><td>2.武术基础热身
(1)动态热身:击步跑、并腿跳、单跳伦臂、胯下击掌。
(2)手法热身:冲拳、推掌、劈拳、砸拳。
(3)柔韧拉伸:压腿、涮腰。
(4)步法热身:马步双冲拳、弓步双推掌。</td><td>1.组织队形2。
(1)成一路纵队绕篮球场边线行进。
(2)四列横队体操队形。
2.教与学。
(1)教师示范讲解,学生明确要点。
(2)学生分组听口令统一练习。
3.要求:集中注意力,动作到位。</td><td>1次,4分钟,100—120次/分</td></tr>
<tr><td>3.复习健身长拳1-6动。
预备势、起势、开步双劈、按掌前推、搂手勾踢、缠腕斩拳、闪身冲拳、弹踢穿顶。</td><td>1.组织队形3:四列横队体操队形。
2教与学。
(1)学生自主学练,明确各动作要点。
(2)小组长带领下集中展示。
3.要求:动作到位,刚劲有力。</td><td>1次,5分钟,120-140次/分</td></tr>
</table>

续表

<table>
<tr>
<td rowspan="2">教学过程</td>
<td rowspan="2">学习提高部分</td>
<td rowspan="2">1. 学习健身长拳7—10动。</td>
<td>(1)动作要领与攻防含义。
①弹踢穿顶:屈伸弹踢,穿掌顶肘,顺势有力;勾手挡,掌穿喉,肘顶心。
②掼拳戳脚:戳踢高不过膝,两臂动作连贯协调;戳踢对方小腿胫骨,右脚内扣下钉对方脚面。
③闪身砍推:闪身明显,砍、推手法变换清晰;后闪身同时砍掌于对方颈,提膝脚前落右掌推胸口。
④收势:左脚向右脚并拢,两臂抱礼拳后左掌变拳两手屈肘收至腰间头左转。
(2)易犯错误与纠正。
①弹踢腿未屈伸;戳踢无力;砍、推不连贯。
②先提膝再弹腿;强调后跟擦地;提膝脚快速落地推掌迅速。</td>
<td>1. 组织队形4:四列横队体操队形。
2. 教与学:
(1)教师播放视频。
(2)学生认真观看。
(3)教师示范讲解动作。
(4)学生仔细观看视频与认真学练。
3. 要求:认真聆听,仔细观察,积极互动与学练。</td>
<td>1次,2分钟,100—120次/分</td>
</tr>
<tr>
<td>(3)任务设计。
①任务一:学得对。
帮助学生建立正确动作概念。学生先跟随视频进行自主学习路线与动作;教师再进行动作详解与要领。
②任务二:学得好。
帮助学生提高动作质量规格。针对规则扣分点和动作要领讲解。
③任务三:学得精。
帮助学生建构攻防意识,提升力度。进行弹踢、顶肘、戳踢、砍、推分解练习。
④任务四:学会用。
帮助学生强化创新意识,学会运用动作。将学生分成四个小组选择本节课教学的一个动作进行多种攻防情境探究并进行小组展示。</td>
<td>1. 组织队形5:四列横队体操队形。
2. 教与学。
(1)教师组织观看视频进行动作讲解。
(2)教师提问,引发学生思考。
(3)学生练习,教师巡回纠错。
(4)拍摄并播放学生练习视频,引导学生赏析评价动作。
3. 要求:快速组织,有序练习。</td>
<td>4次,20分钟,120—150次/分</td>
</tr>
</table>

续表

<table>
<tr><td rowspan="2">教学过程</td><td>学习提高部分</td><td>2.体能练习。
(1)攻防蹲跳20次。
两人一组,分别手持塑料袋进行上摆和扫腿攻防练习。
(2)站立式探囊取物。
两两对战,运用攻防技术,看谁先成功夺取对方卡在腰后的塑料袋。
(3)俯撑式探囊取物。
两两对战,以俯撑姿势进行探囊取物。
(4)桃花朵朵开20次。
共分成4组,10人一组,进行仰卧起坐练习20次。</td><td>1.组织队形6:分四个小组在场地的四个区域轮换进行练习。
2.教与学。
(1)教师借助微课视频讲解练习。
(2)学生分组进行体能练习。
(3)教师巡回纠错。
3.要求:小组配合,认真投入练习与比赛。</td><td>2次,8分钟,150—170次/分</td></tr>
<tr><td>恢复整理部分</td><td>1.放松拉伸。
(1)太极放松:浑圆桩、虚实桩、升降桩、扶按桩。
(2)拉伸:坐地前俯身、坐地侧压、坐地合腿前压、跪姿拉伸。
2.学练总结,布置作业。
3.师生再见,回收器材。</td><td>1.组织队形7:四列横队体操队形。
2.教与学。
(1)教师带领学生放松拉伸。
(2)教师总评,布置作业。(3)师生再见,值日生回收器材。
3.要求:放松身心。</td><td>4×8拍,4分钟,100—110次/分</td></tr>
<tr><td>场地器材</td><td colspan="2">室内篮球场、智教屏、音响1台、塑料袋40个。</td><td>预计运动负荷</td><td>群体练习密度:75%—80%。
个人练习密度55%—60%。
平均心率:140—160次/分。
最高心率:170—180次/分。</td></tr>
<tr><td>安全保障措施</td><td colspan="4">1.检查场地设备和服装安全性。
2.准备活动充分。
3.强调比赛安全。</td></tr>
</table>

六　初中阶段武术项目课时教学案例分析

根据运动技能形成的规律及学生的年龄特点,本课任务层级由易到难依次分为:武术基本功热身环节→健身长拳第一段技术复习环节→健身长拳7—10动套路动作与攻防学练环节→小组练习环节→小组创编展示与评价环节。采用层层递进的方式,让学生在学、练、赛、评过程中,进一步了解动作概念与攻防

运用。前半部分的任务导向，引导学生积极思考与学练；后半部分的创编展示，提高学生学练热情与攻防技术的创新组合。

整体上体现了以下几个特点。

1. 一物多用，激趣增效。教学过程中借助塑料袋的使用，在热身部分用以检测学生练习的速度和提高练习趣味，在学习提高部分用以提升动作准确度和力度。

2. 合作探究，深度学习。通过学习共同体，基础热身部分以10人一组合作热身，学习提高部分以两人一组合作学练攻防动作、10人1组合作练习与创编练习，互相指导纠错，让学生学得投入，学得有深度，提高学生合作交流能力与创编运用能力。

3. 素养驱动，综合评价。在练习过程中引导学生对运动能力、健康行为、体育品德方面进行评价，提高学生运动技能与体能，促进综合发展。

4. 媒体融入，目标引领。充分利用体育馆多媒体设备，提前拍摄好练习视频，让学生在上课过程中有所参照，提升练习兴趣，寻找练习速度目标。

中华传统项目更具温度和品度，当然一定是在效度和尺度的基础上。所以，从武术课看人本体育理念下的四度课堂会更加清晰，更加凸显。

第八节 专项运动技能新兴类课堂的教学实践

一、新兴类运动概述

新兴体育类运动是指在国际上比较流行、在国内开展不久或国内外新创的、大众运动色彩浓郁、深受青少年喜爱的体育活动。该类运动的主要特点是形式新颖,具有较强的时尚性和挑战性。《义务教育体育与健康课程标准(2022年版)》中新兴体育类运动项目可分为生存探险类项目(如定向运动、野外生存、远足、登山、攀岩等)和时尚运动类项目(如花样跳绳、轮滑、滑板、极限飞盘、跆拳道、独轮车、小轮车、飞镖等)。

新兴体育类运动除了与其他类运动具有共同的育人价值和能力要求外,在增进学生对不同国家和地域体育文化的了解,激发学生的求知欲与探索欲、好奇心与冒险精神等方面具有独特的育人价值。其中,生存探险类项目主要在自然场地进行,具有较强的挑战性、探险性及结果的不可预测性,有利于促使学生运用多学科的知识与技能,提高应对各种突发事件的能力;时尚运动类项目是随着社会发展与健康生活需求而衍生出来的,具有娱乐性、休闲性和实用性等特点,有助于培养学生参与体育运动的兴趣,增强学生的创新意识,增强学生对新鲜事物的接受能力与适应能力。因此,在新兴体育类运动教学中,应为学生创设丰富多样、新颖有趣、富有挑战、多学科融合的,与生活实际相结合的学习情境,科学设计学练内容,合理选择练习手段与方法,在发展学生技能与体能的同时培养学生勇于挑战、创新求变的精神,遵守规则、团队合作的意志品质,接受适应、应急处理等综合能力。

二 初中阶段新兴体育类运动项目学习目标解析

1.掌握与运用新兴体育类运动项目动作技术,提高运动能力。

(1)形成对新兴体育类运动项目的兴趣爱好。

(2)理解新兴体育类运动项目动作技术的基本原理以及该运动项目的文化、特点与价值。

(3)学练并运用新兴体育类运动项目基本动作技术、组合动作技术及技战术,分析和解决综合练习、游戏、展示或比赛中遇到的问题,掌握1—2项新兴体育类运动项目动作技术。

(4)明确国家学生体质健康标准的测试与评价方法,在所学新兴体育类运动项目中提高体能水平。

(5)理解并运用所学新兴体育类运动项目比赛规则和裁判方法,参与组织比赛并承担部分裁判工作。

(6)关注所学新兴体育类运动项目比赛的相关信息,每学期观看不少于8次比赛,能对某场高水平的比赛做出分析与评价。

2.掌握各种新兴体育类运动发展的基本原理与科学方法,形成健康的锻炼行为。

(1)理解新兴体育类运动练习对身体健康和提升运动技能水平的作用与价值,积极参与所学新兴体育类运动项目的展示活动或正式比赛。

(2)运用健康与安全知识和科学方法评价新兴体育类运动锻炼效果,制订并实施新兴体育类运动锻炼计划。

(3)运用情绪调控方法缓解练习或比赛中的紧张情绪。

3.培养学生、坚韧不拔、积极进取、团结协作的体育精神,尊重裁判、尊重对手,诚信自律、公平公正的规则意识和良好行为习惯,具有自强自信、文明礼貌、责任意识和集体荣誉感,能正确看待比赛的胜负的体育品德。

(1)养成坚韧不拔、积极进取、团结协作的体育精神。

(2)具有遵守规则、相互尊重、诚信自律、公平公正的体育道德。

(3)形成较强的社会责任感、自强自信、文明礼貌、正确的胜负观的体育品格。

三　初中阶段新兴体育类运动项目学习建议

年级	内容分类	内容要点
七—九年级	基本知识与技能	专项知识:新兴体育类运动项目动作技术的基本原理及文化、特点与价值;运动计划设计原则;新兴体育类项目运动计划的制订。 技能:新兴体育类运动项目的基本动作技术和组合动作技术。
	技战术运用	综合练习、游戏、展示与比赛中的新兴体育类运动项目的基本动作技术、组合动作技术及战术配合。
	体能	基本体能:所学新兴体育类运动项目中的体能。
	展示与比赛	技能展示:新兴体育类运动项目技术动作展示。 教学比赛:新兴体育类运动项目个人赛、小组赛。
	运动项目完整体验	嘉年华/技能挑战/小赛季:新兴体育类项目运动会。 规则与裁判方法:新兴体育类项目运动会规则、比赛组织与赛程编排。 观赏与评价:新兴体育类运动项目比赛的欣赏,文明观赛,裁判公平,对比赛项目结果做出正确判断与评价,赛后总结。

四　初中阶段新兴体育类运动项目大单元教学案例

学情分析	初中男、女生正处于青春发育期和个性发展的关键时期,学生求知欲强,具备一定探究和协作能力。学生在小学阶段的学习中已经学习过花样跳绳基本技术,对花样跳绳有一定的了解,因此本单元教学中应强调花样跳绳的概念、原理、练习方法,通过任务驱动,引导学生积极思考、体验探究、获得发展,促进学生掌握花样跳绳二级动作和两人车轮跳、多人交互跳绳的要点和锻炼方法提升学生身体素质,并发展学生知识整合、迁移、应用的能力,为运动技能的发展奠定扎实基础。
学习目标	1. 了解花样跳绳的基本知识、原理、方法和概念;明确国家学生体质健康标准的测试与评价方法;能运用科学方法评价花样跳绳的锻炼效果,改进花样跳绳锻炼计划,掌握花样跳绳锻炼的方法。 2. 掌握花样跳绳发展的基本原理与科学方法;掌握制订花样跳绳锻炼计划的方法,形成健康的锻炼行为,完成跳绳挑战赛的全程统筹与实施。 3. 培养学生、坚韧不拔、积极进取、团结协作的体育精神,尊重裁判、尊重对手,诚信自律、公平公正的规则意识和良好行为习惯,具有自强自信、文明礼貌、责任意识和集体荣誉感,能正确看待比赛的胜负的体育品德。

续表

	课次	主题	目标	学习活动	练习活动	比赛活动
教学内容	1	认识花样跳绳	1.了解花样跳绳运动的文化、特点与价值。 2.知道《全国跳绳大众等级锻炼标准(花样跳绳)》二级动作考核方法与标准。 3.懂得花样跳绳锻炼计划的设计原则与实施方法;发展认知、思考与合作能力。	1.学习《全国跳绳大众等级锻炼标准(花样跳绳)》二级动作考核方法与标准。 2.学习跳绳锻炼计划的设计原则与实施方法。	1.观看"全国学生运动会跳绳比赛"视频,并回答问题。 2.小组活动:观看《全国跳绳大众等级锻炼标准(花样跳绳)》二级动作的视频,记录动作名称和考核标准。 3.通过PPT学习设计跳绳锻炼计划的原则与方法。 4.自主设计具有针对性的跳绳锻炼计划,并进行小组讨论与交流。	花样跳绳知识竞赛。
	2	单人单绳:弹踢腿跳、后屈腿跳	1.掌握单人单绳的练习方法,能够跟随音乐节奏完成30秒弹踢腿跳、后踢腿跳。 2.发展下肢力量与灵敏、协调性。	1.学习单人单绳的练习方法。 2.学习花样跳绳相关理论知识。	1.徒手练习。 2.单手摇跳练习。 3.双手摇绳练习。 4.学习30秒计时跳比赛规则。 5.30秒计时跳练习。 6.半开式灵敏、协调练习:直线折返练习、锥桶练习。	30秒计时跳比赛。
	3	单人单绳:吸腿跳、钟摆跳	1.掌握吸腿跳、钟摆跳的练习方法,能够跟随音乐节奏完成30秒吸腿跳、钟摆跳。 2.发展下肢力量与灵敏、协调性。	1.学习吸腿跳、钟摆跳的练习方法。 2.学习花样跳绳热身动作。	1.徒手练习。 2.单手摇跳练习。 3.双手摇绳练习。 4.学习两人4×30秒接力赛比赛规则。 5.两人4×30秒接力跳练习。 6.半开式灵敏、协调练习:"一"形追逐、"L"形追逐、"T"形变向。	两人4×30秒接力赛。

续表

教学内容	4	单人单绳：踏步跳、左右侧甩直摇跳	1.掌握踏步跳、左右侧甩直摇跳的练习方法，能够跟随音乐节奏完成30秒踏步跳、左右侧甩直摇跳。 2.发展下肢力量与灵敏、协调性。	1.学习踏步跳、左右侧甩直摇跳的练习方法。 2.学习花样跳绳热身动作方法。	1.徒手练习。 2.单手摇跳练习。 3.双手摇绳练习。 4.学习男女混合4×30秒接力比赛规则。 5.男女混合4×30秒接力练习。 6.节奏练习：双脚十字跳（单人、双人、多人练习与挑战）。	男女混合4×30秒接力赛性。
	5	单人单绳：手臂缠绕跳、前后转换跳	1.掌握手臂缠绕跳、前后转换跳的练习方法，跟随音乐节奏完成《全国跳绳大众等级锻炼标准（花样跳绳）》二级动作配乐套路。 2.发展下肢力量与心肺耐力。	1.学习手臂缠绕跳、前后转换跳的练习方法。 2.学习花样跳绳放松动作方法。	1.徒手练习。 2.单手摇跳练习。 3.双手摇绳练习。 4.整套动作完整演练。 5.闭式灵敏、协调性自测：30秒前后交叉摸脚。 6.心肺耐力循环练习：跳台阶、波比跳、深蹲。	《全国跳绳大众等级锻炼标准（花样跳绳）》二级动作配乐小组展示。
	6	《全国跳绳大众等级锻炼标准（花样跳绳）》二级动作配乐自编套路	1.理解花样跳绳动作技术基本原理及花样跳绳运动的特点与价值。 2.掌握并完整配乐演练二级套路动作。 3.发展下肢力量与心肺耐力。	1.学习花样跳绳等级评定标准。 2.学习花样跳绳套路的配乐与创编方法。	1.以小组为单位进行《全国跳绳大众等级锻炼标准（花样跳绳）》二级规定动作配乐演练。 2.小组对规定动作进行自主创编与演练。 3.小组配乐自编套路展示与比赛。 4.心肺耐力循环练习：深蹲跳、快速跳绳、交替侧弓步。	《全国跳绳大众等级锻炼标准（花样跳绳）》二级动作配乐自编套路小组展示PK赛。

续表

教学内容	7	后摇编花跳	1.掌握后摇编花跳的练习方法，能够跟随音乐节奏完成30秒后摇编花跳。 2.发展下肢力量与灵敏、协调性。	1.学习后摇跳的基础练习方法。 2.学习后摇编花跳的练习方法。	1.连续后摇跳绳练习。 2.一次后摇跳，一次后摇编花跳练习。 3.根据音乐节奏连续后摇编花跳。 4.两人一组后摇编花跳PK赛。 5.后摇编花跳达标赛。 6.臀腿肌肉群力量体验练习：激活练习、臀部肌群练习、腿部肌群练习。	1.后摇编花跳PK赛。 2.后摇编花跳达标赛。
	8	双摇编花跳	1.理解双摇编花跳动作方法，能够有节奏地完成2—3个双摇编花跳。 2.掌握双摇编花跳练习方法。 3.发展下肢力量与灵敏、协调性。	1.学习双摇跳练习方法。 2.学习双摇编花跳的练习方法。	1.双摇跳练习。 2.连续双摇跳练习。 3.一次双摇跳，一次编花跳练习。 4.连续双摇跳，中间穿插一次编花跳练习。 5.连续双摇编花跳练习。 6.配乐双摇编花跳PK赛。 7.臀腿肌肉群力量练习：HIIT（高强度间歇训练）练习，针对不同臀、腿部肌肉的静态牵拉。	配乐双摇编花跳PK赛。
	9	两人车轮跳	1.理解两人车轮跳动作方法，能够跟随音乐节奏完成30秒两人车轮跳。 2.掌握两人车轮跳练习方法。 3.发展下肢力量与灵敏、协调性。	1.学习两人车轮跳动作方法。 2.学习后摇、异面、放绳动作方法。	1.两人无绳练习。 2.单人持双绳练习。 3.两人协同摇绳练习。 4.两人协同单次车轮跳练习。 5.两人一组配乐连续车轮跳PK赛。 6.闭式灵敏、协调练习：8字跳长绳。	小组配乐连续车轮跳PK赛。

续表

教学内容	10	车轮编花跳	1.理解车轮编花跳动作方法，能够跟随音乐节奏完成30秒车轮编花跳。 2.掌握车轮编花跳练习方法。 3.发展下肢力量与下背部肌群力量。	1.学习车轮转圈练习方法。 2.学习车轮转身换位动作方法。	1.两人两绳（三手摇绳）一跳练习。 2.两人两绳（三手摇绳）两跳练习。 3.车轮转圈练习。 4.徒手转身换位练习。 5.两人右手摇绳转身换位练习。 6.两人左手摇绳转身换位练习。 7.车轮转身换位练习。 8.小组车轮编花跳创编。 9.下背部肌群练习。 （1）HIIT（高强度间歇训练）练习。 （2）针对不同核心区肌肉的静态牵拉。	车轮编花跳展示赛。
	11	多人交互绳跳	1.理解多人交互绳跳动作方法，能够跟随音乐有节奏地完成多人交互绳跳。 2.掌握多人交互绳跳练习方法。 3.发展下肢力量与核心力量。	1.学习多人交互绳跳练习方法。 2.学习核心力量练习方法。	1.交互绳练习。 2.交互绳连续跳练习。 3.交互绳两脚轮替跳练习。 4.交互绳不同步伐练习。配乐小组展示，相互评价。 5.30秒交互绳速度接力赛。 6.核心力量进阶循环练习：波速球练习、瑞士球练习、弹力带练习、药球练习。	30秒交互绳速度接力赛。

续表

教学内容	12	长短绳组合跳	1.理解长短绳组合跳动作方法，能够跟随音乐有节奏地完成长短绳组合跳。 2.掌握长短绳组合跳练习方法。 3.发展下肢力量与核心力量。	1.学习三人长短绳组合跳练习方法。 2.学习五人长短绳组合跳练习方法。	1.2分钟“8”字跳长绳练习。 2.两人持长绳两端，一人站于长绳中间持短绳，三人同时摇绳连续跳练习。 3.跳短绳者持短绳进入摇短绳练习。 4.跳短绳者摇绳进入长绳练习。 5.两人一绳摇绳进入长绳一致跳跃后，跳短绳者摇绳进入长绳，三人同跳三绳练习。 6.五人三绳小组展示PK赛。 7.核心力量练习：单腿蹲，“虫爬”。	五人三绳小组展示PK赛。
	13	网绳跳	1.理解网绳跳动作方法，跟随音乐有节奏地完成网绳跳。 2.掌握网绳跳练习方法。 3.发展下肢力量与核心力量。	1.学习网绳跳练习方法。 2.学习肩、胸、上背部肌肉练习方法。	1.四人摇两绳，四人轮换跳练习。 2.八人摇四绳，八人轮换跳练习。 3.十二人摇六绳，十二人轮换跳练习。 4.大组3分钟网绳跳PK赛。 5.肩、胸、上背部肌肉群练习。 (1)猜拳俯卧撑比赛。 (2)俯撑拨药球接力赛	1.大组3分钟网绳跳PK赛。 2.猜拳俯卧撑比赛。 3.俯撑拨药球接力赛。

续表

教学内容	14	组合与配合跳	1.了解各种跳绳动作方法，明确各跳绳动作的组合与配合跳方法，掌握练习方法。 2.发展下肢力量与上背部力量。	1.学习各跳绳动作的组合与配合跳方法。 2.学习肩、胸、上背部力量进阶练习方法。	1.各种花样跳绳练习。 2.尝试组合各种花样跳练习。 3.花样跳绳组合跳展示PK赛。 4.肩、胸、上背部力量进阶循环练习：哑铃练习、弹力带练习、战绳练习、瑞士球练习。	花样跳绳组合跳PK赛。
	15	自主创编跳	1.自主创编跳绳动作，掌握创编花样跳绳练习内容的方法。 2.发展上下肢力量与核心力量。	学习创编花样跳绳练习内容的方法	1.小组探讨创编方案。 2.小组演练创编套路。 3.配乐演练创编套路。 4.自主创编套路展示PK赛。 5.上肢与核心力量练习。 (1)药球传递接力赛。 (2)推小车捡物对抗赛。	自主创编套路展示PK赛。
	16—18	花样跳绳挑战赛	掌握花样跳绳挑战赛规则制定方法、比赛组织流程与赛程编排方法，能够共同设计、组织并实施花样跳绳挑战赛的相关内容，积极参加比赛，感受比赛的激情与成功的喜悦。	1.单人测试挑战赛：30秒单摇、3分钟单摇、30秒双摇、单人二级套路、单人自主创编套路比赛等 。 2.团体创编挑战赛：3人30秒交互绳速度跳、3人4×30秒交互绳接力、3—4人配乐花样交互绳、3—5人长短绳组合跳、多人网绳跳、10人8字跳长绳、10人齐心协力跳长绳、20人团体配乐创编套路比赛等 。 3.颁奖典礼：最佳个人奖、最佳团队奖、最佳创编奖、最佳裁判奖、礼仪风采奖等。			

五 初中阶段新兴体育类运动项目课时教学案例

跳绳——车轮跳

授课教师：厦门双十中学海沧附属学校　陈世英　　　　授课对象：初中一年级学生

<table>
<tr><td>教学内容</td><td colspan="3">1.双人车轮跳。
2.体能：长绳跑“8”字。</td><td colspan="2">重点：两绳子进行匀速运动，两人相同方向的手臂保持节奏一致。
难点：二人的默契配合及跳绳的节奏。</td></tr>
<tr><td>教学目标</td><td colspan="5">1.了解跳绳的健身价值，建立车轮跳的动作概念，明确车轮跳动作要领。
2.通过学练，20%的学生能够连续跳10次以上；40%的学生能够连续跳5次以上；20%的学生会跳但动作不连贯；20%的学生还需努力。充分发展学生的协调性、灵活性、弹跳等身体素质。
3.培养学生合作、探究的能力及团结协作的集体主义精神。</td></tr>
<tr><td rowspan="3">教学过程</td><td>课序时间</td><td>教学内容</td><td>教学活动</td><td>组织要求</td><td>时间，次数强度（心率）</td></tr>
<tr><td rowspan="2">热身部分</td><td rowspan="2">一、课堂常规（略）</td><td>1.指定学生整队、检查人数，向教师报告出勤。
2.师生互问好。
3.宣布课的内容、目标及要求。
4.检查服装及安排见习生，提示学练安全。
5.或集中注意力练习：做与口令相反的动作。</td><td>1.组织1。
▲▲▲▲▲▲▲▲▲
▲▲▲▲▲▲▲▲▲
△△△△△△△△△
△△△△△△△△△
☆
2.要求：快、静、齐；明确本课内容、目标及要求。</td><td>1次，1分钟，80—100次/分</td></tr>
<tr><td>1.教师进入教室，体育委员喊起立，师生问好。
2.体育委员报告出勤情况。
3.宣布本课内容、目标与要求。</td><td>1.组织2。
▲▲▲▲▲▲▲▲▲
▲▲▲▲▲▲▲▲▲
△△△△△△△△△
△△△△△△△△△
☆
2.要求：快、静、齐；明确本课内容、目标及要求</td><td>1次，
2分钟，
80-100
次/分</td></tr>
</table>

续表

教学过程	热身部分	二、游戏:协同跳绳接力赛	1.方法:将学生分成人数相等的四个队,各队成纵队站立在起点线。游戏开始后,第一队第一人迅速用协同跳绳的方法跑跳至折返点并绕过标志杆再跑跳至起点后,第二人接着做,以此类推,直至全队跑跳完,先结束者为胜。 2.规则:不准抢跳;各组必须到起点线,下一组才能开始。	1.组织3。 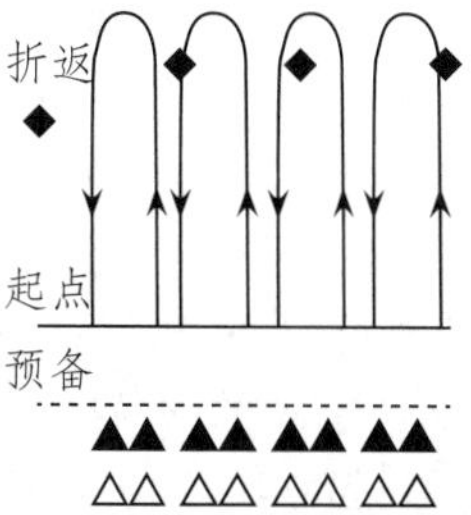 折返 起点 预备 ▲▲ ▲▲ ▲▲ ▲▲ △△ △△ △△ △△ 2.要求:遵守规则、积极主动,有序地进行比赛。	1次, 3分钟, 110-130次/分
		三、绳操:4×8拍	1.上肢运动 。 2.摆臂运动。 3.体侧运动。 4.体转运动。 5.俯身运动。 6.左右甩绳、并脚跳、开合跳、勾脚点地跳。	1.组织4。 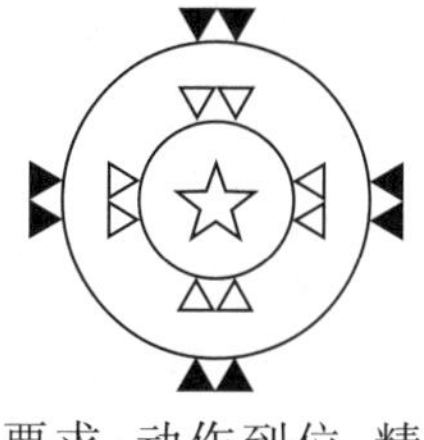 2.要求:动作到位、精神饱满。	1次, 4分钟, 120-140次/分

续表

<table>
<tr>
<td rowspan="3">教学过程</td>
<td rowspan="3">提高部分</td>
<td>一、学习车轮跳</td>
<td>1.动作方法。
两人并排站立，相近把柄交叉相握，将绳置于身后；一绳先向前摇动，当绳子摇至最高点时另一绳开始向前摇动，两人依次跳跃过绳，两绳始终相差180度，一上一下，一前一后，看上去像“车轮”在转动 。
2.易犯错误及纠正方法。
(1)易犯错误：起跳时易受到对方的影响，两人会同时起跳。
纠正方法：两人向前看，不要盯着对方，一人先起跳，但另一人要配合摇绳，控制住自己起跳的节奏。
(2)易犯错误：双手不能分开摇绳，交替摇绳动作变成一致摇绳动作。
纠正方法：多练习抡绳动作。</td>
<td>1.组织5。
2.教与学。
(1)学生欣赏校跳绳队同学表演“车轮跳”，导入本课。
(2)教师提出如下2个问题。
问题一：两同学如何站位、持绳？
问题二：两同学的摇跳顺序？
(3)教师讲解示范，请学生带着问题看教师的示范并向学生提出练习要求。
3.要求：学生认真听讲，观察，领悟动作。</td>
<td>1次，
4分钟，
100-120次/分</td>
</tr>
<tr>
<td rowspan="2">二、练习与比赛</td>
<td>练习一：摇绳。
两人一组，前后站立，练习者左右手各持一绳做相隔半周的摇绳练习，30次一轮换，随教师口令统一练习。</td>
<td>1.组织：同组织4。
2.要求：两人默契配合，做相隔半周摇绳(即一上一下、一前一后)。</td>
<td>2组，
3分钟，
120-140次/分</td>
</tr>
<tr>
<td>练习二：摇跳绳。
两人一组，左右并排站立，进行相隔半周的摇跳练习，30次一轮换，随教师口令统一练习。</td>
<td>1.组织：同组织4。
2.要求：默契配合，互相评价与指导。</td>
<td>2组，
3分钟，
120-140次/分</td>
</tr>
</table>

续表

<table>
<tr>
<td rowspan="5">教学过程</td>
<td rowspan="5">提高部分</td>
<td rowspan="3">二、练习与比赛</td>
<td>练习三：尝试练习。
两人一组做车轮跳的练习，随教师口令统一练习。</td>
<td>1.组织：同组织5。
2.教与学：教师在学生练习过程中发现问题，请学生展示并纠错，强化动作要领。
3.要求：发现不足，及时纠正。</td>
<td>2组，
4分钟，
130–150次/分</td>
</tr>
<tr>
<td>练习四：比一比。
在小老师的带领下，比一比哪一组学会的学生多。</td>
<td>1.组织6。 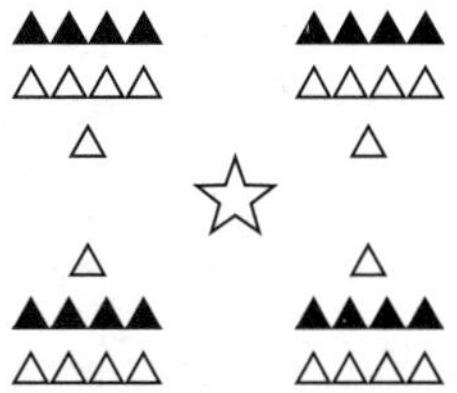
▲▲▲▲　▲▲▲▲
△△△△　△△△△
△　△
☆
△　△
▲▲▲▲　▲▲▲▲
△△△△　△△△△
2.要求：小老师认真负责，跳绳者动作要轻盈，绳子轨迹要饱满、圆滑。</td>
<td>2组，
5分钟，
140–160次/分</td>
</tr>
<tr>
<td>练习五：小组展示，学生评价。</td>
<td>1.组织：同组织6。
2.要求：积极展示、客观评价。</td>
<td>1次，
5分钟，
130–150次/分</td>
</tr>
<tr>
<td>三、体能：长绳跑“8”字</td>
<td>规则：跳绳顺序不能乱；跳绳时，卡绳必须重跳，直至过绳。</td>
<td>1.组织7。 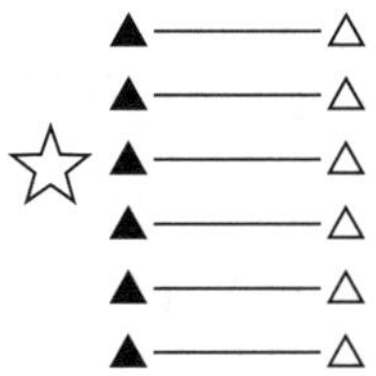
▲———△
▲———△
☆ ▲———△
▲———△
▲———△
▲———△
2.教与学：教师讲解规则，提出练习要求，学生分组竞赛。
3.要求：遵守规则、积极主动、有序比赛。</td>
<td>2次，
8分钟，
140–160次/分</td>
</tr>
</table>

续表

<table>
<tr><td>教学过程</td><td>恢复整理部分</td><td>小结放松与学习评价</td><td colspan="2">1.整理放松：按压肩背、抖动大小腿、拉伸肌肉、韧带。
2.学练总结。
3.宣布下次课内容、布置课外作业（上肢力量练习3-5组，单人或双人车轮跳练习10分钟，观看一次高水平的跳绳比赛）。
4.安排值日生整理场地，收拾器材。</td><td>1.组织：同组织2。
▲▲▲▲▲▲▲▲
▲▲▲▲▲▲▲▲
△△△△△△△△
△△△△△△△△
☆
2.教与学。
(1)听音乐做放松活动。
(2)学生自评、互评，教师总结评价、延伸教学。
3.要求：积极放松，有针对性的总结。</td><td>2次，
3分钟，
100-120次/分</td></tr>
<tr><td>场地器材</td><td colspan="3">短绳48条、长绳6条、标志物4个、室外篮球场、移动音箱1台</td><td>练习密度运动心率</td><td colspan="2">最高心率：约150次/分。
平均心率：120—130次/分。
练习密度：35%—45%。</td></tr>
</table>

六 初中阶段新兴体育类运动项目课时教学案例分析

跳绳是民族民间的一种传统体育运动项目，它简单、易行，健身效果好。车轮跳是花样跳绳的一大特色项目，深受学生的喜爱，对发展学生的协调性、灵巧性、弹跳等能力有重要作用，并能培养学生合作学习、奋发向上、自信热情的优良品质。

本课依据教材特性，结合学生身心发展特征，针对人的认知和技能形成的规律，采用设问、引导、启发、递进等教学策略，帮助学生掌握车轮跳的知识与技能，凸显教学的温度。教法上主要采用欣赏导入法、提问法、讲解示范法、循序渐进法、语言鼓励法等，特别注意设计上的效度和尺度；学法上主要采用观察思考、模仿练习、交流评价等学习策略，让学生在运动中体会学习的乐趣和成功的喜悦，潜移默化地培养学生的品读。

第九节　跨学科主题学习类课堂的教学实践

一　跨学科主题学习概述

跨学科融合是学生提高运动能力、学习健康知识和传承中华优秀传统体育的重要方式和途径。《义务教育体育与健康课程标准(2022年版)》要求,教学中应设置有助于实现体育与德育、智育、美育、劳动教育和国防教育相结合的多学科交叉融合的学习主题,充分发挥育人功能,促进学生全面发展。因此,在教学中要根据学生身心发展的特点以及教材特点,以体育课堂为主体,创设融合其他学科教育于一体的跨学科主题式课堂教学情境,凸显体育学科主体地位的同时,渗透其他学科教育,从而实现综合育人的目标。

二　初中阶段跨学科主题学习目标的设定

跨学科主题学习目标的设定,需要以整体性思维对现有的体育教学目标范式进行优化,并以此引领其他教学环节。也就是说应创设以体育教学目标为主,渗透其他学科教学目标的渗透式教学目标体系。以“跨栏跑教学”为例,传统的“跨栏跑”教学目标,一般为“说出跨栏跑动作要领”“掌握跨栏跑动作技术”“培养勇敢顽强的意志品质”,这在一定程度上窄化了体育学科的育人价值。跨学科主题学习教学目标倡导强化渗透其他学科教学目标,例如:认知目标维度可以渗透历史学科教学目标,教学目标可以丰富为“记住跨栏跑的动作要领,了解跨栏跑动作由来以及在生活中的运用”;技能目标维度可以渗透艺术学科教学目标,教学目标可以丰富为“掌握跨栏跑动作,并绘出跨栏跑动作结构图解”;情感目标维度则可以渗透音乐学科教学目标,教学目标可以丰富为“在跨栏跑游戏中形成团队合作意识,培养勇敢顽强的意志品质,并学会根据音乐判断掌握栏间的节奏”。

三 初中阶段跨学科主题学习建议

教学内容是实现教学目标的载体，跨学科主题学习的教学内容要围绕渗透式教学目标进行选择。

1.深入挖掘教材内涵，选择融合内容

应根据教材特点，选择适合的学科融入课堂教学。厘清学科与学科之间的内在联系，找到学科与学科之间可以相互沟通的渠道和途径，明确学科之间的共通性之后，以共通性效益最大化为主要抓点分析相应的教学策略和方法。武术作为我国民族传统体育文化的精髓，在重视技术教学的同时，应渗透武术的发展史、中国传统文化等，促进学科素养的融合培育。例如，在健身短棍教学中，根据学生的动手操作能力，引导学生自制短棍；根据学生已有的历史知识，引导学生查阅武术发展史；根据信息技术经验，制作相关课件，发展学生的实践创新能力。还可以让学生欣赏有关健身短棍的经典影视作品，提升艺术审美能力，尝试写作影评锻炼文字表达能力。通过这一主题式学习，培养学生多方面素养，促进学生全面发展。

2.根据学生发展特点，确定学习主题

跨学科学习主题的确定至关重要。主题的确定应该符合学生的身心发展特点、已有知识经验、体能发展敏感期以及技能掌握水平，还要充分了解学生每个学科的学习进度，做到不超过学生已有的认知水平、不低龄化。例如，摩擦力作为初中二年级物理学科的内容之一，当进行乒乓球教学时就可以有机融合上旋球和接球的原理，帮助学生更好地理解击球的部位。

3.强调学科素养融合，形成联结体系

通过“跨学科主题教学”吸纳多个学科内容融入。如“耐久跑”教学，教师可设置“红军长征”主题，在校园内设置相关历史事件发生的地点，将学生分成6队“红军战士”。“红军战士”根据校园平面图，借助指南针，辨识不同站点所在的位置，估算完成4个站点的最优路线，并快速到达各站点。每到一站，学生测量并记录心率，写上相应历史事件的时间。完成所有站点后，创作一幅画，并撰写一篇日记，记录学习心得。通过课堂练习，学生不但发展了有氧耐力，还发展

了地理学科素养、生物学科素养、历史学科素养、艺术学科素养和语文学科素养等。嫁接式教学内容体系，强调各学科教学内容互动，有助于打破分科教学界限，把学生从孤立的分科教学中解放出来，有机会在体育课堂中充分接触和学习多学科知识，从而实现知识结构联结体系，培养学生迁移应用、解决实际问题的能力。

四　初中阶段跨学科主题学习教学案例与分析

勇敢逆行，急速救援

授课教师：厦门一中　王琳　　　　授课对象：初中二年级学生

本案例围绕跨学科主题"勇敢逆行，急速救援"进行教学，通过模拟"泸定地震中救援官兵勇敢逆行"的场景，引导学生在定向越野跑的学练活动中综合运用国防教育及地理、语文、音乐、美术、信息技术等知识与技能。

（一）育人价值

1. 通过指导学生利用学校地形进行定向越野跑练习，提高学生的心肺耐力，培养学生的合作学习能力和团队精神。

2. 通过创设"勇敢逆行，急速救援"主题情境，培养学生热爱人民军队，敬慕英雄，勇于奉献的崇高精神；关心他人，全心全意为人民服务的高尚品德；热爱党，热爱国家，维护民族团结的公民意识。

3. 通过创设"勇敢逆行，急速救援"情境，培养学生独立果断、克服困难、顽强拼搏、坚韧不拔等意志品质。

（二）活动目标

1. 综合运用地理、信息技术等知识，了解地震产生的原因及其危害。

2. 通过演绎"勇敢逆行，急速救援"场景，提高观察与判断、组织与协调、沟通与表达、决策与反思、探究与创新等能力，增强逻辑思维能力以及团队协作的意识。

3. 在模拟"勇敢逆行，急速救援"的过程中，掌握耐久跑的呼吸与节奏配合的方法，学会正确使用指南针以及地图，提高在不同场景下的耐久跑能力；增强对耐久跑的兴趣，锤炼团结协作、顽强拼搏、勇于挑战等优良品质，发扬舍己为人的大无畏革命精神。

（三）实施过程

学习任务	学生活动	教师组织	活动意图
观看视频，了解泸定地震的产生的原因与危害以及救援事迹。	1.学生通过网络查阅泸定地震的相关新闻与视频。 2.学生按小组将查阅的信息与同伴进行讨论，运用地理、信息技术等知识分析地震产生的原因及其危害，以及救援官兵的救援方法和其中的感人事迹。	1.引导学生了解地震产生的原因及其危害，从不同角度分析救援的难度，以及对救援事迹的看法。 2.在学生讨论过程中，及时给予引导。鼓励小组内部与小组之间相互学习与交流。	1.综合运用多学科知识。学习和了解地震的原因及其危害、救援方法以及其中的感人事迹，提高综合实践能力，增强爱国主义精神。 2.尝试通过团队开展学习任务，提升合作意识，为后续探究任务奠定基础。
“勇敢逆行，急速救援”学练定向越野跑。	1.小组复习耐久跑呼吸方法以及呼吸与脚步有节奏配合的方法，共同在跑道上完成800米耐久跑练习。 2.学习正确使用指南针、地图的方法。 3.初步尝试开展点位较少的定向越野跑练习，合作探究，相互协作与鼓励，努力完成任务。	1.导入“勇敢逆行，急速救援”的情境：泸定发生地震，作为人民子弟兵，我们要勤学苦练，随时准备“逆行救援”，引导学生复习耐久跑技术时，强调呼吸方法，以及呼吸与脚步有节奏配合的方法，并传授正确使用指南针、地图的方法。 2.在学生初步体验救援任务时，应引导学生观察与判断方位及路线的方法。	1.通过复习耐久跑促进定向越野跑的学习。 2.通过定向越野跑，发展心肺耐力等体能，同时培养方位辨别及识用地图的能力，提高野外生存能力。 3.通过体验探究式学习，培养学生的学习能力，锤炼团结协作、顽强拼搏、勇于挑战的优良品质。

续表

学习任务	学生活动	教师组织	活动意图
模拟实战演练:还原“泸定地震”中救援官兵“勇敢逆行,急速救援”的情境	1.了解地震救援中救援本小组的救援方案(含方位的判断、点位的顺序等)。 2.确定救援路线,设立救援队队长,播放激昂的音乐,开始模拟在校园中展开地震救援(在规定的时间内全员完成定向越野跑的距离并测量心率)。	1.引导学生了解本次救援的目的,将故事背景融入教学情境中。 2.引导学生推荐小组队长,由队长模拟场景紧急集合(定向越野跑)。 3.提示学生在救援过程中合理利用耐久跑技术,合理分配体能,行进间应注意地形地貌的变化,提高适应不同环境的能力。	1.通过对泸定地震的模拟救援实战演练,了解此次救援中的真实事件与感人的英雄事迹,涵养家国情怀。 2.通过模拟,让学生沉浸式体验运动过程,掌握定向越野跑技术,有效发展体能。
救援方案调整与实施	1.调整场景设计,各小组根据要求救治受困伤员,自行设置救援路线,运用定向越野跑技术完成新路线的救援任务。 2.在救出伤员后,运用健康教育知识对骨折伤员进行加压包扎、骨折固定、心肺复苏等紧急处置。 3.课后作业:围绕场景,讨论对于这次模拟演练的自我感想,各成员根据评价指标自评与互评。	1.引导学生根据不同的救援目标,设置合理的路线,鼓励全员参与,积极与同伴沟通交流。 2.强调“极点”的自我调整方法,鼓励学生发扬救援官兵坚韧不拔的精神。 3.引导学生使用正确的救援方式,对伤员进行施救。 4.引导学生正确客观地评价自己与他人。	1.通过布置救援场景,了解地震产生的后果、野外方位辨别的方法以及识用地图的方法,增进对相关国防教育和地理知识的理解。 2.通过参与模拟救援的活动,学习运动损伤及常见意外伤害的简单处理方法。 3.利用救援官兵赋予的精神效应,帮助学生克服耐久跑的极点,进入“第二次呼吸”,锤炼勇敢自信、不怕困难、坦然面对挫折的意志品质。 4.综合运用国防教育及地理、语文、音乐、美术、信息技术等知识与技能,发展批判思维和创新能力,厚植爱国主义情怀。

第五章

人本体育的教学评价体系

当我们探讨体育教学,尤其是人本体育教学的深层次内涵时,不可避免地要触及教学评价这一核心环节。教学评价不仅是对学生学习成果的量化反馈,更是对教学过程、师生互动、学生发展等的综合审视。

人本体育的教学评价体系,强调的是以学生为中心,关注学生的全面发展,尊重学生的个体差异和多样性。它不仅仅是对学生运动技能的考核,更是对学生学习态度、合作精神、创新能力等的综合评价。在这个评价体系中,学生的声音被充分听取,他们的需求和体验得到最大程度的关注。

随着教育理念的不断更新和教学方法的不断创新,传统的教学评价方式已经难以满足人本体育教学的需求。我们需要构建一个更加科学、全面、人性化的教学评价体系,真实、准确地反映学生的学习成果和发展潜力。这个评价体系应将过程性评价和结果性评价有机结合,关注学生的个体差异和情感体验,鼓励学生自主学习和合作学习,培养学生的创新精神和实践能力。

第一节 健康教育类课堂教学评价

 初中阶段健康知识考核与评价建议

1.健康教育知识水平评价

(1)采用手抄报形式,以健康教育五个领域为主题进行创作,将知识归类做成专题。

(2)采用知识问答形式,评选体育健康知识达人。

(3)结合体育与健康基础知识进行纸笔测试。

2.健康教育知识运用评价

(1)能运用运动负荷监测,制订符合自己或他人的运动计划。

(2)能运用所学知识,指导自己与家人关注健康与生活方式。

(3)能运用所学知识,处理简单运动损伤。

(4)会运用心肺复苏术、海姆立克急救法应对突发事件。

(5)在日常生活中善于发现安全隐患,规避危险。

(6)远离不良嗜好与危险场所。

 初中阶段健康知识考核与评价样表

评价维度	观测点	测评内容与评价标准	评价方式
健康行为与生活方式(30%)	生活方式与健康	健康的定义及健康生活方式的养成。	纸笔测试
	每天坚持一小时体育锻炼	1.坚持锻炼给身体带来的好处。 2.能坚持每天锻炼一小时,并制订锻炼计划。	自我评价、小组评价
	合理膳食促进健康	1.健康膳食知识,能合理搭配饮食。 2.用 BMI 指数监测身体状况(每两个月一测)。	纸笔测试、动态监测

续表

评价维度	观测点	测评内容与评价标准	评价方式
生长发育与青春期保健(20%)	科学发展体能	1.科学发展体能的方法。 2.制订符合自身实际的锻炼计划。 3.运动负荷的自我监测。	自我评价、小组互评、实操展示
	善于休息	休息的种类与睡眠的作用	小组问答
心理健康(20%)	勇敢面对挫折和困难	1.良好意志品质养成的方法。 2.调节情绪的方法。	纸笔测试、小组问答
	学会与他人交往	1.与他人(异性)交往的原则与技巧。 2.青春期心理发展的特点,关注自我心理健康。 3.识别容易发生性侵犯的危险因素,掌握有效的预防措施。	情景剧展示
疾病预防与突发公共卫生事件应对(20%)	传染病预防	传染病的危害、传播途径及预防方法。	纸笔测试
安全应急与避险(10%)	处理运动损伤及紧急安全事故的流程与避险意识	1.安全应急处理流程。 2.拨打急救电话的方法。 3.简单运动损伤处理。 4.心肺复苏术实操。 5.避险知识问答。	情景剧展示、实操展示、小组评价

第二节　体能类课堂教学评价

一　初中阶段体能类项目考核与评价建议

1.体能类项目成绩评定的内容与方式

(1)体能类项目成绩评定的内容

①体能:主要评价学生通过体能学习之后,其体能发展的情况以及水平。

②技能:主要评价学生通过技能学习之后,其技能掌握的情况。

③体能认知:主要评价学生对于体能发展的基本原理与方法、体能发展水平的测量和评价、体能锻炼计划制订的程序和方法、如何有效控制体重和改善体形等方面的知识和技能的掌握情况。

④健康行为:主要评价学生课外运用所学体能知识和技能增强体能的行为和习惯,以及运动中的安全防范表现和情绪稳定性等。

⑤体育品德:主要评价学生在体能学习中所表现出来的克服困难、坚持不懈、勇于进取等的体育品德。

(2)体能模块成绩评定的方式

①体能成绩评定方式:主要运用实践测试法。各体能项目可参照《国家学生体质健康标准(2014年修订)》,结合学习前的基础和学习后成绩的提高幅度来评定。

②体能认知成绩评定方式:采用实践与纸笔测试相结合的方式。

③健康行为成绩评定方式:主要采用观察法,运用档案袋、日志等方式在日常的学习过程中进行信息的收集和评价。建议采用过程性评价的方式进行考核。

④体育品德成绩评定方式:采用教师观察、学生自评、学生互评等方法,可以与体能测试、运动比赛等实践环节结合起来进行评价。

2.体能类项目学业成绩合格标准

①能写出体能练习对个人发展的重要性，设计包含目标、内容、方法和评价的体能锻炼计划，描述体能发展的超负荷原则和个性化原则。

②能独立组织与开展体能练习，且体能水平继续提高并能保持，达到相应年级《国家学生体质健康标准(2014年修订)》的合格水平。

③进行体能练习时能注意安全，能描述预防常见运动损伤的方法，能简单处理自己或他人的运动损伤。

④在体能练习中能保持良好的心态，表现出勇于挑战、勇敢顽强、坚韧不拔的体育精神。

⑤每周能进行2—3次(每次1小时左右)课外体能练习。

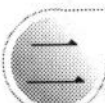二 初中阶段体能类项目考核与评价样表

<table>
<tr><th rowspan="2">类别</th><th rowspan="2">项目</th><th colspan="2">单元学习初</th><th colspan="2">单元学习末</th><th rowspan="2">单项得分80%</th><th rowspan="2">进步幅度20%</th><th rowspan="2">综合得分</th></tr>
<tr><th>成绩</th><th>分值</th><th>成绩</th><th>分值</th></tr>
<tr><td rowspan="3">体能(30%)</td><td>1000米
800米</td><td></td><td></td><td></td><td></td><td></td><td></td><td></td></tr>
<tr><td>平板支撑</td><td></td><td></td><td></td><td></td><td></td><td></td><td></td></tr>
<tr><td>3米3向折返跑</td><td></td><td></td><td></td><td></td><td></td><td></td><td></td></tr>
<tr><td>技能(15%)</td><td>3米3向折返跑</td><td colspan="6">在3米3向折返跑测试过程中，既要测量跑的速度，也要评价跑的动作。动作协调连贯、重心控制、发力正确为80分以上，一般为60—79分，不连贯、方法不对为59分及以下</td><td></td></tr>
<tr><td rowspan="4">体能认知(10%)</td><td rowspan="3">BMI指数的应用</td><td colspan="2">单元学习初</td><td colspan="2">单元学习末</td><td colspan="2">发展趋势</td><td>综合得分</td></tr>
<tr><td>指数</td><td>状态</td><td>指数</td><td>状态</td><td colspan="2" rowspan="2">正向为80分及以上；无效为60—79分；负向为59分及以下</td><td rowspan="2"></td></tr>
<tr><td></td><td></td><td></td><td></td></tr>
<tr><td>锻炼计划的制订</td><td colspan="6">根据学生提交的锻炼计划，从锻炼目标的制订，锻炼内容的选择，锻炼方法的应用等方面进行评价并给出相应的分值</td><td></td></tr>
</table>

续表

<table>
<tr><td rowspan="4">健康行为（20%）</td><td>维度</td><td>自评（25%）</td><td>互评（25%）</td><td>师评（50%）</td><td>综合得分</td></tr>
<tr><td>能按时上课，积极参加课堂练习</td><td></td><td></td><td></td><td></td></tr>
<tr><td>懂得正确进行准备活动和放松练习</td><td></td><td></td><td></td><td></td></tr>
<tr><td>能融入各自的团队，情绪稳定</td><td></td><td></td><td></td><td></td></tr>
<tr><td rowspan="4">体育品德（20%）</td><td>维度</td><td>自评（25%）</td><td>互评（25%）</td><td>师评（50%）</td><td>综合得分</td></tr>
<tr><td>积极进取，能坚持不轻易放弃</td><td></td><td></td><td></td><td></td></tr>
<tr><td>尊重规则，尊重同伴</td><td></td><td></td><td></td><td></td></tr>
<tr><td>有强烈的荣誉感，有正确的胜负观</td><td></td><td></td><td></td><td></td></tr>
<tr><td rowspan="2">激励分（5%）</td><td colspan="4">维度</td><td>综合得分</td></tr>
<tr><td colspan="4">在小组赛、班级比赛和校级比赛中取得优异的成绩；在课堂教学中有突出的表现</td><td></td></tr>
<tr><td>总分</td><td colspan="4">体能（30%）+技能（15%）+体能认知（10%）+健康行为（20%）+体育品德（20%）+激励分（5%）</td><td></td></tr>
<tr><td>等第</td><td colspan="5">优秀：≥90分；良好：75-89分；及格：60-74分；不及格：≤59分</td></tr>
</table>

第三节 专项运动技能球类课堂(以足球为例)教学评价

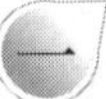

一 初中阶段足球项目考核与评价建议

1.足球类项目成绩评定的内容与方式

(1)足球类项目成绩评定的内容

①足球技战术:主要评价学生通过足球课程学习之后,其足球技战术能力发展的情况以及发展的水平。

②足球比赛:主要评价学生对技战术的应用能力和对比赛位置的理解能力、制订足球锻炼计划的程序。

③健康行为:主要评价学生在学练和对抗中能做出自我保护的动作,发生伤害事故时能及时进行处理;能控制情绪。

④体育品德:主要评价学生在足球学习中能关心同伴、遵守规则、尊重裁判、尊重对手,具有公平竞争的意识,能够正确看待比赛胜负;表现出团结奋进、勇于拼搏的精神。

(2)足球模块成绩评定的方式

①足球技战术成绩评定方式:主要运用实践测试法。根据学生学练后所掌握技战术进行评测。

②足球比赛成绩评定方式:采用实战评价的方式。

③健康行为成绩评定方式:主要采用观察法,运用档案袋、日志等方式在日常的学习过程中进行信息的收集和评价。建议采用过程性评价的方式进行考核。

④体育品德成绩评定方式:采用教师观察、学生自评、学生互评等方法,可以与足球技能测试、运动比赛等实践环节结合起来进行评价。

2. 足球类项目学业成绩合格标准

①能写出足球练习对个人发展的重要性；设计包含目标、内容、方法和评价的足球锻炼计划；描述足球练习的超负荷原则和个性化原则。

②能独立组织与开展足球练习与比赛；足球比赛水平能达到相应年级《国家学生体质健康标准(2014年修订)》的合格水平。

③进行足球练习时能注意安全，能描述预防常见运动损伤的方法，能简单处理自己或他人的运动损伤。

④能在足球练习中保持良好的心态，团结协作、勇敢顽强、勇于拼搏。

⑤能做到每周进行3次(每次1小时左右)课外体育锻炼。

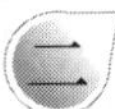

二　初中阶段足球项目考核与评价样表

<table>
<tr><th rowspan="2">类别</th><th rowspan="2">项目</th><th colspan="2">单元学习初</th><th colspan="2">单元学习末</th><th rowspan="2">单项得分(80%)</th><th rowspan="2">进步幅度(20%)</th><th rowspan="2">综合得分</th></tr>
<tr><th>成绩</th><th>分值</th><th>成绩</th><th>分值</th></tr>
<tr><td rowspan="2">足球技战术(30%)</td><td>脚内侧传空中球</td><td></td><td></td><td></td><td></td><td></td><td></td><td></td></tr>
<tr><td>运球绕杆射门</td><td></td><td></td><td></td><td></td><td></td><td></td><td></td></tr>
<tr><td>足球比赛(15%)</td><td>7对7小场地比赛</td><td colspan="6">在足球比赛过程中，既要评价学生对技战术的应用能力，也要检验学生对比赛位置的理解能力。运用技战术合理且完成比赛要求为80分以上，一般为60—79分，不合理、方式方法不对为59分及以下</td><td></td></tr>
<tr><td rowspan="3">体能(10%)</td><td rowspan="2">项目</td><td colspan="2">单元学习初</td><td colspan="2">单元学习末</td><td rowspan="2">单项得分(80%)</td><td rowspan="2">进步幅度(20%)</td><td rowspan="2">综合得分</td></tr>
<tr><td>成绩</td><td>分值</td><td>成绩</td><td>分值</td></tr>
<tr><td>5×25米折返跑</td><td></td><td></td><td></td><td></td><td></td><td></td><td></td></tr>
<tr><td rowspan="5">健康行为(20%)</td><td colspan="4">维度</td><td>自评(25%)</td><td>互评(25%)</td><td>师评(50%)</td><td>综合得分</td></tr>
<tr><td colspan="4">有规律地参与校内外体育锻炼</td><td></td><td></td><td></td><td></td></tr>
<tr><td colspan="4">运用健康与安全知识和技能进行健康管理的能力增强</td><td></td><td></td><td></td><td></td></tr>
<tr><td colspan="4">情绪调控能力增强，心态良好，充满青春活力</td><td></td><td></td><td></td><td></td></tr>
<tr><td colspan="4">善于沟通与合作，适应多种环境</td><td></td><td></td><td></td><td></td></tr>
</table>

续表

<table>
<tr><td rowspan="4">体育品德
(20%)</td><td>维度</td><td>自评
(25%)</td><td>互评
(25%)</td><td>师评
(50%)</td><td>综合
得分</td></tr>
<tr><td>积极应对体育活动中遇到的困难，表现出吃苦耐劳、敢于拼搏、勇于争先的精神</td><td></td><td></td><td></td><td></td></tr>
<tr><td>做到诚信自律、公平公正，规则意识强</td><td></td><td></td><td></td><td></td></tr>
<tr><td>具有责任意识和集体荣誉感，能正确看待比赛的胜负</td><td></td><td></td><td></td><td></td></tr>
<tr><td rowspan="2">激励分
(5%)</td><td colspan="4">维度</td><td>综合
得分</td></tr>
<tr><td colspan="4">在小组赛、班级比赛和校级比赛中取得优异的成绩
在课堂教学中有突出的表现</td><td></td></tr>
<tr><td>总分</td><td colspan="4">足球技战术(30%)+足球比赛(15%)+体能(10%)+健康行为(20%)+体育品德(20%)+激励分(5%)</td><td></td></tr>
<tr><td>等第</td><td colspan="5">优秀：≥90分；好：75-89分；及格：60-74；分不及格：≤59分</td></tr>
</table>

第四节 专项运动技能田径类课堂教学评价

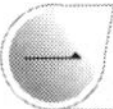 初中阶段田径项目考核与评价建议

1. 田径类项目成绩评定的内容与方式

(1)田径类项目成绩评定的内容

①田径:主要评价学生通过田径运动学习之后,对跑、跳、投项目的成绩测试。

②运动认知:主要评价所学田径类运动项目动作技术的基础原理和该运动历史文化;制订所学运动项目的学练计划。

③健康行为:主要评价学生能养成良好的锻炼习惯,以及能否在运动中调节运动产生疲劳表现和调控自己的情绪,正确对待比赛胜负等。

④体育品德:主要评价学生在田径类运动项目比赛中能主动克服困难,具有挑战自我精神;能胜任不同的运动角色,遵守规则。

(2)田径模块成绩评定的方式

①田径模块成绩评定方式:主要运用实践测试法。以定量评价与定性评价相结合、过程性评价与终结性评价相结合的方式,评价学生是否能灵活、有效运用动作技术的能力。

②运动认知成绩评定方式:采用实践与纸笔测试相结合的方式。

③健康行为成绩评定方式:主要采用观察法,运用档案袋、日志等方式在日常的学习过程中进行信息的收集和评价。建议采用过程性评价的方式进行考核。

④体育品德成绩评定方式:采用教师观察、学生自评、学生互评等,可与参加比赛、观看比赛等实践环节结合起来进行评价。

2. 田径类项目学业成绩合格标准

①掌握所学田径类运动项目的完整动作技术，并在跑、跳、投掷比赛中合理运用，对所学田径类运动项目有整体的体验和理解；能解释跑、跳、投掷的运动原理和文化。

②能独立组织与开展体能练习，且体能达到相应年级《国家学生体质健康标准（2014年修订）》的合格水平。

③能做到每学期通过现场或多种媒介观看不少于8次所学田径类运动项目的比赛，并能对某场高水平比赛做出分析与评价。

④具有良好的抗挫折能力和心态，能适应跑、跳、投学练环境的各种变化。

⑤能解释所学田径类运动项目的安全知识，能及时处理跑、跳、投掷学练和比赛中易发生的安全问题。

⑥在参与田径类运动项目比赛中做到遵守规则、尊重裁判、尊重对手，主动克服困难、挑战自我，能正确看待比赛胜负。

⑦做到每周运用所学田径类运动技能进行3次（每次1小时左右）课外体育锻炼。

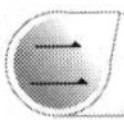

初中阶段田径项目考核与评价样表

<table>
<tr><th>评价维度</th><th>评价观测点</th><th colspan="5">评价内容与标准</th><th>综合得分</th></tr>
<tr><td rowspan="7">运动能力（70%）</td><td>运动认知（10%）</td><td colspan="5">田径相关理论知识与裁判规则</td><td></td></tr>
<tr><td rowspan="2">技术运用（20%）</td><td>项目</td><td>高抬大腿蹬地有力（25%）</td><td>克服“极点”（25%）</td><td>快速跑与跳远助跑结合（25%）</td><td>蹲踞式跳远（25%）</td><td rowspan="2"></td></tr>
<tr><td>单项评定分数</td><td></td><td></td><td></td><td></td></tr>
<tr><td rowspan="4">体能（20%）</td><td rowspan="2">项目</td><td colspan="2">单元学习初</td><td colspan="2">单元学习末</td><td rowspan="4"></td></tr>
<tr><td>成绩</td><td>分值</td><td>成绩</td><td>分值</td></tr>
<tr><td>50米（25%）</td><td></td><td></td><td></td><td></td></tr>
<tr><td>800米（25%）</td><td></td><td></td><td></td><td></td></tr>
</table>

续表

<table>
<tr><td rowspan="7">运动能力（70%）</td><td rowspan="2">体能（20%）</td><td>立定跳远（25%）</td><td></td><td></td><td></td><td rowspan="2"></td></tr>
<tr><td>进步幅度（25%）</td><td colspan="3"></td></tr>
<tr><td rowspan="3">比赛与展示（10%）</td><td colspan="4">积极参加班级内的小组展示与比赛，运用所掌握的知识观赏与分析比赛</td><td rowspan="3"></td></tr>
<tr><td colspan="2">自评（25%）</td><td>互评（25%）</td><td>师评（50%）</td></tr>
<tr><td colspan="2"></td><td></td><td></td></tr>
<tr><td>奖惩分（10%）</td><td colspan="4">课堂联赛个人积分（70%）+ 团体协作取前六积分，每组积分即为该组个人得分（30%）</td><td></td></tr>
<tr><td colspan="6"></td></tr>
<tr><td rowspan="3">健康行为（15%）</td><td rowspan="3">锻炼习惯、情绪调控、社会适应</td><td colspan="4">能经常利用课内外时间进行田径锻炼，面对挫折能及时调控情绪，具有良好的交往、合作能力</td><td rowspan="3"></td></tr>
<tr><td colspan="2">自评（25%）</td><td>互评（25%）</td><td>师评（50%）</td></tr>
<tr><td colspan="2"></td><td></td><td></td></tr>
<tr><td rowspan="3">体育品德（15%）</td><td rowspan="3">体育道德、体育品格、体育精神</td><td colspan="4">遵守田径小组比赛规则，服从裁判，尊重对手；在学练赛中表现负责任，敢担当；能在安全情况下具有超越自我，顽强拼搏的精神</td><td rowspan="3"></td></tr>
<tr><td colspan="2">自评（25%）</td><td>互评（25%）</td><td>师评（50%）</td></tr>
<tr><td colspan="2"></td><td></td><td></td></tr>
<tr><td>总分</td><td colspan="5">运动认知（10%）+技能应用（20%）+体能（20%）+比赛与展示（10%）+奖惩分（10%）+健康行为（15%）+体育品德（15%）</td><td></td></tr>
<tr><td>等第</td><td colspan="6">优秀：≥90分；良好：75-89分；及格：60-74分；不及格：≤59分</td></tr>
</table>

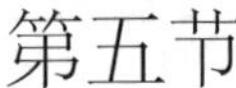

第五节 专项运动技能体操类课堂教学评价

一 初中阶段体操项目考核与评价建议

1.教学评价原则及要点

根据《义务教育体育与健康课程标准(2022年版)》中提出围绕核心素养,紧扣学业质量要求(运动能力、健康行为、体育品德)丰富评价方法、多元评价主体。以体操技术动作规范、优美、连贯、创新等作为主要评价标准,在考评时应根据学生的具体情况,提出不同的要求。

2.体操项目成绩评定的内容与方式

(1)体操项目成绩评定的内容

①主要评价学生通过运动学习之后,对体操技术动作的成绩测试。

②运动认知:主要评价所学运动项目动作技术的基础原理和该运动历史文化;制订所学运动项目的学练计划。

③健康行为:主要评价学生能养成良好的锻炼习惯,以及能否在运动中调节运动产生疲劳表现和调控自己的情绪,正确对待比赛胜负等。

④体育品德:主要评价在比赛中能主动克服困难,具有挑战自我精神;能胜任不同的运动角色,做好保护与帮助,遵守规则。

(2)体操成绩评定的方式

①体操成绩评定方式:主要运用实践测试法。以定量评价与定性评价相结合、过程性评价与终结性评价相结合的方式,评价学生是否能灵活、有效运用动作技术的能力,进行组合动作创编。

②运动认知成绩评定方式:采用实践与纸笔测试相结合的方式。如:针对学生制订的锻炼计划及其执行情况、锻炼前后的成绩提高幅度进行评定。

③健康行为成绩评定方式：主要采用观察法，运用档案袋、日志等方式在日常的学习过程中进行信息的收集和评价。建议采用过程性评价的方式进行考核。

④体育品德成绩评定方式：采用教师观察、学生自评、学生互评等方法，可以与参加比赛、观看比赛等实践环节结合起来进行评价。

3.学业成绩合格标准

(1)掌握所学完整动作技术，能解释体操基本运动原理和文化。

(2)能独立组织与开展体能练习，体能达到相应年级《国家学生体质健康标准(2014年修订)》的合格水平。

(3)能做到每学期通过现场或多种媒介观看不少于8次所学体操类运动项目的比赛，并能对某场高水平比赛做出分析与评价。

(4)具有良好的抗挫折能力和心态，能适应环境的各种变化。

(5)能解释所学的安全知识，能及时处理学练和比赛中易发生的安全问题。

(6)在参与的比赛中做到遵守规则、尊重裁判、尊重对手，主动克服困难、挑战自我，能正确看待比赛胜负。

(7)做到每周运用所学运动技能进行3次(每次1小时左右)课外体育锻炼。

二　初中阶段体操项目考核与评价样表

<table>
<tr><th>评价维度</th><th>评价观测点</th><th colspan="5">评价内容与标准</th><th>综合得分</th></tr>
<tr><td rowspan="7">运动能力(70%)</td><td>运动认知(10%)</td><td colspan="5">体操相关理论知识与裁判规则</td><td></td></tr>
<tr><td rowspan="2">技术运用(20%)</td><td>项目</td><td>肩肘倒立(20%)</td><td>单肩后滚翻成单膝跪撑(20%)</td><td>鱼跃前滚翻(20%)</td><td>组合动作创编(40%)</td><td rowspan="2"></td></tr>
<tr><td>单项评定分数</td><td></td><td></td><td></td><td></td></tr>
<tr><td rowspan="4">体能(20%)</td><td rowspan="2">项目</td><td colspan="2">单元学习初</td><td colspan="2">单元学习末</td><td rowspan="4"></td></tr>
<tr><td>成绩</td><td>分值</td><td>成绩</td><td>分值</td></tr>
<tr><td>平板支撑(25%)</td><td></td><td></td><td></td><td></td></tr>
</table>

续表

<table>
<tr><td rowspan="7">运动能力（70%）</td><td rowspan="3">体能（20%）</td><td>俯卧撑立卧撑（25%）</td><td></td><td></td><td></td><td></td><td rowspan="3"></td></tr>
<tr><td>仰卧起坐（25%）</td><td></td><td></td><td></td><td></td></tr>
<tr><td colspan="2">进步幅度＋保护与帮助（25%）</td><td colspan="3"></td></tr>
<tr><td rowspan="3">比赛与展示（10%）</td><td colspan="5">积极参加班级内的小组展示与比赛，运用所掌握的知识观赏与分析比赛。</td><td rowspan="3"></td></tr>
<tr><td colspan="2">自评（25%）</td><td>互评（25%）</td><td colspan="2">师评（50%）</td></tr>
<tr><td colspan="2"></td><td></td><td colspan="2"></td></tr>
<tr><td>奖惩分（10%）</td><td colspan="5">课堂比赛个人积分（70%）+ 团体协作取前六积分，每组积分即为该组个人得分（30%）</td><td></td></tr>
<tr><td rowspan="3">健康行为（15%）</td><td rowspan="3">锻炼习惯、情绪调控、社会适应</td><td colspan="5">能经常利用课内外时间进行体操锻炼，面对挫折能及时调控情绪，具有良好的交往、合作能力。</td><td rowspan="3"></td></tr>
<tr><td colspan="2">自评（25%）</td><td>互评（25%）</td><td colspan="2">师评（50%）</td></tr>
<tr><td colspan="2"></td><td></td><td colspan="2"></td></tr>
<tr><td rowspan="3">体育品德（15%）</td><td rowspan="3">体育道德、体育品格、体育精神</td><td colspan="5">遵守小组共同体比赛规则，服从裁判，尊重对手；在学练赛中表现负责任，做好保护与帮助，准确评价；能在安全情况下具有超越自我，顽强拼搏的精神。</td><td rowspan="3"></td></tr>
<tr><td colspan="2">自评（25%）</td><td>互评（25%）</td><td colspan="2">师评（50%）</td></tr>
<tr><td colspan="2"></td><td></td><td colspan="2"></td></tr>
<tr><td>总分</td><td colspan="6">运动认知（10%）+技能应用（20%）+体能（20%）+比赛与展示（10%）+奖惩分（10%）+健康行为（15%）+体育品德（15%）</td><td></td></tr>
<tr><td>等第</td><td colspan="7">优秀：≥90分；良好：75–89分；及格：60–74分；不及格：≤59分</td></tr>
</table>

第六节 专项运动技能武术类课堂教学评价

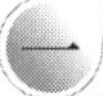

一、初中阶段武术项目考核与评价建议

1.武术项目成绩评定的内容

(1)武术:主要评价学生通过武术学习之后,其组合动作与成套动作完成质量、技法的演练与运用情况、专项体能发展的情况及发展的水平。

(2)武术认知:武术基础理论知识、所学套路风格特点及动作名称、武术常见运动损伤的预防与应急处理方法、制订武术锻炼计划的程序、参与部分武术裁判工作、懂得评判和欣赏武术等。

(3)健康行为:主要评价学生课外运用所学武术知识和技能,提升武术水平的行为和锻炼身体的习惯,以及运动中的安全防范表现和情绪稳定性等。

(4)体育品德:主要评价学生在武术学习中所表现出来的“尚武崇德”、文化自信、沉着冷静、遵守原则和规则、安全防范和自我保护意识等体育品德。

2.武术项目成绩评定的方式

(1)武术项目成绩评定方式:主要运用实践测试法。根据组合动作与成套动作完成质量(如动作演练评分表)、技法的演练与运用情况(如实战演练评价表)、专项体能发展的水平及进步情况综合评定。

(2)武术认知成绩评定方式:采用实践与纸笔测试相结合的方式。如:针对学生制订的锻炼计划及其执行情况、参与部分武术裁判工作情况、评判和欣赏武术情况等。

(3)健康行为成绩评定方式:主要采用观察法,运用档案袋、日志等方式在日常的学习过程中进行信息的收集和评价。建议采用过程性评价的方式进行考核。

(4)体育品德的评定方式:采用教师观察、学生自评、学生互评等方式,可以与技能测试、运动比赛等实践环节结合起来进行评价。

3.武术项目学业成绩合格标准

(1)掌握所学武术套路的完整动作技术,灵活运用所学知识与技能进行半实战、实战对抗练习和比赛;能描述武术运动的起源、发展与文化的关系,解释所学武术类运动项目的技术特点和基本力学原理。

(2)能独立组织与开展体能练习,且体能达到相应年级《国家学生体质健康标准(2014年修订)》的合格水平。

(3)能做到每学期通过现场或多种媒介观看不少于8次武术比赛或表演,并能对某场高水平比赛做出分析与评价。在实战对抗练习与比赛中能保持良好的心态,主动与同伴合作。

(4)在练习与比赛中做到点到为止,能做出与武术类运动项目相关的安全防护动作,并在实战情境中熟练运用。

(5)能按照武术类运动项目的规则参与实战对抗练习与比赛,具有公平竞争的意识和行为,能正确看待比赛胜负。

(6)能做到每周运用武术运动技能进行3次(每次1小时左右)课外体育锻炼。

二 初中阶段武术项目考核与评价样表

样表1　武术大单元综合评定表

评价方面	评价内容					综合评分
体能	项目		立定跳远	50米跑	中长跑	
	学期初	测试成绩				
		分数				
	学期末	测试成绩				
		分数				
	进步幅度	进步成绩				
		分数				
	单项评定分数					

续表

<table>
<tr><td>运动技能</td><td colspan="5">根据具体测试项目选择武术套路演练评价表(样表2)、武术模拟对抗评价表(样表3)进行评定</td><td></td></tr>
<tr><td rowspan="2">运动认知</td><td>内容</td><td>理论测试</td><td>套路演练评价</td><td>模拟对抗评价</td><td>赛事组织</td><td rowspan="2"></td></tr>
<tr><td>单项评定分数</td><td></td><td></td><td></td><td></td></tr>
<tr><td>健康行为</td><td colspan="5">主要评价学生课外运用所学武术知识和技能提升武术水平的行为和锻炼身体的习惯,以及运动中的安全防范表现和情绪稳定性等</td><td></td></tr>
<tr><td>体育品德</td><td colspan="5">主要评价学生在武术学习中所表现出来的“尚武崇德”、文化自信、沉着冷静、遵守原则和规则、安全防范和自我保护意识等体育品德</td><td></td></tr>
<tr><td colspan="6">奖券分数</td><td></td></tr>
<tr><td colspan="6">教师评定分数</td><td></td></tr>
<tr><td colspan="6">自评分数</td><td></td></tr>
<tr><td colspan="6">互评分数</td><td></td></tr>
<tr><td colspan="6">总分</td><td></td></tr>
<tr><td colspan="6">等第</td><td></td></tr>
</table>

评价方法

(1)体能的评价

①进步幅度分数=[(期末成绩-期初成绩)/(目标成绩-期初成绩)]×100;

目标成绩=班级平均分数+3倍标准差,或是全班最好成绩;

单项评定分数=模块学习末测试分数+进步幅度分数×权重;

体能综合评分=(项目1+项目2+项目3+…)/测试项目总数。

②每个模块学习末的体能测试成绩即为下个模块学习初的体能测试成绩。

(2)运动技能的评价

①武术套路演练按照动作规格与技法、劲力、协调、精气神、节奏等方面进行综合评判;武术格斗(散打和自卫防身术)按照动作规格与技法、距离控制、反应、时机、配合等方面进行综合评判。

②武术模块运动技能测试主要评价学生完成武术套路成套动作或武术格斗组合动作的质量与水平、考查学生对于所学运动技能的灵活有效运用,也可采用团队评价的方式进行。

(3)运动认知的评价

①等第折算分值是:A为100分,B为50分,C为0分,也可以继续细化。

②运动认知的综合评分=(内容1分值+内容2分值+内容3分值+…)/内容总数。

续表

(4)健康行为、体育品德的评价 健康行为、体育品德的评定参照武术模块阶段性学业质量水平相对应内容要求的等级进行评定，水平5对应90分以上、水平4对应80—89分、水平3对应70—79分、水平2对应60—69分、水平1对应60分以下。 (5)奖券分数的评定 每节课在学习过程中采用“发奖券”的方法及时对学生进行奖励，课后进行统计，学期结束按照一定的比例进行折算并累计。例如，5张奖券算1分，分值作为附加分计入总分。 (6)教师评定分数=体能综合评分×权重1+运动技能综合评分×权重2+运动认知评分×权重3+健康行为评分×权重4+体育品德评分×权重5+奖券总分，各权重之和为1。 (7)互评分数=(互评1分值+互评2分值+互评3分值+…)/互评总人数，互评总人数根据小组人数和上课实际情况而定，一般情况下以4人为宜。 总分=教师评定分数×70%+自评分数×10%+互评分数×20%+奖券分数，自评、互评分数以学生自评/互评表(案例1)的综合评分为准。

第七节 专项运动技能水上运动类课堂教学评价

 初中阶段水上运动项目考核与评价建议

1.教学评价原则及要点

《义务教育体育与健康课程标准(2022年版)》提出围绕核心素养,紧扣学业质量的要求(运动能力、健康行为、体育品德)丰富评价方法、多元评价主体。以是否学会游泳(以蛙泳与自由泳为主)作为标准,也是主要标准。同时参考《全国游泳锻炼等级标准》予以评价;在考评时应根据学生的具体情况,提出不同的要求。

2.游泳项目成绩评定的内容与方式

(1)游泳项目成绩评定的内容

①游泳:主要评价学生通过运动学习之后,对蛙泳、自由泳项目的成绩测试。

②运动认知:主要评价所学运动项目动作技术的基础原理和该运动历史文化;制订所学运动项目的学练计划。

③健康行为:主要评价学生能否养成良好的锻炼习惯,以及运动中能否调控自己的情绪,正确对待比赛胜负等。

④体育品德:主要评价在比赛中能主动克服困难,具有挑战自我精神,能胜任不同的运动角色,遵守规则。

(2)游泳成绩评定的方式

①评定方式:主要运用实践测试法。以定量评价与定性评价相结合、过程性评价与终结性评价相结合的方式,评价学生是否能灵活、有效运用动作技术的能力。

②运动认知成绩评定方式：采用实践与纸笔测试相结合的方式。如：针对学生制订的锻炼计划及其执行情况、锻炼前后的成绩提高幅度进行评定。

③健康行为成绩评定方式：主要采用观察法，运用档案袋、日志等方式在日常的学习过程中进行信息的收集和评价。建议采用过程性评价的方式进行考核。

④体育品德成绩评定方式：采用教师观察、学生自评、学生互评等方法，可以与参加比赛、观看比赛等实践环节结合起来进行评价。

3.学业成绩合格标准

①掌握所学完整动作技术，能解释游泳基本运动原理和文化。

②能独立组织与开展体能练习，且体能达到相应年级《国家学生体质健康标准(2014年修订)》的合格水平。

③能做到每学期通过现场或多种媒介观看不少于8次所学水上运动类项目的比赛，并能对某场高水平比赛做出分析与评价。

④表现出抗挫折能力和良好的心态，能适应环境的各种变化。

⑤能解释所学的安全知识，能及时处理学练和比赛中易发生的安全问题。

⑥在参与的比赛中做到遵守规则、尊重裁判、尊重对手，主动克服困难、挑战自我，能正确看待比赛胜负。

⑦做到每周运用所学运动技能进行3次(每次1小时左右)课外体育锻炼。

二 初中阶段水上运动项目考核与评价样表

<table>
<tr><th>评价维度</th><th>评价观测点</th><th colspan="5">评价内容与标准</th><th>综合得分</th></tr>
<tr><td rowspan="3">运动能力(70%)</td><td>运动认知(10%)</td><td colspan="5">游泳相关理论知识与裁判规则</td><td></td></tr>
<tr><td rowspan="2">技术运用(20%)</td><td>项目</td><td>水中行走(10%)</td><td>憋气挑战(15%)</td><td>蹬边滑行(15%)</td><td>完整技术(60%)</td><td rowspan="2"></td></tr>
<tr><td>单项评定分数</td><td></td><td></td><td></td><td></td></tr>
</table>

续表

<table>
<tr><td rowspan="10">运动能力（70%）</td><td rowspan="6">体能（20%）</td><td rowspan="2">项目</td><td colspan="2">单元学习初</td><td colspan="2">单元学习末</td><td rowspan="6"></td></tr>
<tr><td>成绩</td><td>分值</td><td>成绩</td><td>分值</td></tr>
<tr><td>踩水（25%）</td><td></td><td></td><td></td><td></td></tr>
<tr><td>800米（25%）</td><td></td><td></td><td></td><td></td></tr>
<tr><td>蛙跳（25%）</td><td></td><td></td><td></td><td></td></tr>
<tr><td colspan="2">进步幅度（25%）</td><td colspan="3"></td></tr>
<tr><td rowspan="3">比赛与展示（10%）</td><td colspan="5">积极参加班级内的小组展示与比赛，运用所掌握的知识观赏与分析比赛</td><td rowspan="3"></td></tr>
<tr><td colspan="2">自评（25%）</td><td>互评（25%）</td><td colspan="2">师评（50%）</td></tr>
<tr><td colspan="2"></td><td></td><td colspan="2"></td></tr>
<tr><td>奖惩分（10%）</td><td colspan="5">课堂联赛个人积分（70%）+ 团体协作取前六积分，每组积分即为该组个人得分（30%）</td><td></td></tr>
<tr><td rowspan="3">健康行为（15%）</td><td rowspan="3">锻炼习惯、情绪调控、社会适应</td><td colspan="5">能经常利用课内外时间进行游泳锻炼，面对挫折能及时调控情绪，具有良好的交往、合作能力</td><td rowspan="3"></td></tr>
<tr><td colspan="2">自评（25%）</td><td>互评（25%）</td><td colspan="2">师评（50%）</td></tr>
<tr><td colspan="2"></td><td></td><td colspan="2"></td></tr>
<tr><td rowspan="3">体育品德（15%）</td><td rowspan="3">体育道德、体育品格、体育精神</td><td colspan="5">遵守小组共同体比赛规则，服从裁判，尊重对手；在学练赛中表现负责任，敢担当；能在安全情况下具有超越自我，顽强拼搏的精神</td><td rowspan="3"></td></tr>
<tr><td colspan="2">自评（25%）</td><td>互评（25%）</td><td colspan="2">师评（50%）</td></tr>
<tr><td colspan="2"></td><td></td><td colspan="2"></td></tr>
<tr><td>总分</td><td colspan="6">运动认知（10%）+技能应用（20%）+体能（20%）+比赛与展示（10%）+奖惩分（10%）+健康行为（15%）+体育品德（15%）</td><td></td></tr>
<tr><td>等第</td><td colspan="7">优秀：≥90分；良好：75-89分；及格：60-74分；不及格：≤59分</td></tr>
</table>

第八节 专项运动技能新兴类课堂教学评价

一 初中阶段新兴体育类运动项目考核与评价建议

1.新兴体育类运动成绩评定的内容与方式

(1)新兴体育类运动成绩评定的内容

①技能:主要评价学生通过技能学习之后,其技能掌握的情况。

②体能:主要评价学生通过新兴体育类运动项目学习之后,其体能发展情况以及发展水平。

③新兴体育类运动认知:主要评价学生对于新兴体育类运动项目的基本原理与方法、新兴体育类运动技能发展水平的测量和评价、制订新兴体育类运动项目锻炼计划的程序、如何对比赛做出分析与评价等方面的知识和技能的掌握情况。

④健康行为:主要评价学生课外运用所学新兴体育类运动项目知识和技能增强体能的行为和锻炼身体的习惯,以及运动中的安全防范表现和情绪稳定性等。

⑤体育品德:主要评价学生在新兴体育类运动项目学习与比赛中所表现出来的坚韧不拔、积极进取、尊重他人、诚信公正等体育品德。

(2)新兴体育类运动模块成绩评定的方式

①技能成绩评定方式:主要依据各新兴体育类运动项目评价标准维度进行评定。

②体能成绩评定方式:主要运用实践测试法。各体能项目可参照《国家学生体质健康标准(2014年修订)》,并结合学习前的基础和学习后成绩的提高幅度来评定。

③新兴体育类运动认知成绩评定方式:采用实践与纸笔测试相结合的方

式。如:针对学生制订的锻炼计划及其执行情况、锻炼前后的成绩提高幅度进行评定。

④健康行为成绩评定方式:主要采用观察法,运用档案袋、日志等方式在日常的学习过程中进行信息的收集和评价。建议采用过程性评价的方式进行考核。

⑤体育品德成绩评定方式:采用教师观察、学生自评、学生互评等方法,可以与体能测试、运动比赛等实践环节结合起来进行评价。

2.新兴体育类运动项目学业成绩合格标准

①掌握所学新兴体育类运动项目的完整动作技术,开展班内展示或比赛;理解比赛规则并能担任组内裁判。每学期观看不少于8次所学新兴体育类运动项目的比赛,并能对某场高水平比赛作出分析与评价。

②能独立组织与开展体能练习,且体能达到相应年级《国家学生体质健康标准(2014年修订)》的合格水平。

③进行新兴体育类运动项目练习时能注意安全,能描述预防常见运动损伤的方法,能简单处理自己或他人的运动损伤。

④在新兴体育类运动项目的练习和比赛中与同伴融洽相处,能遵守规则、尊重裁判、尊重对手,具有责任意识和集体荣誉感,能正确看待比赛的胜负。

⑤能做到每周进行3次(每次1小时左右)课外新兴体育类运动项目的锻炼。

二　初中阶段新兴体育类运动项目考核与评价样表

类别	项目	单元学习初		单元学习末		单项得分(80%)	进步幅度(20%)	综合得分
		成绩	分值	成绩	分值			
技能(30%)	动作准确性							
	动作熟练度							
	动作合拍性							
	技巧一致性							

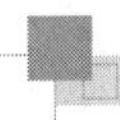

续表

体能（15%）	1000米、800米							
	平板支撑							
	3米3向折返跑	在3米3向折返跑测试过程中，既要测量跑的速度，也要评价跑的动作。动作协调连贯、重心控制、发力正确为80分以上，一般为60—79分，不连贯、方法不对为59分及以下						
新兴体育类运动认知（10%）	运动常识	单元学习初		单元学习末		发展趋势		综合得分
		指数	状态	指数	状态	正向为80分及以上；无效为60—79分；负向为59分及以下		
	锻炼计划的制订	根据学生提交的锻炼计划从锻炼目标的制订，锻炼内容的选择，锻炼方法的应用等方面进行评价给出相应的分值						
健康行为（20%）	维度				自评（25%）	互评（25%）	师评（50%）	综合得分
	能按时上课，积极参加课堂练习							
	懂得正确运用准备活动和放松练习							
	能融入各自的团队，情绪稳定							
体育品德（20%）	维度				自评（25%）	互评（25%）	师评（50%）	综合得分
	积极进取，能坚持不轻易放弃							
	尊重规则，尊重同伴							
	有强烈的荣誉感，有正确的胜负观							
激励分（5%）	维度							综合得分
	在小组赛、班级比赛和校级比赛中取得优异的成绩 在课堂教学中有突出的表现							
总分	体能（30%）+技能（15%）+新兴体育类运动认知（10%）+健康行为（20%）+体育品德（20%）+激励分（5%）							
等第	优秀：≥90分；良好：75-89分；及格：60-74分；不及格：≤59分							

第九节 跨学科主题学习类课堂教学评价

初中阶段跨学科学习主题考核与评价是对跨学科教学目标达成、教学内容组织以及教学过程实施等教学活动做出价值评判的过程。

跨学科学习主题评价应立足素养教学目标的达成，采用多样化的评价方式、综合化的评价手段、多元化的评价主体，注重问题的解决情况。

一 多样化的评价方式

1.定量和定性评价相结合。虽然跨学科主题学习可能涉及多门学科，但在评价过程中应注重本学科知识与技能的评价。所以定量评价，主要对体育学科关联的认知、技能、体能目标进行评价。定性评价，主要对体育学科关联的情感目标进行评价。

2.终结性与过程性评价相结合。终结性评价，主要对体育学科关联的认知、技能、体能、情感目标进行评价。除此以外，就是针对主题问题的解决情况进行过程性评价。

3.绝对性和相对性评价相结合。两种评价方式对体育学科关联目标与主题目标皆可评价。尤其适用于体育学科关联的认知、技能、体能、情感目标评价。

二 综合化的评价手段

1.物质与精神激励相结合。物质激励如奖品激励，精神激励如“耐力挑战达人”“体育绘画金奖”等称号激励。

2.口头评价、活动评价、试卷评价相结合。口头评价、试卷评价主要用于对体育学科关联目标进行评价。活动评价对所有目标皆可评价，如举办一场综合体育活动并在活动中展示运动技术以及用演讲阐释对体育活动的理解。

三 多元化的评价主体

1. 教师评价。评价学生所有目标的达成程度。

2. 学生评价。评价同伴所有目标的达成程度，可以采用互评互议、投票表决等方式，如小组内学生互评互议，总结组员缺点与优点。评价自己所有目标的达成程度，可以采用自我反思方式，如思考自己课上表现有哪些缺点，有哪些行为违反了体育道德等。

3. 家长评价。跨学科主题学习需要拓展课堂教学时空，将教学时间延伸到课后，空间拓展到校外，这就有必要借助辅助人员完成，比如课外体能锻炼、运动技能练习、撰写体育作文，需要动员家长参与相关评价工作。

对于体育学科来说，跨学科主题评价还有待进一步思考和实践，也期待体育教师同行能够提供更好的跨学科主题学习评价量表一起研讨。

第六章

人本体育视域下教师素养的培养

人本体育教学主张视域下,教师素养的发展具有至关重要的意义。人本主义教育思想强调以学生为中心,关注学生的全面发展和个性化需求,这要求体育教师不仅要具备扎实的专业知识和技能,还要具备高度的人文关怀和教育智慧。体育教师作为学生学科核心素养培育的核心人物之一,其专业素养直接影响到学生核心素养的形成和发展。因此,体育教师需要不断提升自身的教学能力、教研能力和课外活动组织能力,以更好地引导学生在体育活动中实现身心发展。

人本体育视域下,教师素养面临多方面的挑战。一是教育理念的更新。人本体育强调以学生为主体,关注学生的全面发展,这需要教师不断更新教育理念,从传统的以教师为中心的教学模式转变为以学生为中心的教学模式,注重培养学生的自主学习能力和创新精神。二是跨学科知识的融合。人本体育涉及多个学科领域,如教育学、心理学、社会学等,需要教师具备跨学科的知识背景,能够融合不同学科的理论和方法,为学生提供多元化的学习体验。三是信息化教学的能力。随着信息技术的发展,人本体育教学需要借助信息技术手段,如多媒体教学、网络教学等,提高教学效果和学生的学习兴趣。教师需要不断学习和提高信息技术应用能力,适应信息化教学的需求。四是个性化教学设计的能力。人本体育强调在全面发展的基础上关注学生的个性发展,尊重学生的意愿和需求。教师需要具备个性化教学设计的能力,能够根据学生的特点和需求,制订科学合理的教学计划和教学方法,提高学生的体育素质和竞技水平。五是心理健康指导能力。人本体育关注学生的心理健康,需要教师具备一定的心理健康指导能力,能够帮助学生缓解学习压力、增强自信心、培养积极心态等。六是团队合作的能力。人本体育教学需要教师之间的紧密合作,共同设计和实施教学计划。教师需要具备良好的团队合作能力,能够与同事沟通协调,共同推进教学工作。

在这样的背景下,教师作为联结育人目标与教学实践的桥梁,在培养现代化的"人"的过程中发挥着越来越积极和独特的作用,所以"人本"既要关注学生,也要关注教师。从学校体育教育的本质上看,人本体育就是以人为本,以体育人,就是以学生的全面发展和个性发展为体育教育的逻辑起点和归宿,以强健身体为基础,创设多元共享的教育场域,让学生在体育锻炼中享受乐趣,成为具有健全人格、坚强意志的高品质个体。从教师作为的角度上看,人本体育就是要以人为本,发展素养,就是以教师的核心素养建构和培养作为教师发展的逻辑起点和归宿,以关键能力为基础,创设多样的培训方式,让教师在体育教学过程中发展成为具有清晰价值观、良好道德品质和高超教学能力的新时代好老师。因此,在人本体育的视域下,体育教师核心素养的发展一定程度上决定着学生体育素养的发展程度。

关于体育教师素养的发展很多学者都有论述,其中华东师范大学体育与健康学院尹志华教授等在《体育教师发展核心素养的结构探索:基于扎根理论的质性研究》一文中指出,体育教师发展核心素养结构体系包含价值观念、必备品格、关键能力3个方面，包括制度观、职业观、学生观、体育人文底蕴、体育科学精神、体育品德、体育运动能力、体育课程领悟能力、体育教学实施能力、课外体育执行能力、体育教研能力、学习与反思能力等12个范畴(表6-1)。

表6-1 体育教师发展核心素养的结构

维度	价值观念	必备品格	关键能力
核心素养	制度观 职业观 学生观	体育人文底蕴 体育科学精神 体育品德	体育运动能力 体育课程领悟能力 体育教学实施能力 课外体育执行能力 体育教研能力 学习与反思能力

在此基础上，我们结合教学实践深入剖析和挖掘，进一步厘清了教师核心素养所应包含的内容(表6-2)，使体育教师核心素养内容更加清晰明了。

表6-2 体育教师发展核心素养的具体内容

素养维度	具体内涵	主要内容
价值观念	制度观	学校体育相关制度及相关法规解读等
	职业观	职业价值、意义与作用等
	学生观	学生是发展的人、学生是独特的人、学生是具有独立意义的人
必备品格	体育人文底蕴	体育人文、体育艺术、体育文化、体育审美等
	体育科学精神	体育科学精神内涵、求真精神、求实精神、创新精神
	体育品德	精神激励、伦理规范、品性修养等
关键能力	体育运动能力	体育教师必备的体能、技能等
	体育课程领悟能力	课程方案、课程标准等
	体育教学实施能力	教学计划、内容、策略、命题评价、信息技术、课外作业等
	课外体育执行能力	课外体育活动、体育训练、课余体育竞赛等
	体育教研能力	教研能力、课题研究、论文撰写等
	学习反思能力	学习主题、途径与方法、反思内容、途径与方法、生活与管理等

教师核心素养是教师在教研领域中不断成长和发展的关键，而提升核心素养关键就是在实践中不断学习、研究、交流、合作、反思和总结，具体体现在以下五个方面。

1.持续学习：教师需要不断学习新的教育教学理论和先进地区实践经验，

关注教育教学的最新发展和改革趋势，了解新的教学理念和方法。教师可以通过阅读教育类书籍、参加培训课程、关注教育新闻、观摩先进典型等多种方式来学习。

2.深入实践：教师需要将所学的理论与实践相结合，积极探索教育教学改革的新路子，在整体规划的基础上不断尝试新的教学方法和策略，并有坚定的信念和持之以恒的坚持。

3.开展研究：参与教学研究是提升教研素养的重要途径之一。教师需要开展基于事实与数据的循证研究、实验研究和课题研究等，不断探索和研究教育教学中的问题，提出改进的策略和方法，提高教学的质量和水平。

4.参与团队合作：教师需要具备与其他教师、学校和上级教研部门的良好沟通和协作能力，能够发挥桥梁和纽带作用，推动教育教学工作的顺利开展。还需要参与各种形式的团队协作，如项目合作、教学研讨、课程开发等。

5.反思和总结：教师在上述的各个环节中都需要进行反思和总结，发现个人和工作中的不足之处，及时调整和改进工作方法和策略。同时，也需要对所取得的成果进行总结和分享，与他人交流和探讨教育教学中的问题和发展趋势。

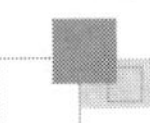

第一节 人本体育视域下教师价值观念的培养

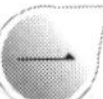

一 制度观

制度观反映了体育教师对新时代党和国家、各级教育行政部门颁布的有关学校体育、课程与教学改革等政策、法规文件的认知与看法。制度的重要性就在于它可以引导人们沿着正确的方向前进，并提供正确的激励和发挥创新能力的空间。

制度观能帮助体育教师充分了解党和国家颁布的学校体育相关政策与法规文件，深刻领会并对学校体育相关制度形成正确的认知，能够积极主动地贯彻落实学校体育相关制度，并积极主动地传播学校体育相关制度的精神。

（一）制度观的内容

制度观主要包括国家有关体育的政策、法规和文件等。

1.社会体育类

2016年10月，中共中央　国务院印发《“健康中国2030”规划纲要》。

2019年7月，健康中国行动推进委员会发布《健康中国行动（2019—2030年）》。

2019年8月，国务院办公厅印发《体育强国建设纲要》。

2021年7月，国务院印发《全民健身计划（2021—2025）》。

2021年10月，体育总局印发《“十四五”体育发展规划》。

2022年6月，第十三届全国人民代表大会常务委员会第三十五次会议修订《中华人民共和国体育法》。

…………

2.学校体育类

(1)健康教育

2012年10月,国务院办公厅转发教育部等部门《关于进一步加强学校体育工作若干意见的通知》。

2016年4月,国务院办公厅印发《关于强化学校体育促进学生身心健康全面发展的意见》。

2017年9月,教育部颁布《普通高中体育与健康课程标准(2017年版)》。

2019年6月,中共中央国务院发布《关于深化教育教学改革全面提高义务教育质量的意见》。

2020年8月,体育总局　教育部联合印发《关于深化体教融合　促进青少年健康发展的意见》。

2020年9月,教育部修订了《普通高中体育与健康课程标准(2017年版2020年修订)》。

2020年10月,中共中央办公厅　国务院办公厅印发《关于全面加强和改进新时代学校体育工作的意见》。

2021年4月,教育部办公厅发布《关于进一步加强中小学生体质健康管理工作的通知》。

2021年6月,教育部办公厅印发《〈体育与健康〉教学改革指导纲要(试行)》。

2022年4月,教育部印发《义务教育体育与健康课程标准(2022年版)》。

(2)卫生视力

1990年6月,国家教育委员会发布《学校卫生工作条例》。

2021年4月,教育部办公厅等十五部门关于印发《儿童青少年近视防控光明行动工作方案(2021—2025年)》。

(3)意外伤害

2002年6月,中华人民共和国教育部发布《学生伤害事故处理办法》。

2015年5月,教育部印发《学校体育运动风险防控暂行办法》。

(4)监测评价

2014年4月,教育部印发《学生体质健康监测评价办法》《中小学校体育工作评估办法》《学校体育工作年度报告办法》。

2014年7月,教育部印发《国家学生体质健康标准(2014年修订)》。

2020年10月,中共中央国务院印发《深化新时代教育评价改革总体方案》。

2021年7月,中共中央办公厅国务院办公厅印发《关于进一步减轻义务教育阶段学生作业负担和校外培训负担的意见》。

…………

(二)制度观的培养方式

制度观主要采用“专题讲座”与“研讨交流”相结合的方式。其中社会体育类主要从健身的角度出发,引导教师理解未来社会体育的发展和走向;学校体育类要从文件核心精神的学习出发,研讨具体工作的要求与落实,让体育教师对学校体育工作有更加全面深入地了解。

二 职业观

职业观反映了体育教师对自身职业的正确认知和看法,对提升职业认同起着关键作用。很长一段时间,社会对体育教师的印象就是让学生跑跑步、打打球、流流汗就可以了。这种固有印象使得很多体育教师不自信甚至自卑,对职业认同感大大降低。新时代的体育教师,应当正确认识体育教师的职业特性,积极改变固有观念,从多维度上树立“立德树人”“健康第一”的理念,不断培养职业认同感和自豪感。

职业观能帮助体育教师能够对体育教师职业价值、意义与作用有清醒和正面认知,能够具备坚定的从事体育教师职业的信念,能够对从事体育教师职业而感到自豪,能够积极主动地抵制外界对体育教师的刻板印象,能够尊重与维护作为体育教师的尊严。

(一)职业观的主要内容

体育教师的职业观主要包括职业定位与价值、职业观的培养等。

1.体育教师的职业定位与价值

(1)体育教师的定位:体育教师是指培养学生体育学科核心素养的人。以体育人是体育教师关键职责。

(2)体育教师的价值:以人的全面发展和个性发展为体育教育的逻辑起点

和归宿,以强身健体为基础,创设多元共享的教育场域,让学生在体育锻炼中享受乐趣,成为具有健全人格、坚强意志的高品质个体。

(二)职业观的培养方式

职业观的培养主要采用“专题讲座”与“研讨交流”相结合的方式。其中体育的定位与价值主要讨论竞技体育、健康体育在学校体育中的和谐统一性,深入剖析运动与健康之间的关系,从而厘清学校体育的育人导向;体育教师的定位与价值主要讨论体育教师的专业复杂性和不可替代性,并通过研讨认识到体育教师的价值所在。

三　学生观

学生观是对学生的本质属性及其在教育过程中所处地位和作用的看法,它支配着教育行为,决定着教育者的工作态度和工作方式。

学生观能帮助体育教师较好实现“以人为本”的育人观,深入了解学生是发展的人、学生是独特的人、学生是具有独立意义的人,理解学生的身心发展规律与特征,以生为本,以体育人做到根植于心,践之于行,并以此指导体育教学实践,增强体育教学的科学性、合理性和有效性。

(一)学生观的主要内容

学生观主要包括三方面内容:学生是发展的人、学生是独特的人、学生是具有独立意义的人。

1.学生是发展的人

(1)学生身心发展的规律及特征。

(2)学生具有巨大的潜力。

(3)学生是处于发展过程中的人。

2.学生是独特的人

(1)学生是完整的人。

(2)每个学生都有自身的独特性。

(3)学生与成人之间存在着巨大的差异。

3.学生是具有独立意义的人

(1)学生是不以教师的意志为转移的客观存在。

(2)学生是体育学习的主体。

(3)学生是责权的主体。

(二)学生观的培养方式

学生观的培养主要采用“专题讲座”与“研讨交流”相结合的方式,主要内容如下。

1.学生是发展的人:从学生的身心发展规律及特征、学生具有巨大的潜力、学生是处于发展过程中的人等方面着手,指导体育教师理解学生的身心发展规律及特征、运动技能形成规律、运动素质发展的敏感期等,有效发掘学生的潜力,促进学生的全面发展。

2.学生是独特的人:从学生是完整的人、每个学生都有自身的独特性、学生与成人之间存在着巨大的差异等方面着手,帮助体育教师树立正确的课程育人意识,关注学生的个体差异,促进学生的个性发展。

3.学生是具有独立意义的人:从学生是不以教师的意志为转移的客观存在、学生是体育学习的主体、学生是责权的主体等方面着手,帮助体育教师转变体育教学理念,改进课堂教学方式方法。

第二节 人本体育视域下教师必备品格的培养

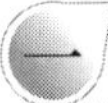

一 体育人文底蕴

体育人文底蕴反映了体育教师人文内涵的外显形象，涵盖体育教师的体育人文思想、体育艺术熏陶、体育文化素养、体育审美情趣等。人文底蕴彰显出对人格的尊重、维护与塑造，重视优秀体育文化的积累，但体育教师在人文底蕴方面较为薄弱。因此，新时代的体育教师要大力提升人文底蕴，了解国内外传统体育思想的精华，积累体育人文领域的优秀知识和成果，形成良好情感态度和价值取向，对学生产生正面积极的影响。

体育人文底蕴能帮助体育教师理解体育人文底蕴的基本内容与作用，深入了解体育人文底蕴中体育人文、体育艺术、体育文化、体育审美等主要内容的精髓，增强体育教师的人文感受力、表现力、创造力和鉴赏力，提升体育教师人文素养、人文精神、人格魅力与文化自信，树立健康、全面、积极的体育情感态度和价值取向。

(一)体育人文底蕴的主要内容

体育人文底蕴主要包括：体育人文、体育艺术、体育文化、体育审美。

1.体育人文

(1)体育人文基本内容与作用

体育人文的基本内容：体育名人、奥林匹克文化、校园体育文化、武术文化、体育欣赏、体育赛事、体育旅游等。

体育人文的作用：体育教师自身人文素养的提升。

(2)体育名人对学生的榜样激励作用

结合李宁、陈忠和、姚明、刘翔、苏炳添等体育名人从不同领域与项目谈对学生的激励与引导作用。

(3)体育课堂教学人性关怀、人格尊重与规则遵守的体现

人性关怀:对学生和人类生存意义及价值的终极关怀等。

人格尊重:以生为本、因材施教、差异教学、多元评价等。

规则遵守:公平、公正、公开等。

2.体育艺术

(1)体育艺术的基本内容与作用

体育艺术的基本内容:动作美感、协调、音乐。

体育艺术的作用:提升创新思维能力、审美情趣和人文艺术素养;调动学生体育兴趣,活跃课堂氛围。

(2)体育艺术的融合与提升

艺术体操、健美操、体育舞蹈等体育艺术特色融合项目进课堂。

3.体育文化

(1)体育文化的基本内容:民族传统体育文化、国粹武术、篮球NBA、足球世界杯、奥运会、厦门马拉松等。

(2)体育文化的分类:民族传统体育文化、运动项目文化、群众体育文化、校园体育文化、商业体育文化等。

(3)体育文化传承的途径与方法。

(4)校园体育文化的营造:教研组建设、大课间、体锻、延时服务等。

(5)学校体育文化品牌的创建:一校一品,本校品牌汇报。

4.体育审美

(1)体育审美的概念、基本内容与作用:树立对动作美、精神美与身体美等正确的审美观。从跃动腾空旋转美、速度美、柔韧美、节奏美与流畅美等五方面的运动品质来感受体育动作美;从顽强拼搏、永不放弃、临危不乱、绝妙合作、比赛友谊以及活力阳光等六方面来欣赏体育精神美;从形体美与力量美来欣赏身体美。

(2)体育教师在塑造自身优美形象的基础上从场地器材、教学流程、氛围营造等维度着力构建美的课堂。

(3)结合各类运动项目着力培养学生美的感受力、表现力、鉴赏力和创造力。

(二)体育人文底蕴的培养方式

体育人文底蕴的培养主要采用“专题讲座”与“展示交流”相结合的方式。其中,体育人文着重体育教师自身人文素养的提升;体育艺术着重寻求专项运动技能和艺术的融合点;体育文化着重校园体育文化品牌的营造与创建;体育审美着重美的课堂的构建。

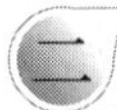二　体育科学精神

科学精神是人类认识自然及其成果的精神积淀,是在认识一切客观存在的过程中,对人、对己、对事物都能善于辨误识伪,勇于去伪存真的,求真、求实、创新精神。科学精神主要包含两方面:一是尊重事实,尊重客观规律;二是大胆探索,追求并坚持真理。科学精神是科学活动的动力支持与思想指导。

体育科学精神是科学精神在体育中的具体体现,因此可以理解为体育工作者对体育科学的研究要在尊重事实、尊重客观规律的基础上,大胆地探索、追求并坚持真理。也就是在体育科学活动中所表现出来的求真、求实和创新的精神。

体育科学精神能帮助体育教师在体育实践活动中以体育科学知识的广、博、深为基础,以崇高的体育科学精神为指导“求真”和“求实”。同时,在体育科学准则下不断“创新”,并以此培养体育教师具有求真、求实和创新的精神,真正地实现体育对学生的育人价值。

(一)体育科学精神的主要内容

体育科学精神主要包含三个方面:体育求真精神、体育求实精神、体育创新精神。

1.体育求真精神

(1)求真精神的概念:不断地认识体育的本质,把握体育活动的规律。

(2)体育求真精神的内涵:在科学事实面前,勇于维护真理,反对独断、虚伪和谬误。

(3)体育求真精神的运用:发展体能应根据学生的年龄特点,注意青少年体能发展“敏感期”,才能得到事半功倍效果。

2.体育求实精神

(1)体育求实精神的概念:在体育活动中客观或冷静地观察,讲求实际,以求对客观实际的正确认识。

(2)体育求实精神的内涵:科学须实事求是地反映客观现实,克服主观臆断,找准规律并用于改造客观的知识。

(3)体育求实精神的运用:在体育教学中围绕某一问题,合理运用课堂观察量表,有效评析课堂真实样态。

3.体育创新精神

(1)体育创新精神的概念:在体育活动中,能综合运用已有的知识、信息、技能和方法,提出新方法、新观点的思维能力和进行发明创造、改革的意志、信心、勇气和智慧。

(2)体育创新精神的内涵:以现有的思维模式提出有别于常规或常人思路的见解为导向,利用现有的知识和物质,在特定的环境中,本着理想化需要或为满足社会需求,而改进或创造新的事物(包括产品、方法、元素、路径、环境),并能获得一定有益效果的行为。

(3)体育创新精神的运用:围绕体育运动技能,创设各种活动和比赛的真实情境,引导学生积极思考,主动探索,自觉实践,培养学生分析问题和解决问题的能力及创新意识。

(二)体育科学精神的培养方式

体育科学精神的培养主要采用“理论讲授”“案例交流”等形式。

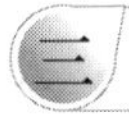 体育品德

体育品德主要是从人际交流合作、责任担当、积极乐观心态、文明礼貌、尊重他人、遵守规则、诚信自律、自信心、勇于挑战、理解他人等角度体现出的体育教师的行为准则，主要体现在精神激励、伦理规范和品性修养等方面。作为体育工作者和学生成长的引路人，体育教师应积极进取、勇于担当和勇于超越。体育运动以规则为基础，体育教师应将长期在运动体验中形成的公平、诚信、自律等品质发扬光大，成为自信和有责任担当的人。在品性修养方面，体育教师应该具备文明礼貌、乐观开朗、同理心等特质，还应大力提升修养，成为具有良好品性修养的人。

体育品德能帮助体育教师理解体育品德的基本内容与作用，深入理解精神激励、伦理规范、品性修养等主要内容的精髓，并能运用在学校体育工作中。体育教师自身修养的提升，不仅对个人职业发展有益，对学生身心健康的发展也有着重要的作用。

（一）体育品德的主要内容

体育品德的内容主要包括：精神激励、伦理规范、品性修养。

1.精神激励

（1）精神激励的概念：精神激励即内在激励，指精神方面的无形激励。

（2）精神激励的内容：能够在学校体育工作中具备良好的自信心、较强的责任担当，保持积极进取和超越他人的精神。

（3）精神激励的作用：能将体育教师个人与学校发展目标相统一，能缓解物质激励不均造成的矛盾，能满足体育教师精神层次的需求。

2.伦理规范

（1）伦理规范的概念：伦理规范指学校体育工作中的道德规范和行为准则，包括尊重他人、公平竞争、诚实守信等。

（2）伦理规范的内容：能够在学校体育工作中遵守相关规则，诚信自律。

（3）伦理规范的作用：以规定教师行为的规则体系为中心，为教师提供明确的道德指导。

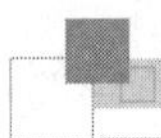

3.品性修养

(1)品性修养的概念:品性修养是指个人的品德修养和行为规范,包括责任心、自律性、勇气、诚实守信等。

(2)品性修养的内容:能够在学校体育工作中对他人保持文明礼貌和尊重,与他人进行交流合作,保持积极乐观的心态,善于认同和理解他人。

(3)品性修养的作用:培养自身品性修养,树立良好师德形象,规范文明行为,关爱每一位学生。

(二)体育品德的培养方式

体育品德的培养主要采用"专题讲座"与"展示交流"相结合的方式。通过阅读相关书籍和观看各级各类比赛,进一步理解体育品德的基本内容与作用。

第三节 人本体育视域下教师关键能力的培养

一 体育运动能力

体育教师的运动能力，是既不同于一般人从事身体锻炼的普通运动能力，又不同于专业运动员从事训练和比赛时的特殊运动能力，它是一种规范化的、能够与教学手段有机结合的专门能力。这种能力是体育教师从事本职工作的基本要求。

体育运动能力能帮助体育教师了解体育运动的概念和作用，树立正确的体育运动观念及“终身体育”意识，明确教师自身具有的体育运动能力在提高课堂教学效果，落实学生核心素养等方面的重要意义。

（一）体育运动能力的主要内容

体育运动能力主要包括两方面：运动体能和运动技能。运动体能具体包括速度、力量、耐力、柔韧性和灵敏协调反应等身体素质；运动技能具体包括田径类、球类、中华传统体育类、水上运动类和新兴体育类运动项目等的基本技能。

（二）体育运动能力的培养方式

问题模块	主要内容	培养方式
专项运动技能	田径类运动（跑、跳、投）	专题讲座、功能性练习、专项练习
	球类运动（篮球、排球、足球、乒乓球、羽毛球、网球等）	
	中华传统体育类运动（长拳、太极拳、南拳、剑术、刀术、棍术等）	
	体操类运动（队列队形、广播操、支撑跳跃、单杠、双杠、健美操、啦啦操、排舞等）	
	水上运动与新兴体育类运动项目（人教版教材相关内容）	

续表

问题模块	主要内容		培养方式
体能	速度	跑的专门练习(小步跑、后蹬跑、直膝跑等)	专题讲座、功能性练习、专项练习
		位移速移(十字跑、米字跑、后撤跑等)	
		最大速度(30米、60米、100米跑等)	
	力量	上肢肌肉力量(平板卧推、引体向上、悬挂举腿等)	
		下肢肌肉力量(杠铃半蹲、杠铃全蹲、助跑摸高等)	
	耐力	肌肉耐力(平板支撑、静态马步、原地纵跳等)	
		心肺耐力(25米×8、往返800米跑、肺活量等)	
	柔韧性	坐位体前屈、纵劈叉、推起成桥等	
	灵敏协调反应	软梯练习、栏架练习等	

二、体育课程领悟能力

体育课程领悟能力是体育教师发展核心素养的关键能力之一,指在准确领会《义务教育体育与健康课程标准(2022年版)》精神和要求的基础上,理解核心素养的内涵,理解国家课程方案和地方课程方案的要求,结合学校实际,开展体育与健康教学实践。对一体化课程内容的选择与设计、体育课程模式分析、体育与健康课程育人评价方式、校本课程开发等方面有深刻认知,并在学习过程中能更新观念、转变角色,增强反思意识,提升教研能力、专业素养和教学技能水平,促进自身专业发展,树立新型的学生观和教师观、发展的教学观和开放的课程观。

体育课程领悟能力能帮助体育教师了解《义务教育体育与健康课程标准(2022年版)》的课程性质、课程基本理念、课程目标、课程内容和学业质量标准。在核心素养导向下,教师能够主动学习国家课程标准的精神,能够主动积极构建一体化体育与健康课程内容体系,能够理解与应用主流的体育与健康课程模式,掌握体育与健康课程教学评价方式,具备开发体育与健康校本课程的能力。

(一)体育课程领悟能力的主要内容

体育课程领悟能力主要包括五个方面:课程标准解读、体育与健康一体化课程建构、体育与健康课程教学模式分析、体育与健康课程育人评价、体育与健康校本课程的开发与实践。

1.课程标准解读

课程标准解读是指从课程性质、基本理念、课程目标、课程结构、课程内容、学业质量和课程实施等方面，对《义务教育体育与健康课程标准(2022年版)》的内容进行全方位解读，理解国家课程方案和地方课程方案的要求。

2.体育与健康一体化课程建构

体育与健康一体化课程建构是时代的呼唤，是体育学科发展、体育教育质量提升重要的基础理论研究。体育教师要注重转变教学观念，更新教学形式，以促进体育与健康一体化教学活动常态化开展。

(1)体育与健康课程一体化

根据各运动项目之间的逻辑关系，依据学生的动作发展、认知发展、身体发育等基本规律，建构一套集科学性、专业性、引领性、适宜性于一体的完整体系，以满足学生终身体育与身心健康发展需求，助推学生享受乐趣、增强体质、健全人格、锤炼意志等目标的实现。

(2)体育与健康一体化课程建构的必要性

①掌握技能，增强体质，具有明确的政策导向。

②满足学生多样化运动需求，突出课程服务性。

③促进身心健康全面发展。

(3)体育与健康一体化课程的基本内涵

①纵向衔接：各学段课程内容的衔接。

②横向一致：基本运动能力，也包括"定级不定项"的专项运动能力。

③内在统一：目标维度知、能、行、健的统一性。

④形式联合：组织形式、修学类型等的多元化联合实施。

3.体育与健康课程教学模式分析

(1)体育与健康课程教学模式

体育与健康课程教学模式指在课程发展过程中，根据某种思想和理论，选择和组织教学内容、教学方法、教学管理手段，以及制定教学评价原则而形成的结构框架和活动程序。

(2)体育与健康课程模式实例分析

①健康体育课程模式。

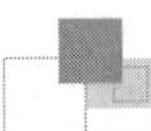

②运动教育课程模式。

③幸福体育课程模式。

…………

(3)体育与健康课程一体化教学模式实例分析

①健康教育课程的一体化教学模式。

②"教、学、评"一体化教学模式。

③体育课堂教学"学、练、赛"一体化教学模式。

④课内外"学、练、赛"一体化教学模式。

⑤"俱乐部"制课内外一体化教学模式。

⑥"四度课堂"运动实践课教学模式和健康知识课教学模式

…………

4.体育与健康课程育人评价

(1)体育与健康课程育人评价

体育与健康课程育人评价指体育与健康课程育人评价就是以核心素养为主,将"知识、能力及态度、价值观等目标统一于整体的人的发展",其评价目标和评价内容主要是围绕核心素养而展开,强调"学生自评、他评和师评"的"三位一体"的评价模式。

(2)体育教学评价设计

体育教学评价设计是体育教师依据体育学科核心素养,设置适宜的评价维度,确定合理的评价内容和观测点,合理选择评价主体、方式与工具,对课堂教学进行评价的一种设计活动。其主要是对"为什么评、评什么、谁来评、怎么评、用什么评"等问题进行考虑并做出回答的过程。

(3)体育教学评价设计

①学年教学评价设计。

②学期教学评价设计。

③单元教学评价设计。

④课时教学评价设计。

5.体育与健康校本课程的开发与实践

(1)我国校本课程开发经历的三个时期

①教学意义上的课程建设活动时期。

②校本课程开发实践模式的探索时期。

③作为国家政策的校本课程开发时期。

(2)体育与健康校本课程开发的概念与特点

①体育与健康校本课程开发的概念:体育校本课程开发是指学校在国家体育相关法规指导下根据本校的性质、特点、条件以及可利用的环境资源,自主开发的体育课程。即校长、体育教师、课程专家、学生以及家长和社区人士共同参与学校课程计划的制订、实施和评价。

②体育与健康校本课程开发的特点:民主开放的决策过程、尊重师生的独特性和差异性、国家课程的补充。

(3)体育与健康校本课程的开发

①体育与健康校本课程开发的方法。

②体育与健康校本课程开发的流程。

(二)体育课程领悟能力的培养方式

问题模块与	具体内容	培养方式
课标解读	《义务教育体育与健康课程标准(2022年版)》	讲座、实践、个人展示
课程构建	体育与健康一体化课程建构	讲座、实践、个人展示
模式分析	体育与健康课程教学模式分析	讲座、实践、小组合作
育人评价	体育与健康课程育人评价	讲座、实践、小组合作
课程开发	体育与健康校本课程的开发与实践	讲座、实践、小组合作

三　体育教学实施能力

体育教学实施能力是体育教师的关键能力。它是指体育教师基于课程理念,设计指向核心素养培养的体育教学计划,创设丰富的体育教学情境,开展结构化与统整化的体育课堂教学,主动调控学生的运动负荷,并融合信息技术以重构体育教学新形态的能力。

体育教学实施能力能激发并利用教师教学的已有经验,帮助其建构新的经验,规范设计与撰写水平、学年、学期及课时等各类教学计划,理解大单元教学理论并能设计一个完整的大单元教学案例,顺利过渡“摩、模、磨”三课模式,真正提升教师的体育教学实施能力，并发展作业设计与命题技巧等各类评价能力。

（一）体育教学实施能力的主要内容

体育教学实施能力主要包括三个方面内容：教学计划制订（备课）、课堂教学实施（上课）与体育教学评价（评价）。

1.教学计划制订（备课）

体育教学计划分为4个层级，分别是水平、学年与学期教学计划设计，大单元教学计划设计，课时教学计划设计和教学阐释的样态与展示。

（1）水平、学年与学期体育教学计划设计

①水平、学年与学期体育教学计划设计的概念：指根据学生的身心发展规律、运动技能形成规律和课程的育人特点所设计的水平、学年与学期体育教学计划。

②水平、学年与学期体育教学计划设计的方法与步骤：确定水平、学年与学期体育学习目标→选择和编排教学内容→确定水平、学年与学期的教学时数→分配各项教学内容的教学时数。

③水平、学年与学期体育教学计划设计的要求：结构化、一体化、针对性、灵活性。

（2）大单元教学计划设计

①大单元教学计划设计的概念：指对某个运动项目或项目组合进行18课时及以上相对完整的教学。大单元教学既能使学生掌握所学项目的运动技能，又能加深学生对该项运动完整的体验和理解。

②大单元教学计划设计的方法与步骤：选好单元或主题→开展单元教学设计→开展课时教学设计→集体讨论和磨课→实际教学。

③大单元教学计划设计的要求：一是处理好单元与课时的关系、知识与素养的关系、教材与资源的关系及落实与创新的关系；二是在教学目标上，强调从知识本位走向核心素养本位，确立基于核心素养的教学目标；三是在教与学的关系上，强调从以教为主走向以学为主，建立学习中心课堂；四是在学习方式和路径上，强调从"坐而论道"走向学科实践，构建实践型的育人方式；五是在知识内容组织上，强调从知识点走向大概念，推进大单元、大主题教学。

(3)课时教学计划设计

①课时教学计划设计的概念:是对大单元教学计划的进一步细化,是以一个课时为单位做出的设计和安排,是对一节课的学习目标、教学内容、教学方法、学习评价等教与学活动的预设。课时教学计划要根据大单元教学计划,并结合学生的学习情况来制订,主要包括学习目标、教学内容、教学步骤、学法与教法、运动负荷、安全防范措施和教学后记等基本要素。

②课时教学计划设计的方法与步骤:按照“教会、勤练、常赛、适评”的一体化教学思路和结构化教学的要求完成教学设计,包括教学基本信息、学习目标、教学内容、重点和难点、教学流程、场地器材、安全保障措施、运动负荷预计、课后反思和课后作业等。

③课时教学计划设计的要求:一是要突出体育与健康课程的实践性;二是要体现基于学科核心素养的目标整体性;三是要保证教学计划安排和实施的灵活性。

(4)教学阐释的样态与展示

①教学阐释的概念:“教学阐释”作为新的教研形式,对于教育观念的变革、理论的理解和掌握,对于教学的研究、反思、评价,无疑都是一种可取的、有效的途径。“教学阐释”大体上有以下三个方面内容:其一是对课的任务的认识;其二是课的执行过程的呈现;其三是对教学结果预测或反思。好的“教学阐释”给人的感觉应该是说者有较新的教育观念,能清晰、完整地表达出自己的教育思想和教学思路,充分地、淋漓尽致地展现教学境界,有独特的见解,并且具有说服力和吸引力。

②教学阐释的样态:以2023年厦门市第六届中小学中职学校幼儿园教师教学能力竞赛项目中的“教学阐释”为例进行说明与培训。本次赛事的教学阐释采用“说课”形式。选手对所选单元教学的教材(或内容)解析和单元课时安排,本课时在单元的地位和作用、目标定位、基本理念、教学过程和教学反思等方面进行了阐释。

③教学阐释的展示:学员制作教学阐释PPT并分组展示。

2.课堂教学实施(上课)

(1)体育教师身边的信息技术

①教育信息技术的概念:我国教育部在《中小学教师教育技术能力标准(试

行)》中指出,信息技术是指能够支持信息的获取、传递、加工、存储和呈现的一类技术。其中,应用在教育领域中的信息技术主要包括电子音像技术、卫星电视广播技术、多媒体计算机技术、人工智能技术、网络通信技术、仿真技术和虚拟现实技术等。在《普通高中体育与健康课程标准(2017年版2020年修订)》中也提到,在体育与健康课程中,应重视利用现代化信息技术手段,将多媒体、电子白板、智能手机、运动手表、心率监测仪、计步器、加速度计等信息技术手段深度融合到课中。同时,尝试在课中开展微课、慕课、翻转课堂等教学,促进学生体育与健康课程的线上与线下学习相结合,为学生提供更多现代化的学习体验,提高学生的信息素养。

②信息技术在体育课堂的应用:多媒体、电子白板、智能手机、运动手表、心率监测仪、计步器、加速度计等。

③微课、慕课、翻转课堂等教学形式的制作。

(2)体育与健康课程资源的开发与应用

①体育与健康课程资源的概念:体育与健康课程资源是体育与健康课程设计、实施和评价等整个体育教学过程中可利用的一切人力、物力以及自然资源的总和,包括教材、教师、学生、家长以及学校、家庭和社区中所有利于实现体育与健康课程目标,促进体育教师专业成长和学生个性全面发展的各种资源。

②体育与健康课程资源的特点:多样性、潜在性、多质性。

③体育与健康课程资源的分类:一是人力资源;二是器材设施资源;三是课程内容资源;四是自然地理资源;五是信息资源;六是时间资源。

(3)体育与健康课程教学

①体育与健康课程教学的概念:体育与健康课程教学是教师广泛运用各种资源,选择有效教学内容,采用多样化教学方法,指导学生在面对问题、解决问题的真实情境中形成核心素养的实践活动。教师应依据核心素养的内涵、课程总目标与水平目标、课程内容、学业质量,创造性地制订教学计划和实施课程。

②体育与健康课程教学的维度:学习目标的制订、教学内容的选编、教学方式方法的改进、运动情境的创设、运动负荷的设置、信息化教育手法和方法的运用、“教会、勤练、常赛、适评”模式的建构。

③体育与健康课程教学的进度:一年摩课,观摩、学好课;二年模课,模仿、会上课;三年磨课,研磨、上好课。

3.体育教学评价(评价)

(1)体育作业

①体育作业的概念:体育教学工作全过程的一个基本环节,是体育教师为实现体育教学目标给学生布置的在课外时间必须完成的体育学习活动。体育作业是体育教学活动的必然伴生物,课外体育作业可以帮助学生巩固体育知识、技能并学会运用体育知识、技能。课外体育作业是学校体育教学的继续和延伸,是联系学生学校生活、家庭生活、社会生活的纽带。

②体育作业的意义:一是"教会、勤练、常赛、适评"理念落实的"路径";二是一体化体育课程推进的"窗口";三是深化教育改革的"帮手";四是全面育人的"桥梁";五是家、校、社区协同育人的"抓手"。

③体育作业的内容:体育作业包括体育与健康理论知识部分、体能部分、技能部分等的作业。

④体育作业的分类:根据课外体育作业的不同目的,可以分为复习型、预习型、扩展型与创造型等四类;根据课外体育作业完成方式,可以分为口头型、书面型、观赏型与实践型等四类。

⑤评价:健全作业管理评价机制与落实作业批改、反馈和订正。

(2)体育试题命制的理论与实践

①体育试题命制的要求:以结构化的知识与技能为主要命题内容。坚持立德树人,加强对学生德智体美劳全面发展的考查和引导。要优化情境设计,增强试题开放性、灵活性,充分发挥命题的育人功能和积极导向作用,引导减少"死记硬背"和"机械刷题"现象,强调"加强核心价值体系教育"和"增强学生社会感",并坚持把对创新思维和学习能力的考查在试卷中全方位渗透,从而落实"重思维、重应用、重创新"的命题要求,使"解答试题"向"解决问题"转变。

②体育试题命制的来源:源于知识、源于思维、源于创新。

③体育试题命制的形式:实践测试和纸笔测试。

（二）体育教学实施能力的培养方式

问题模块	具体内容	培养方式
如何设计体育教学计划	水平、学年与学期体育教学计划设计	讲座、案例、实践
	大单元教学计划设计	讲座、案例、合作、实践
	课时教学计划设计	讲座、案例、实践
	教学阐释的样态与展示	讲座、实践
如何上好中学体育课堂教学	体育教师身边的信息技术	讲座、案例、交流、实践
	体育与健康课程资源的开发与应用	讲座、案例、交流、实践
	体育与健康课程教学	讲座、观课、集备、“影子”实践
如何开展中学体育教学评价	体育作业	讲座、案例、校本培训、实践
	体育试题命制的理论与实践	讲座、案例、实践

四 课外体育执行能力

课外体育执行能力是指个体或者群体有计划、有步骤地组织实施课外体育活动、课余体育训练与课余体育竞赛等的能力。

课外体育执行能力能帮助体育教师了解课外体育活动、课余体育训练与课余体育竞赛的基本内容、性质与特点；学会设计课外体育活动、课余体育训练与课余体育竞赛活动方案；提升指导课外体育活动、课余体育训练与课余体育竞赛的工作能力。

（一）课外体育执行能力的主要内容

课外体育执行能力主要包括三个方面：课外体育活动、课余体育训练与课余体育竞赛。

1.课外体育活动

（1）课外体育活动的概念、意义与内容

①课外体育活动的概念：指课前、课间和课后在校内外进行的，以全体学生为对象，以保健操、健身活动为主要内容，以班级为基本组织单位，以满足广大学生多种身心需要为目的，能促进学生身体、心理和社会适应能力和谐发展的体育锻炼活动。

②课外体育活动的意义:促进学生的生长发育,维护学生健康;提高学生文化课学习的效率;利于学生巩固课上学到的体育与健康知识、技术和技能;利于培养学生运动兴趣、养成锻炼习惯与形成终身体育意识;发展学生的心理健康。

③课外体育活动的内容要求:一要考虑学生的兴趣需要;二要培养学生核心素养等育人目标的需要;三要与体教融合;四要弘扬民族传统体育项目等。

(2)课外体育活动的特点

课外体育活动的特点表现在目标任务的多向性、活动内容的多样性、组织形式的灵活性。

(3)课外体育活动的形式

课外体育活动的形式包括全校活动和年级活动、班级活动和小组活动、体育俱乐部活动、学生社团活动、个人锻炼活动。

(4)课外体育活动的实施

①工作计划的制订:各种组织形式的课外体育活动计划的制订。

②课外体育活动的组织实施:确立制度和工作规范→明确职责和工作范围→落实课外体育活动的设计与实施。

(5)案例:展示大课间和社团的体育活动计划。

2.课余体育训练

(1)课余体育训练的概念

课余体育训练指利用课余时间,对部分在体育方面有一定天赋或有某项运动特长的学生,以运动队、俱乐部、社团等形式对他们进行较为系统的训练,旨在全面发展他们的体能和身心素质,提高某项运动技术水平,培养竞技体育后备人才,是学校体育教学的重要组成部分。

(2)课余体育训练的特点

课余体育训练的特点有业余性、基础性、广泛性。

(3)课余体育训练的形式

课余体育训练的形式包括学校运动队、俱乐部、体育社团等。

(4)课余体育训练的实施

①课余体育训练运动队组建:确定训练项目→运动员的选拔→指导教师的配备→规章制度的建立。

②课余体育训练计划的制订:年度、阶段、周与课时训练计划的制订。

③课余体育训练内容的安排:包含身体、技术、心理、战术、品德与作风等的训练。

④课余体育训练方法的运用:灵活、科学运用重复训练法、变换训练法、循环训练法与竞赛训练法等,保证训练效果。

⑤课余体育训练效果的评价:通过对课余体育训练效果(身体训练水平、技战术训练水平、运动成绩、运动员输出率等)的检查与评定,客观了解课余体育训练的绩效,及时得到反馈信息,有利于总结经验,科学地监控课余体育训练过程。

(5)课余体育训练案例:阶段训练计划的展示。

3.课余体育竞赛

(1)课余体育竞赛的概念

课余体育竞赛指利用课余时间,组织学生以争取优胜为目的,以运动项目、游戏活动、身体练习为内容,根据正规的、简化的或自定的规则进行个人或集体的体力、技艺、智力和心理的比赛,是实现我国学校体育目标的基本途径之一。

(2)课余体育竞赛的特点

课余体育竞赛的特点有课余性、群众性、教育性、多样性。

(3)课余体育竞赛的形式

课余体育竞赛的型式包括学校运动会、单项运动竞赛、单项娱乐性比赛、季节性单项比赛、体育节。

(4)课余体育竞赛的组织

①校运会/体育节的组织。

秘书组:主要负责召开组委会,执行组委会决议,制订比赛工作日程计划,主持并检查督促和协调校运会的筹备与进行期间的日常工作。

宣传组:主要负责校运会/体育节召开前后及期间的宣传报道和思想工作,包括比赛场地的环境布置,对外和对内的网络、板报、广播的宣传以及对学生的动员等。

竞赛组:是业务工作的中心,包括比赛秩序册的编制、比赛的组织与安排、裁判工作的组织与安排、比赛期间的成绩记录与统计及审查、解决比赛中出现的业务问题等。

后勤组:校运会/体育节的后勤保障。主要负责校运会/体育节的经费预算,保证比赛的场地器材以及设备的供应，做好比赛期间的医务工作。

②单项比赛的组织。

规则复杂、难度大的全校或年级单项赛（篮球赛、排球赛、足球赛等）：体育组负责，会同德育处、年段长、班主任一同组织安排。具体工作由分工负责的体育教师组织进行。

规则不复杂、难度不大的年级单项赛（跳绳比赛、踢毽子比赛、引体向上比赛等）：可在体育教师的指导下，由共青团、学生会负责组织进行。

规则不复杂、难度不大的班级单项赛（平板支撑比赛、仰卧起坐比赛、迎面接力比赛等）：可在任课体育教师的指导下，由班主任和体育委员负责组织进行。

（5）课余体育竞赛的实施

①课余体育竞赛计划（年度体育竞赛日程计划和竞赛规程计划）和竞赛规程。

②课余体育竞赛方法。

比赛的方法：淘汰法、循环法、顺序法、轮换法。

评定成绩与名次的方法：个人成绩、团体成绩。

（6）课余体育竞赛的案例

运动会竞赛规程与单项赛事规程展示。

（二）课外体育执行能力的培养方式

问题模块	具体内容	培养方式
如何更好地开展课余体育活动	中学大课间体育活动提高策略探究	专题讲座、实践观摩、案例分析
	中学社团体育活动开展探究	
	校内一小时体育活动的开展研讨	
	校外一小时体育活动的开展研讨	
如何更好地开展课余体育训练	课余体育训练质量提升的有效路径	专题讲座、实践观摩、案例分析
	中学体育课堂教学与课余体育训练一体化建设研究	
如何更好地开展课余体育竞赛	课余体育竞赛现状与发展对策研讨	专题讲座、实践观摩、案例分析
	竞赛规程的撰写和竞赛的编排	

五 体育教研能力

体育教师的教研能力指教师在体育教学过程中,以解决教学中的相应问题为出发点,从事与教学有关的各种课题的实验、研究与发明创造的实际操作能力,主要包括教研能力和科研能力等。体育教研能力是一种高级的、来源于体育实践又有所超越和升华的创新能力。

体育教研能力能帮助体育教师树立"聚焦内涵发展、提升教育品质"的思想,了解体育教研能力的基本内容、作用以及当前体育教育领域的研究现状及热点问题,深刻理解体育教研能力在促进体育教学质量、课外训练实效和课余体育训练水平等方面的独特功效,明确体育科研的选题方法,增强体育教师的问题意识、科研意识及强烈的获得感,有效解决教学中的实际问题,在提升体育教师科研能力和教学水平的同时,实现教育教学的可持续发展。

(一)体育教研能力的主要内容

体育教研能力主要包括两个方面:教研能力、科研能力。

1.教研能力

(1)清晰体育教师教研能力提升的要素

明确促进自身专业成长的三个时期(适应期、成熟期、发展期)所应完成的岗位培训内容与要求,从而有计划、有目的地制定适合自己专业发展的研训目标,促进课堂面貌、教学行为、教研能力及专业素养等的全面提升。

(2)明确提升体育教师教研能力的路径

①基于课堂教学的研修方式:采用教研组(备课组)建设、集体备课、示范观摩(同课异构)、听课与评课等方式,充分发挥教师主观能动性,力求实现教研中同伴互助、共同提升的目标。

②基于同伴互助的研修方式:通过开展形式多样的互助研修方式,如:以老带新、结对互助、教研活动、专题沙龙、兴趣小组或组内交流、外出学习等,实现同行驱动。

③基于专家指导的研修方式:指导内容包含教研组建设、教育教学理论、学科知识、素质教育等经验介绍等。如邀请专家开展专题讲座,帮助教师更新教研观念,特别是教育教学研究方式和方法等方面的培训。

④基于校际合作的研修方式：充分发挥自身优势，有效利用一切教学资源，增强联片教研的凝聚力，举行形式多样的研修方式。如：片区活动、对口支教、项目合作、基地活动、校际结对、区域联盟等，从而开阔教师的视野，提升教师对教研的认识。

⑤基于专业发展的研修方式：通过专家实践辅助，形成"问—练—答"递进式研训模式。研修的主要内容包含师德、岗位职责、实践反思、技能培训、教学基本功（如：微课、课标解读、片段、评课、学科专项技能、精品课、教学）等，为教研教学的方案优化和改进提供方向。

⑥基于网络平台的研修方式：可采用校园网站、专题论坛、主题空间、QQ群交流等方式，打破时空限制，助力教学研究，提升教研能力。

2.科研能力

（1）课题研究

课题研究指要研究、解决的问题。基础教育科研课题，就是基础教育领域要研究、解决的问题。开展课题研究，是一名中小学教师必备的素质。

①问题意识。问题意识也称为思维的问题性心理品质，是指人们在认识活动中，经常意识到一些难以解决的、疑惑的实际问题或理论问题，并产生一种怀疑、困惑、焦虑、探究的心理状态。

②文献分析。介绍文献检索的重要性和方法，并通过实践操作等方式，了解常见的文献检索工具、数据库及其特点，如知网、维普、万方等，讲解文献检索的技巧，培养体育教师独立获取文献的能力及文献分析能力。

③研究途径。通过知识与技能传授，让体育教师熟悉科研的行为规范，掌握课题申报书撰写的规范性等。

④结题评估。通过实践操作与名师引领，完善课题评估及相关工作，如：课题开题报告、中期检查、课题研究成果、课题结题与评审鉴定、课题研究的推广与转化等。

（2）论文撰写

①选题技巧。引导体育教师围绕个人、学校等层面进行选题，讲解常见选题技巧及注意事项；通过文献检索、学科融合、实地调查等方式进行选题，并设计选题案例，结合实际情况展开选题讨论。

②科研方法。通过案例分析与展示，了解教育科研的主要研究方法：一是

定量的研究方法，如问卷调查法、观察法、教育实验法、内容分析法等；二是定性的研究方法，如文献研究法、访谈调查法、经验总结法、叙事研究法、案例研究法等。

③数据处理。培养体育教师科学合理地收集、分析、处理数据的能力，能够根据研究目的和问题选取合适的数据收集方法，如问卷调查法、实地观察法、访谈法等；学会使用SPSS、Excel等软件，对数据的可信度和有效性进行评价，对信度和效度等指标进行计算和评估。

④规范表达。加强听课记录、教学课例的反思写作指导，强化写作指导，聚焦教学设计的重点与难点问题进行反思和实践，懂得规范的书写格式，能够有理有据地加以表达。

（二）体育教研能力的培养方式

问题模块		具体内容	培养方式
教研能力		教研能力提升的要素	专题讲座、小组研讨
		教研能力提升的路径	专题讲座、小组研讨
科研能力	课题研究	问题意识	专题讲座、小组研讨
		文献分析	专题讲座、案例分析
		研究途径	专题讲座、案例分析
		结题评估	实践操作、专家指导
	论文撰写	选题技巧	专题讲座、小组研讨
		科研方法	专题讲座、案例分析
		数据处理	实践操作、专家指导
		规范表达	实践操作、专家指导

六 学习反思能力

学习与反思能力要求体育教师在认真反思自身的优势和劣势的基础上，主动学习前沿的课程与教学设计、人工智能等方面的新知识、新技术与新方法，创新专业发展新模式，尤其是要改变学习方式，通过线上与线下相结合、正式与非正式相结合的方式提升自身核心素养。

学习反思能力能帮助体育教师了解自身的不足与优势，主动学习各类与学科相关的前沿知识、方法与技能，理解体育学习是如何发生的，增强线上线下学习能力，提升教育教学水平，形成自身专业发展路径。

(一)学习反思能力的主要内容

学习反思能力主要包括教育教学反思、综合知识拓展、新兴技术探索三方面的内容。

1.教育教学反思

(1)课例研究

课例研究指围绕一堂课的教学在课前、课中、课后所进行的各种活动,包括研究人员、上课人员与他的同伴、学生之间的沟通、交流、对话、讨论。课例是关于一堂课的教与学的案例。

①课例研究方法。

选择研究课例:根据研究目的和需求,选择具有代表性的教学案例。

收集数据:通过观察、访谈、问卷等方式收集相关数据,包括教师和学生的信息、教学场景、教学过程、教学策略等。

分析数据:对收集到的数据进行分类、整理、归纳和分析,找出其中的规律和特点。

形成结论:根据数据分析和研究目的,形成初步结论,并进行验证和修正。

总结经验:将研究结果与其他研究相结合,总结出解决问题的有效经验和方法,提高教学效果和质量。

②课例研究实践。

根据课例研究方法,选择合适的课例进行研究,课例修改不少于三次。

③课例研究反思。

对课例研究进行反思和总结,形成一份课例研究报告,分析所取得的成果和存在的问题,以便进一步完善课例研究方法和提高研究效果。

课例研究需要进行数据的收集和整理,而且要确保数据的准确性和可靠性。在数据分析过程中,应该根据研究目的和问题进行分类和综合,形成可解释性结论,发现其中的规律和异常点,并进行解释和说明。

课例研究也需要充分考虑实践和理论相结合的问题,即应该从实践中得出问题和经验,然后用相关的理论进行解释和验证,这样才能取得更好的效果。

课例研究的结果应当具有一定的普适性和推广性,不能仅仅停留在个案的层面上,应该将研究成果与其他相关的研究相结合,形成更为全面和深入的理论体系。

课例研究反思是一个不断完善和提高的过程,需要不断反思和总结自己的研究方法和成果,以带来更好的教学质量和效果。

(2)课堂观察

课堂观察指通过对教学过程中教师的授课内容、授课方法,学生的学习情况等方面进行详细观察和分析,以了解教育教学过程中存在的问题和机遇,并为教师教育教学改进提供反馈和建议的一种教学监测手段。通过课堂观察,可以促进教师精进教学技能,提高教学质量,使学生更好地接受教育教学。

①课堂观察方法。

课堂观察方法通常包括以下几种。

全程录像观察法:对整个授课过程进行录像,并通过对录像的观察与分析,了解教育教学的质量,确定改进方向。

抽样观察法:根据某些特定原则,进行有代表性的样本观察,以代表性样本所得的结果推断总体情况,从而综合评价教育教学质量。

分时段观察法:将每堂课按不同的教育教学环节划分不同的时间段,对每个时间段的教学内容、授课方式、师生互动等进行观察和评估,从而更加细致深入地把握教育教学的优点和问题。

行为事件观察法:对某些行为事件进行记录和评估,比如教师提问、学生回答、课后作业情况等,从行文间接反映教育教学的质量。

这些方法,针对不同的教育教学目标和需求各有优缺点,可以选择其中一种或多种方法进行课堂观察。

②课堂观察实践。

采用不同的课堂观察方法进行课堂观察,并做好记录与分析。

③课堂观察报告。

根据观察记录,撰写一份课堂观察报告,需要包含以下内容。

教学背景:介绍所观察的授课班级和教学内容,包括学生情况、教学目标、教学重点和难点等。

观察过程:详细描述自己的观察过程,包括观察的时间、地点、教学方式、教师和学生的表现等。

分析讨论:根据观察到的情况,对教学情况进行评估。可以针对教师授课的效果、学生学习的情况、教学策略的适用性、学生表现的积极性等方面进行评价。

结论建议:梳理观察结果,分析教学效果好或不好的原因,并提出相应的改进建议,提高教学质量。

2.综合知识拓展

(1)文本阅读

文本阅读包括阅读教育理论、学科专业知识、运动科学原理及脑科学等方面的书籍。

(2)线下线上融合学习

相关培训课程:参加各种线上和线下的专业培训课程,包括运动科学、教育技术、体育心理学等方面。如"教研网""国家中小学智慧教育平台"等组织的教研活动及培训课程。

教学资源共享:在线上平台共享教学资源,包括课件、视频、教案等。通过互动和分享,促进教育教学水平的提高。

线上教研:通过各种平台进行线上教研,打破时间和空间的界限,提升教研时效性。

与专家对话:通过访问专家公众号、发送邮件等形式与专家沟通,提升教育教学视野,获得针对性指导。

文献检索:通过国内外知名数据库检索,查阅相关专业书籍并进行深入教育教学研究。

3.新兴技术探索

(1)健康监测

①运动监测:通过可穿戴设备,比如智能手环、运动手表等对学生进行全天候的运动监测,记录并分析学生的步数、能量消耗、运动距离等相关数据。利用这些数据,教师可以针对不同的学生制订个性化的运动方案,帮助学生更好地锻炼身体,提高健康水平。

②健康评估:利用AI技术对学生的身体数据进行分析,如身体成分、心率、血氧等进行系统评估和预测。根据评估结果,教师可以针对学生的个性化身体情况进行专业指导和科学建议,帮助学生更好地维护和提高身体健康。

③健康教育:利用AI技术和可穿戴设备对学生进行健康教育,传递健康知识和技巧。例如,通过AI摄像头等智能设备实时展示运动姿态,纠正学生不良

的运动习惯,培养优秀的健康行为和习惯。

(2)人工智能运用

①AI辅助教师教学。

运动数据分析:通过传感器和摄像头等获取学生运动的数据,如跑步姿势、垫球准确性等,为教师提供参考意见,帮助教师指导学生改进技能。

视频教学:运用AI技术对体育运动视频进行分析,提取关键信息,辅助教师讲解、指导学生运动。

智能评估:运用AI技术实现自动化评估学生的运动能力,例如运用AI软件分析学生的柔韧性,爆发力,协调性等指标,为学生提供评估报告并提供建议。

②AI帮助学生学习。

个性化学习:利用AI技术分析每位学生的运动数据,制订个性化的训练计划,以符合学生不同的水平差异和需求。

实时反馈:通过传感器、摄像头等获取学生的运动数据,并及时给予学生针对性的反馈,帮助学生及时纠正错误姿势和动作。

智能评估:利用AI技术自动生成学生的运动报告,反馈学生的运动能力和业务水平,为学生提供改进意见和建议。

(二)学习反思能力的培养方式

问题模块	具体内容	培养方式
教育教学反思	课例研究	课堂学习、实践研究
	课堂观察	课堂学习、实践研究
综合知识拓展	文本阅读	实践研究、日常阅读
	线下线上融合学习	实践研究、日常阅读
新兴技术探索	健康监测	课例研究、智能实践
	人工智能运用	课例研究、智能实践

参考文献

[1]李本源.不同学段衔接的体育课程研究领域与实践方向[J].广州体育学院学报,2017,37(03):114-116.

[2]王水泉.从“竞技运动的美学”到“身体教育的思想”(一)——樋口聡学术研究轨迹访谈录[J].体育与科学,2018,39(05):19-24.

[3]王水泉.从“竞技运动的美学”到“身体教育的思想”(二)——樋口聡学术研究轨迹访谈录[J].体育与科学,2018,39(06):6-12,17.

[4]王一然.从奥运争光到健康中国:体育与社会的关系分析[J].山东体育学院学报,2018,34(05):31-36.

[5]朱建国.从人的两大属性看体育的产生本质——人本主义视角[J].山东体育学院学报,2015,31(04):37-40.

[6]潘绍伟.从体质教育到运动教育——对我国学校体育的思考[J].体育科学,2018,38(07):9-10.

[7]缪佳.促进青少年身心健康与我国竞技体育发展[J].体育科研,2014,35(01):25-27.

[8]董程程,郭远兵.动作技能学习理论的历史脉络[J].体育成人教育学刊,2014,30(04):78-80.

[9]江宇.对我国体育课程价值观的追溯及解析[J].武汉体育学院学报,2007(01):78-81.

[10]郭超.对运动技能形成规律与体育教学方法的研究[J].当代体育科技,2017,7(24):218,220.

[11]孙娟,王岳.基于人本主义课程理论的普通高校体育课程改革[J].教育科学,2013,29(05):33-37.

[12]李洪玉,吴云.教改视域下体育课程各学段的衔接研究[J].北华大学学报(社会科学版),2014,15(06):153-155.

[13]田若飞,贾月.教师“学生学习观”现状及文化制约因素研究[J].基础教育,2015,12(06):69-77.

[14]王潇晨,张善超.教师核心素养的框架、内涵与特征[J].教学与管理,2020,(01):8-11.

[15]何娟.锦标主义与人本主义的体育价值辨析[J].体育科学研究,2015,19(01):18-20.

[16]金海滨.立“体”育人:学校体育的坚守与回归[J].江苏教育研究,2021(35):20-25.

[17]余万斌.论儒家思想和西方人本主义思想影响下的体育教育[J].广州体育学院学报,2014,34(01):20-22.

[18]杨伦荣.论体育教学中“育体”与“育心”的有效融合[J].新教师,2021(05):88-89.

[19]郎健,毛振明.论体育课程在大中小学的断裂与衔接(上)[J].成都体育学院学报,2019,45(02):38-43,127.

[20]杨东亚,罗帅呈,毛振明.论体育课程在大中小学的断裂与衔接(下)[J].成都体育学院学报,2019,45(04):91-97.

[21]殷红,万茹,毛振明.论体质教育流派[J].体育学刊,2014,21(05):6-11.

[22]孙雪姣.人本主义视角下中学体育课堂教学模式研究[D].山东:山东师范大学,2018.

[23]邵天逸,李启迪.身体关怀:徐英超体质教育思想的形成动因、内在逻辑与当代启示[J].沈阳体育学院学报,2020,39(03):23-28.

[24]王凤杰.试论我国古代学校体育的演变历程及现实意义[J].成都体育学院学报,2012,38(11):90-94.

[25]王占琪.体育教学与运动技能形成规律的研究[J].内蒙古财经学院学报(综合版),2009,7(03):60-62.

[26]邵天逸,王倩,吴勉,等.体质教育思想脉络梳理、问题廓清与价值确认[J].体育学刊,2023,30(01):7-13.

[27]刘英杰,张家辉.我国教师核心素养研究的回顾与展望[J].天津师范大学学报(基础教育版),2021,22(03):22-25.

[28]黄建辉,申静.学校体育教育人本主义价值导向研究[J].当代体育科技,2021,11(28):133-135.

[29]邓若锋.运动技能学习层次构建[J].体育学刊,2018,25(01):11-16.

[30]苏娜.中国传统文化对古代体育文化的影响[J].山西档案,2019(02):184-186.

[31]刘伟言,赵晓莉.中国古代体育文化对现代体育发展的启示[J].陕西教育(高教),2019(03):79-80.

[32]周琰,王学臣.中学生的学习观及其对学业成绩的影响路径[J].心理学探新,2010,30(06):69-74.

[33]何劲鹏.卓越体育教师核心素养的内涵及实践探索[J].体育学刊,2017,24(02):91-95.

[34]肖克凡,董广新.行为主义学习理论在运动技能学习中的应用[J].体育师友,2015,38(03):44-46.

[35]高雪峰.人本体育原论[J].武汉体育学院学报,2013,47(05):10-14.